中共中央党校（国家行政学院）
马克思主义理论研究丛书

中国道路的
哲学自觉

PHILOSOPHICAL CONSCIOUSNESS OF
CHINA'S ROAD

辛鸣 ◎ 著

社会科学文献出版社
SOCIAL SCIENCES ACADEMIC PRESS (CHINA)

代序一

在中央党校马克思主义学院
成立大会上的讲话
（2015 年 12 月 26 日）

何毅亭

今天是中央党校一个值得纪念的日子，因为中央党校马克思主义学院正式成立了。我代表刘云山校长、代表中央党校校委会，对中央党校马克思主义学院成立表示热烈的祝贺！对前来参加马克思主义学院成立大会的各位领导和嘉宾表示衷心的感谢！对在马克思主义理论教学和研究中辛勤耕耘和默默奉献的校内外老领导老同志和广大教职员工表示诚挚的敬意！

《共产党宣言》发表以来，马克思主义在一个多世纪里实现了广泛的传播，唤起了普遍的觉醒，指导和引发了世界范围深刻的社会变革。马克思主义的传入给近代中国带来了革命性变化，中华民族由此开启了全新历程。如今，世界上越来越多的人认识到：中国道路深刻改变了当代中国面貌，中国理论使马克思主义焕发生机，中国经验对世界的影响日益凸显。回过头看，世界上还没有哪种思想理论像马克思主义这样对人类社会发展产生如此巨大的作用和如此深远的影响。

成立中央党校马克思主义学院，是中央党校校委会作出的重大决策，得到刘云山校长的大力支持和党中央批准同意。在前不久召

何毅亭，中共中央党校（国家行政学院）分管日常工作的副校（院）长。

开的全国党校工作会议上，习近平总书记在讲话中强调坚持党校姓党首先要坚持姓"马"姓"共"时特别指出："中央批准中央党校成立马克思主义学院，就是坚持党校姓'马'姓'共'之举。"在如此重要的场合，习近平总书记把中央党校成立马克思主义学院提到这样的高度来强调，充分体现了党中央对发挥好党校作用这个党的独特优势的重视和期望，是对中央党校马克思主义学院乃至全国所有马克思主义学院的最大鼓舞和鞭策。

中央党校的前身就是 1933 年在江西瑞金建立的"马克思共产主义学校"，一开始就姓"马"。新中国成立前后一段时间，中央党校曾更名为"马列学院"，也公开姓"马"。长期以来，中央党校的教学和科研坚持以马克思主义为中心，各个教研部围绕马克思主义理论学科建设来设置，2009 年又专门增设马克思主义理论教研部。就是说，中央党校从整体上就是一所马克思主义学院。那么，为什么还要单独成立马克思主义学院呢？

我们知道，中央党校是党的最高学府，是党的思想理论建设的重要阵地和意识形态工作的重要部门，讲授马克思主义、研究马克思主义、宣传马克思主义，既天经地义更责无旁贷，中央党校马克思主义基本理论学科齐全，除国务院学位委员会第一批批准的马克思主义理论一级学科外，还拥有马克思主义哲学、政治经济学、政治学等学科博士学位授权点，其中哲学、理论经济学、科学社会主义、党史党建是国家重点学科。在多年理论教学和研究工作中，中央党校聚集和培养了一批政治立场坚定、马克思主义学养深厚、在相关学科领域有影响的专家学者。在中央党校马克思主义理论教研部基础上成立马克思主义学院，可以搭起一个新的更大的平台，更好整合校内马克思主义理论学科资源，更好聚集党校系统马克思主义理论学科建设优势，更好发挥中央党校乃至整个党校系统在马克思主义理论教学、研究、宣传和人才培养方面的重要作用。特别是党的十八大以来，以习近平同志为核心的党中央更加重视马克思主义理论研究和建设工程，明确提出要大力推进包括马克思主义学院建设在内的理论工作"四大平台"建设。中央党校成立马克思主义学院，是贯彻党中央要求的重要举措，很有必要、意义重大。

刚才，几位兄弟单位的领导发表了热情洋溢的讲话，你们在讲授、研究、宣传马克思主义理论方面卓有成效的工作，对我们有很大启发和帮助。中国社会科学院自 2005 年成立马克思主义研究院至今已经十年，取得的成就和产生的影响有目共睹。北京大学今年 10 月举办首届"世界马克思主义大会"，来自五大洲的 400 余位中外学者参加会议，120 余位专家学者在论坛发言，规模空前、成果丰厚。目前，全国已有 200 多所高校成立了马克思主义学院，大家各具特色和优势，发展态势可喜可贺。中央党校马克思主义学院要学习借鉴兄弟单位的成功做法，进一步彰显自己的特色和优势，努力建成一流的马克思主义教学基地、一流的马克思主义研究高地、一流的马克思主义思想阵地。

建成一流的马克思主义教学基地，最根本的是干好党的理论教育和党性教育这个主业主课，在用马克思主义理论教学育人方面走在前列。党校是我们党教育培训党员领导干部的主渠道主阵地。旗帜鲜明、大张旗鼓地讲马克思主义、讲中国特色社会主义、讲共产主义，用马克思主义理论武装学员头脑，推动学员提升看家本领，帮助学员补钙壮骨、立根固本，是党校办学的中心工作，更是马克思主义学院必须重点抓好的第一位任务。马克思主义学院讲授马克思主义，要更加注重学员对马克思主义经典著作的学习研究，引导学员努力掌握辩证唯物主义和历史唯物主义基本原理和方法论。特别要把马克思主义中国化最新成果作为中心内容，深入解读阐释习近平总书记系列重要讲话精神，引导学员以"四个全面"战略布局和"五大发展理念"为主线，进一步深化对习近平总书记系列重要讲话的系统学习和深入理解，做到学而信、学而用、学而行。还要强化问题导向，注重回答普遍关注的问题，注重消除学员思想上的疙瘩，防止空对空、两张皮，增强马克思主义理论教学的针对性和实效性。

建成一流的马克思主义研究高地，最根本的是以马克思主义眼光纵观天下大势，在研究阐释 21 世纪马克思主义、当代中国马克思主义方面走在前列。马克思主义是在提出问题和分析问题过程中产生的，也要在提出、分析和解决问题中不断丰富和发展。21 世纪的世界，各种问题矛盾风险层出不穷、不确定因素大量增多，马克思主义为分析和应对这些问题矛盾风险以及不确定因素提供了根本的思想指南。21 世纪的中国，我们党带领人民为实现"两个一百年"目标和中华民族伟大复兴的中国梦而不懈奋斗，在这个进程中也会遇到各种矛盾风险挑战，会面临一些需要研究解决的深层次问题。比如，如何在经济社会发展中更好体现社会主义本质，实现效率与公平、人与自然的统一；如何在坚持和完善中国特色社会主义政治制度中更好发展社会主义民主、健全社会主义法治，充分实现人民当家作主；如何在推进社会主义精神文明建设中培育和践行社会主义核心价值观，实现人的自由全面发展，在借鉴世界优秀文明成果基础上实现中华文明的复兴。凡此等等，都需要以马克思主义为指导进行深入探索和研究，从理论和实践结合上作出有说服力的回答。马克思主义学院开展这方面的研究，开展哲学社会科学研究，不能坐而论道，而要突出问题意识和实践导向，积极参加马克思主义理论研究和建设工程，深入实施马克思主义理论骨干人才计划，加强对重大现实问题和突出矛盾的对策性研究，努力成为出思想、出成果、出人才的研究高地。

建成一流的马克思主义思想阵地，最根本的是在加强思想理论引领、构建中国特色话语体系方面走在前列。当今时代，社会思想观念和价值取向日趋多元，社会思潮纷纭激荡。党校不是世外桃源，意识形态领域的许多重大问题都会在党校汇聚。这就给党校、给中央党校马克思主义学院提出了提升思想引领力和话语主导权的任务。现在，世界范围话语权上"西强我弱"的格局还没有根本改变，我们的话语体系还没有建立起来，声音偏小偏弱，不少方面处于"失语"或"无语"状态，我国发展优势和综合实力还没有转化为话语优势。你没有，西方话语体系就乘虚而入，就大肆兜售和贩卖。如果我们饥不择食，沿用人家的逻辑和思路来做，就会进人家的套。习近平总书记在全国党校工作会议上明确提出：失语就要挨骂。争取国际话语权是我们必须解决好的一个重大问题。他要求党校在这方面发挥重要作用。马克思主义学院要认真贯彻习近平总书记这一要求，发挥好中央党校和党校系统的学科优势、人才优势和整体优势，加强力量协调，加强资源整合，弘扬主旋律、传播正能量，及时发出中国声音、鲜明展现中国思想、响亮提出中国主张。要加强对各种社会思潮的辨析和引导，坚持在重大政治原则和大是大非问题上净化"噪音""杂音"，敢于发声亮剑，善于解疑释惑，为坚持和巩固党在意识形态工作的领导、巩固马克思主义在意识形态领域的指导地位作出积极贡献。

这里需要特别指出的是，中央党校成立马克思主义学院，绝不是简单的名称改换，绝不是追求形式上的好看中听，而是要以学院成立为新起点和重大契机，着力提振全校的精神状态，以新的思路和得力举措全面提升马克思主义学院的教学科研水平，全方位提升马克思主义学院的影响力和核心竞争力。

马克思主义学院要坚持政治建院，始终唱响姓"马"姓"共"主旋律。马克思主义学院因加强马克思主义理论教学和科研而办，坚持政治建院是应有之义。要始终把握正确的政治方向，严守党的政治纪律和政治规矩，向以习近平同志为核心的党中央看齐，把姓"马"姓"共"贯穿于办院全过程，做到党中央要求干什么就坚定干什么，党中央禁止什么就坚决反对什么，以实际行动维护党中央的权威。马克思主义学院一切工作都要围绕党和国家的中心工作来进行，无论是制定教学和科研规划、确定教学和科研任务，还是设置教学和科研内容、创新教学和科研方法，都要自觉从党和国家工作大局去把握、去落实。在这个问题上，脑子要特别清醒、眼睛要特别明亮、立场要特别坚定。要把握好政治立场坚定性和科学探索创新性的有机统一，处理好学术研究和理论宣传的关系，处理好言论自由和政治纪律的关系，做到学术研究无禁区、课堂讲授有纪律、公开言论守规矩，决不允许公开发表违背党中央精神的错误观点，决不能信口开河、毫无顾忌。

马克思主义学院要坚持人才强院，多举措打造高端理论人才队伍。办好学院，关键在人才，尤其是领军人才和拔尖人才。缺乏马克思主义理论名师名家，缺乏一流的理论人才队伍，马克思主义学院是一流不起来的。习近平总书记在全国党校工作会议上对党校师资队伍和人才队伍建设提出明确要求，强调党校要办好必须有一批理论大家和教学名师，强调要充分利用各方资源，不求所有、但为所用，强调只要能够提高党校师资水平和教学水平，可以"八仙过海，各显神通"，各种办法都可以用。这些重要思想，给办好党校、办好学院提供了科学的人才方法论。中央党校将围绕打造马克思主义理论高端人才队伍，抓紧实施"名师工程"和"高端人才引进计划"。一方面，通过访学深造、挂职锻炼、教研实践、蹲点调研、外出培训以及优秀教师传帮带等方式，着力提高学院现有教研人员的政治素养、专业水平、科研能力。另一方面，打开选人用人视野，以调入、聘任、兼职、合作研究等多种方式网罗人才，确保引得来、留得住、用得好。要通过坚持不懈努力，造就理论功底深、学术造诣高、教学科研成绩大、在学术界有影响的马克思主义理论名师名家；引进学术功底扎实、具有创新能力、在相关领域作出突出贡献的马克思主义理论高端人才；培养专业知识丰富、具有较大发展潜力的马克思主义青年才俊，从而形成自己的人才高地，以人才高地建设增强学院的实力、提振学院的影响力。

马克思主义学院要坚持管理兴院，全方位提升办学水平。办好一流的马克思主义学院，必须有一流的管理。政治建院、人才强院要落到实处都要依靠管理，通过管理形成风清气正、充满活力，富有效率、有利于出思想出人才出成果的政治生态和人文环境。学院的领导和中层干部要有责任意识和管理才能，处理好治院与治学的关系，既要当好学问家、学术带头人，还要当好管理者、组织者，善于抓执行、抓落实，积极探索和遵循办学规律，把马克思主义学院办出水平。一要坚持开放办院、开拓办院。要加大与先进同行的战略联盟，互联互通，共赢互进，共谋发展。尤其要加大与国内外先进同行在重大活动开展、议题设置、学科建设，平台建设、人才培养等方面的交流与合作，取长补短，博采众长，联合国内外优秀马克思主义研究者，引领马克思主义研究方向，提升话语权和软实力。二要抓好协同。把学院办好不仅仅是学院本身的事，党校各个单位都有责任，都要尽心尽力、协同作战。目前已经成立了囊括我校马克思主义理论研究和建设工程专家的专家委员会，还把中国马克思主义研究基金会也放了进去，下一步还要根据需要继续做好整合协调工作，像教研部门、刊物、学会、网站、数据库等都要协同起来，共同发挥最大作用。三要抓好保障。当前首要的是抓紧实施中央党校教学和智库建设创新工程，切实在用人制度创新、机构设置创新、教研组织方式创新、教研评价机制创新、教学科研资源配置方式创新上下功夫，最大限度地解放和发展教研生产力，调动教研人员积极性和创造性，为建成一流马克思主义学院提供坚强保障。要通过改革创新建立完善办学体制机制，鼓励学术立身，鼓励拔尖冒尖，鼓励集体攻关，让马克思主义理论人才感到有尊严、有盼头、有奔头，让马克思主义理论领军人才和青年才俊茁壮成长，让马克思主义理论名师名家脱颖而山。

中央党校马克思主义学院的成立，是中央党校的光荣，更是学院教职员工的光荣。希望学院全体同志牢记使命、振奋精神、鼓足干劲，全身心投入到马克思主义学院建设上来，尽快找准定位、理清思路，确保开局顺利，早日实现建院目标。

代序二

在"马克思主义理论创新与新中国 70 年成功实践暨第四届全国党校系统马克思主义学院教学科研座谈会"上的讲话
（2019 年 7 月 20 日）

甄占民

今年是中华人民共和国成立 70 周年，深入总结我们党治国理政的经验无疑是庆祝新中国 70 岁华诞的重要内容。目前全党正在开展"不忘初心、牢记使命"主题教育，深入研究守初心、担使命的深刻内涵和实践要求无疑是理论工作者的重要责任。在这样的背景下，我们召开这次座谈会，以习近平新时代中国特色社会主义思想为指导，围绕新中国 70 年成功实践，探讨马克思主义理论创新问题，有助于我们深化对共产党执政规律的认识，把握初心初衷和使命担当，进一步回答中国共产党为什么"能"；有助于我们深化对马克思主义中国化历程的认识，深刻理解马克思主义深刻改变中国的生动实践，进一步回答马克思主义为什么"行"；有助于我们深化对改革开放和中国特色社会主义道路非凡意义的认识，更好地探讨"中国经验""中国奇迹"，进一步回答中国特色社会主义为什么"好"。可以说，这次座谈会时机特殊、意义特殊，展现了党校人、马院人对坚持和发展马克思主义的深厚情怀；展现了我们对党校姓党、思想建党、

甄占民，中共中央党校（国家行政学院）副校（院）长。

理论强党的不懈追求；展现了我们对坚持和发展中国特色社会主义、实现"两个一百年"奋斗目标和中华民族伟大复兴中国梦的责任担当。

在理论创新与实践创新的紧密互动中坚持和发展马克思主义，不断用发展着的马克思主义指导新的实践，是我们党带领人民进行革命、建设和改革的鲜明主题，也是新中国成立70年来最为宝贵的历史经验。70年来，我们党始终坚持解放思想、实事求是、与时俱进，始终坚持把马克思主义基本原理同中国具体实际和时代特征相结合，不断赋予马克思主义以新的时代内涵和新的实践特色，又不断从新的历史实践和历史经验中丰富和发展马克思主义。从坚持和发展毛泽东思想，再到创立邓小平理论，到形成"三个代表"重要思想，到形成以人为本、全面协调可持续的科学发展观，都是如此。历史也充分表明，理论创新与实践创新的紧密互动，成就了我们党，成就了中国特色社会主义，成就了马克思主义的新境界。也可以说，正是靠着不懈的理论创新和实践创造，我们党一次次在回答"时代之问"上达到了新的高度，一次次在"从哪里来、向何处去"的问题上产生了新的思想飞跃，一次次在推动历史进步上掀开了新的历史篇章。

越是波澜壮阔的实践，越是呼唤新的思想引领，也越能孕育新的伟大思想。党的十八大以来，面对具有许多新的历史特点的伟大斗争，以习近平同志为核心的党中央顺应时代发展大势，勇于回答"新的时代之问"，创立了习近平新时代中国特色社会主义思想，开辟了马克思主义的新境界。如果我们仔细分析这一思想的创立过程，就会清晰感到，一系列新的重大思想观点的提出、一系列新的重大战略举措的确立，都是在理论创新和实践创新的紧密联系中不断深化和完善的；如果我们深深领悟这一思想的鲜明特质，也会深深感到，贯穿其中的就是习近平总书记马克思主义政治家、思想家、战略家的非凡理论勇气、卓越政治智慧、强烈使命担当，"我将无我，不负人民"的赤子情怀，应时代之变迁、领时代之先声、立时代之潮流的领袖气度。应该说，植根于中国特色社会主义新时代，坚持理论创新和实践探索相统一，彰显了习近平新时代中国特色社会主义思想的独特思想魅力和强大实践引领力。

在理论创新与实践创新的紧密互动中坚持和发展马克思主义，是推动马克思主义中国化时代化大众化的基本规律；从理论与实践的紧密结合上学好、用好、讲好习近平新时代中国特色社会主义思想，是我们坚持和发展当代中国马克思主义、21 世纪马克思主义的重要遵循。近年来，全国党校（行政学院）系统把学习研究宣传习近平新时代中国特色社会主义思想作为重中之重，在推进这一思想"进教材、进课堂、进头脑"上做了卓有成效的努力，得到了广大学员和社会各方面的普遍好评。如何往"深"里钻、往"透"里讲，引导党员干部在学懂、弄通、做实上再往前迈进一步？一个重要方面，还是要从理论与实践相结合上多努力、下功夫。从当前看，有两个方面的问题特别值得我们重视。

第一个问题，深入研究习近平新时代中国特色社会主义思想重大历史意义，特别是原创性贡献。

理论的价值在于原创性，原创性贡献越大则历史作用就会越深远。这对于我们深入学习贯彻习近平新时代中国特色社会主义思想，是一个至关重要的问题。

我们说，形成党的理论创新成果，实现了党的指导思想的与时俱进，重要的体现是什么？就是在紧跟时代中实现了理论上的创新创造；我们说，要充分认识这一思想的时代意义、理论意义、实践意义、世界意义，意义在哪里？关键是有理论上创新创造价值；我们说，增强贯彻落实创新理论的政治自觉、思想自觉、行动自觉，前提也是要真正弄清这一思想的原创性贡献。

"善学者尽其理，善行者究其难。"理论的原创性，不是指一般的看法、办法和措施，更多的是指对事物发展变化的规律性或本质性的新揭示，是指具有长远和全局意义的思想理念和战略举措的新创造，从而在社会历史进程中发挥引领作用。习近平新时代中国特色社会主义思想，贯穿着许多新视角、新范畴、新的分析框架，打破了惯常的视野局限、思维局限与理论局限，既有对马克思主义基本原理的进一步揭示，又有关于当今时代问题的新思想新观点，既有对社会主义理论基本范畴的丰富，又有对一些重要思想观点内涵的拓展，说出了很多前人没有说过的"新话"，阐明了很多前人没有阐明的道理，提出了许多前人没有提出的战略之举。

对习近平新时代中国特色社会主义思想的原创性贡献，思想理论界作了不少研究阐释。有的从马克思主义三大组成部分角度来阐述，即阐明对马克思主义哲学、政治经济学、科学社会主义方面的贡献；有的从中国特色社会主义理论体系的基本框架角度来阐述，即阐明这一思想在揭示社会主义本质特征、目标追求、发展动力等方面的贡献；有的从现代化发展战略的角度来阐述，包括阐明在战略目标、战略路径、战略布局等方面的贡献。所有这些，都对我们有重要的启示意义。

如果从政治与学理的结合上把握这一思想的原创性贡献，"三大规律"是很好的切入视角。为什么是一个好视角？从字面上讲容易理解：共产党执政规律、社会主义建设规律、人类社会发展规律，是一个层层递进、逐步深入的思路；从更深层面来思考，在坚持和发展中国特色社会主义的过程中，无论是在理论上，还是在实践上，我们党遇到的最经常、最集中的问题，就是这"三大规律"的问题。党的十九大报告也指出，"以全新的视野"深化了对"三大规律"的认识，在此基础上形成了习近平新时代中国特色社会主义思想。

第二个问题，深入研究习近平新时代中国特色社会主义思想的基本内涵，特别是系统化的理论体系。

任何一种思想学说都有一定的系统性。作为马克思主义中国化最新成果的习近平新时代中国特色社会主义思想，同样具有系统化的鲜明特征。从党的历史进程看，每一次重大理论创新成果的确立，每一次指导思想的与时俱进，都是在系统回答时代课题中实现的，也是以系统化的思想观点来呈现的。

比如，关于毛泽东思想，党的历史上有两次集中的阐述。第一次，是党的七大上刘少奇在修改党章的报告中的阐述，强调毛泽东思想是"中国人民完整的革命建国理论"。第二次，是 1981 年 6 月党的十一届六中全会审议通过《关于建国以来党的若干历史问题的决议》，对毛泽东思想独创性贡献作出集中概括，强调"它在土地革命战争后期和抗日战争时期得到系统总结和多方面展开而达到成熟，在解放战争时期和中华人民共和国成立以后继续得到发展"，同时系统阐述了其"6 个关于"和"3 个灵魂"的内涵。

比如，关于邓小平理论，实际上也有两次集中的阐述。第一次是党的十四大，当时的提法是"建设有中国特色社会主义的理论"，指出这个理论第一次比较系统地初步回答了如何建设社会主义、如何巩固和发展社会主义的一系列基本问题。第二次是党的十五大，把"建设有中国特色社会主义的理论"明确概括为"邓小平理论"，又一次强调这一理论抓住"什么是社会主义、怎样建设社会主义"这个根本问题，"第一次比较系统地初步回答了中国社会主义"的一系列基本问题。

习近平新时代中国特色社会主义思想，作为马克思主义中国化的最新成果，也有其内在的系统性。党中央印发的《习近平新时代中国特色社会主义思想学习纲要》（以下简称《学习纲要》）不仅强调习近平新时代中国特色社会主义思想"体系严整、逻辑严密、内涵丰富、博大精深"，而且围绕党的十九大报告特别是"八个明确""十四个坚持"的核心内容进行了更为逻辑化、系统化的阐述，这也是《学习纲要》的一个突出贡献。

我们可以结合研读《学习纲要》，对习近平新时代中国特色社会主义思想的科学体系做进一步的研究，包括这一思想的历史方位；包括坚持和发展中国特色社会主义的方向目标；包括坚持和发展中国特色社会主义的根本立场和领导力量；包括坚持和发展中国特色社会主义的总体布局、战略布局和战略安排；包括坚持和发展中国特色社会主义各个领域的理念思路和大政方针；包括贯穿这一思想的马克思主义世界观和方法论等，都值得我们深入研究探讨。

这次会议，同时是第四届全国党校系统马克思主义学院教学科研座谈会。前三届，各位专家、代表围绕马克思主义学院教学科研提出了一些真知灼见，很好地推动了工作的展开。这里，我想从工作层面，就进一步做好马克思主义学院教学科研工作提几点要求。

第一，切实加强党校系统马克思主义学院（学科）建设。2016年12月，我们在第二届全国党校系统马克思主义理论教学科研座谈会上说过，如果要说党校工作的"四梁八柱"，那么马克思主义理论教学科研就是"第一根梁，第一根柱"。加强马克思主义学院工作，就是要加强马克思主义学科建设，围绕"马克思主义"这条主线搞好教学科研，将"源头"和"潮头"结合起来。我们既要加强对马克思主义基本原理、马克思恩格斯等经典作家思想即"源头"的研究，又要加强对马克思主义中国化尤其是最新理论成果——习近平新时代中国特色社会主义思想即"潮头"的研究。我们既要坚持"老祖宗"，又要发展"老祖宗"，还要讲"老祖宗"没有讲过的新话。

第二，深入推进党校系统马克思主义学院（学科）的协同创新。我们要广泛交流，集思广益，探讨马院之间的交流平台、合作机制。比如，搭建教学擂台。大家可以围绕马院承担的经典著作导读或专题课程进行集体备课和集体评课，共同推进教学管理与教学方法创新；可以围绕打造精品课程进行集体攻关。比如，搭建传播平台。党校系统马院要进一步加强学术互动，形成有特色的学术交流平台和品牌；集体合作撰写发表具有全局性和战略性意义的马克思主义研究报告，打造马克思主义研究权威的理论发布平台。再如，搭建交流合作舞台。加强党校系统马院教师的交流互访以及共同合作，更好地为教师提供各种舞台，提升教师在全国马克思主义理论界的能见度、知名度、美誉度。2015年12月，习近平总书记在全国党校工作会议讲话中明确提出："要在研究上多下功夫，多搞'集成'和'总装'，多搞'自主创新'和'综合创新'，为建设具有中国特色、中国风格、中国气派的哲学社会科学体系作出贡献。"党校系统马院要进一步推进资源整合，强化力量协同，形成相得益彰、共生多赢的良好发展态势，不断提升党校系统马克思主义理论教学科研工作的学科引领力、社会影响力和学术团队凝聚力。

第三，充分发挥党校马克思主义学院（学科）在思想理论领域的引领作用。何毅亭同志曾在中央党校马克思主义学院成立大会上讲过"三个一流"和"三个走在前列"。这实际上就是马院的目标、使命。"一流的马克思主义思想阵地"、"在加强思想理论引领、构建中国特色话语体系方面走在前列"，是这一目标、使命的重要内容。马院的各位专家学者要走出书斋、走出课堂，积极主动关注思想理论领域的重大问题，在重大事件重大节点上发出声音，在坚守重大政治原则和大是大非等重大问题上亮出观点，在守住思想舆论领域红色主阵地，压缩负面黑色地带，争取灰色地带重大时段上体现担当、敢于发声。只有这样，我们才能不断提升马院的学术引领力、社会影响力、平台辐射力。

第四，注重培养壮大党校系统马克思主义理论人才队伍。我们要牢固树立人才强院意识，切实尊重学术发展规律和人才成长规律，打造一支忠诚党的事业、坚守人民立场、有学术影响力的人才队伍。我们要坚持德才兼备原则和生产力标准，创造有利于人才成长的环境和氛围。我们要加大人才培养和引进力度，通过培养与引进相结合的方式，着力培养具有全国影响、在马克思主义理论研究方面有深厚造诣的学术名师和学科带头人。我们还要加大青年教师培养力度，注重资源向青年教师倾斜，注重加强名师大家、学科负责人与青年教师的结对，注重扶持青年教师研究团队，尽快让青年教师脱颖而出、担当大任。

丛书出版前言

马克思主义深刻改变了世界，也深刻改变了中国。在马克思主义指导下，中国共产党人带领中国人民历经艰苦卓绝的奋斗，创建了中华人民共和国。新中国成立70年来，中华民族历经站起来、富起来到强起来的伟大飞跃，我们比历史上任何时期都更接近、更有信心和能力实现中华民族伟大复兴的目标，比历史上任何时期都更具坚定走中国特色社会主义的道路自信、理论自信、制度自信、文化自信。

新组建的中共中央党校（国家行政学院）是党中央培训全国高中级领导干部和优秀中青年干部的学校，是研究宣传习近平新时代中国特色社会主义思想、推进党的思想理论建设的重要阵地，是党和国家哲学社会科学研究机构和中国特色新型高端智库，是党中央直属事业单位。站在新的历史起点，分管日常工作的副校（院）长何毅亭同志提出，经过五年左右乃至再长一些时间的努力，把中共中央党校（国家行政学院）建设成为党内外公认的、具有相当国际影响力的中国共产党名副其实的最高学府，建设成为在党的思想理论建设特别是研究宣传习近平新时代中国特色社会主义思想上不断开拓创新、走在前列的思想理论高地，建设成为英才荟萃、名师辈出、"马"字号和"党"字号学科乃至其他一些学科的学术水准在全国明显处于领先地位的社科学术殿堂，建设成为对党和国家重大问题研究和决策提供高质量咨询参考作用的国家知名高端智库。中共中央党校（国家行政学院）马克思主义学院是党中央批准成立的。2015年12月14日，习近平总书记在全国党校工作会议上强调："中央批准中央党校成立马克思主义学院，就是坚持党校姓'马'姓'共'之举。"习近平总书记的重要讲话和中共中央党校（国家行政学院）"四个建成"目标的提出，为我们建设好马克思主义学院指明了方向。

为了向新中国 70 华诞献礼，展示中共中央党校（国家行政学院）马克思主义学院政治过硬、理论自觉、本领高强、作风优良、建功立业党校人的学术风范和最新研究成果，学好用好习近平新时代中国特色社会主义思想，推动中共中央党校（国家行政学院）马克思主义学院建成一流的马克思主义教学基地、一流的马克思主义研究高地、一流的马克思主义思想阵地，努力在国内乃至国际上产生重要的政治影响力、学术影响力和社会影响力，我们编辑出版了"马克思主义理论研究丛书"。首批丛书共 11 册，包括《探求中国道路密码》《对外开放与中国经济发展》《国家治理现代化的唯物史观基础》《中国道路的哲学自觉》《历史唯物主义的"名"与"实"》《马克思主义中国化的理论逻辑》《发展：在人与自然之间》《马克思主义基本原理若干问题研究》《马克思人学的存在论阐释》《新时代中国特色新型城镇化道路》《比较视野下的中国道路》。以后，我们还会陆续编辑，择时分批出版。

本丛书的编辑出版得到中共中央党校（国家行政学院）分管日常工作的副校（院）长何毅亭和副校（院）长甄占民的大力支持，并同意将他们在"中央党校马克思主义学院成立大会"上的讲话和在"马克思主义理论创新与新中国 70 年成功实践暨第四届全国党校系统马克思主义学院教学科研座谈会"上的讲话作为丛书的序言。社会科学文献出版社社长谢寿光、该社社会政法分社总编辑曹义恒及各本书的编辑也为丛书出版做出了重要贡献。在此一并感谢。由于我们的水平有限，错误之处在所难免，请广大读者批评指正。

丛书编委会
2019 年 7 月 28 日

目 录

引领时代的战略擘画

治国理政的哲学境界

伟大复兴的定海神针

导语
阐释中国道路背后的中国道理

毛泽东曾经讲过一句话："实践当中是要出道理的。"① 走中国道路，当然也会形成中国道理。这"道理"就是作为指导思想的当代中国马克思主义及作为其学术思想支撑的中国哲学社会科学。

中国共产党人高度重视理论创新，当代中国马克思主义就是一代又一代中国共产党人不断把马克思主义中国化的理论结晶。中国共产党人同样高度重视哲学社会科学的发展。2016 年习近平总书记主持召开哲学社会科学工作座谈会并在讲话中明确提出"两个不可替代"的重要论断——"哲学社会科学具有不可替代的重要地位，哲学社会科学工作者具有不可替代的重要作用"，就是向全社会传递的极为明确的信号。

讲"不可替代"，是因为哲学社会科学是人们认识世界、改造世界的重要工具，是推动历史发展和社会进步的重要力量，发展中国特色社会主义不能没有锐利思想武器，不能没有深厚力量源泉；还因为哲学社会科学发展水平反映了一个民族的思维能力、精神品格、文明素质，体现了一个国家的综合国力和国际竞争力，实现中华民族伟大复兴中国梦不仅要道路自信还要道理自信，不仅要道路自强还要道理自强。

---

① 《建国以来毛泽东文稿》第 7 册，中央文献出版社，1992，第 206 页。

具体到当下来说，更有现实针对性的是，哲学社会科学对于中国社会保持精神独立性具有基础性的意义和根本性的影响。

精神独立性，概而言之，是讲一个社会在精神层面上对如何认识问题、分析问题、评价问题、解决问题有自己独立的不受他者主宰与左右的思维、价值和方法。当一个社会在如何认识世界上有自己独特的思维方式，在如何评价世界上有自己独特的价值立场，在如何应对世界上有自己独特的方法路径时，我们就可以讲这个社会保有了它的"精神独立性"。精神独立构成了经济政治社会独立的逻辑前提，精神独立也保证了经济政治社会在真正意义上的独立。如果一个社会在精神层面上人云亦云、亦步亦趋、唯他人马首是瞻，不能在精神层面上想清楚、讲清楚什么是好、什么是应该、什么是有意义，怎么可能走出一条前无古人的新路，怎么可能确立起优越于他者的全新制度，又怎么可能在自己选定的道路上信心百倍、义无反顾、坚定不移地走下去？"如果没有自己的精神独立性，那政治、思想、文化、制度等方面的独立性就会被釜底抽薪。"习近平总书记的谆谆告诫如黄钟大吕，既惊醒那些真糊涂的梦中人，也警示那些装糊涂的假睡的人：走中国道路，一定要有为了我们自己、来自我们自己、属于我们自己的中国道理。

当代中国社会广泛而深刻的社会变革、宏大而独特的实践创新为中国道理的生长准备了肥沃的热土，21世纪这一伟大时代也为孕育中国道理造就了风云际会的"时、运、势"。但是，要真正使中国道理繁荣发展，真正把中国道理发扬光大，尚需要哲学社会科学工作者创新创造、久久为功。

中国道路不是简单延续我国历史文化的母版，不是简单套用马克思主义经典作家设想的模板，不是其他国家社会主义实践的再版，也不是国外现代化发展的翻版，中国道理自然不能指望有现成的教科书，靠既有的大师说，嚼别人已经嚼过的馍。说新话、讲新理、出新意，扬批判之精神、发思想之先声是前提，是入门课。建构中国道理一定要有这样的理论担当。

　　中国道理当然要博采众长，要兼容并蓄，要海纳百川，要勇于拿来，但不能想象也不要去幻想突然就搬来一座思想理论上的"飞来峰"。就算真的搬来了，那也仍然是别人家的，说不准还会成为"特洛伊木马"。"学而不化，非学也。"所以还要在"化"上做文章，在"化"上下功夫。连马克思主义都要中国化，更何况别的主义、别的思潮、别的主张，其只能作为中国道理这座理论大厦的砖木瓦块，只能作为中国道理这道思想大餐的调味辅料，而不能是其他。建构中国道理一定要有这样的理论自觉。

　　这是一个需要理论而且已经产生理论的时代，这是一个需要思想而且已经产生思想的时代。应时而生，顺势而发，为人民福祉立功，为民族复兴立言，为世界进步提方案，为人类文明做贡献，中国道理，舍我其谁。

（原载《学习时报》2017 年 5 月 19 日）

中国精神的时代精华 ——————

深刻领会习近平新时代中国特色社会主义思想

中国共产党是高度重视理论建设和富于理论创造精神的政党。回应时代呼唤，反映实践诉求，及时地构建科学的理论体系，谱写伟大思想的新篇章是中国共产党领导中国人民从胜利走向胜利，从辉煌走向辉煌百试不爽的不二法门。习近平新时代中国特色社会主义思想就是在伟大时代、伟大实践中创立的伟大思想，是 21 世纪中国的马克思主义。

一 马克思主义中国化最新成果

马克思主义是中国共产党和中国社会的指导思想，但指导中国共产党和中国社会的从来不是抽象的马克思主义本本，不是固化的马克思主义教条，而是马克思主义中国化后的中国的马克思主义。

中国共产党 96 年的历史就是一部马克思主义中国化的历史。马克思主义中国化究其根本就是站在时代的潮头，把马克思主义与中国实际相结合，把马克思主义理论与中国实践相结合。每一个时代都有属于那一时代的中国马克思主义。

以毛泽东为代表的第一代中国共产党人从 20 世纪上半叶始，把马克思主义与中国革命具体实践相结合，形成了毛泽东思想，实现了马克思主义中国化的第一次飞跃，从此中国有了指导取得革命成功和开拓社会主义道路的自己的马克思主义；以邓小平、江泽民、胡锦涛等为代表的新时期中国共产党人从20世纪70年代起，把马克思主义与中国改革发展建设的具体实践相结合，形成了包括邓小平理论、"三个代表"重要思想、科学发展观在内的中国特色社会主义理论体系，实现了马克思主义中国化的又一次飞跃，中国改革发展建设有了自己的理论旗帜。

进入21世纪以来，在时代步伐越来越强劲、越来越迅捷的脉动中，中国也站在了新的历史方位上。习近平总书记指出："要跟上时代前进步伐，就不能身体已进入21世纪，而脑袋还停留在过去。"①这番话本来是讲国际关系的，但用在马克思主义中国化上同样一语中的。新时代、新实践当然要造就马克思主义新形态。

21世纪的时代特征在发生着深刻变化，世界历史的特点更为凸显。首先，全球政治经济深度交融又问题纷争，合作中有隔阂，对抗中有谅解；文化争论背后是政治诉求，环境纠纷根本在利益算计，世界各国、各经济体、各社会组织关系的错综复杂程度是19、20世纪难以想象的。同时，现代科技进步特别是以互联网络为代表的信息化技术推动着社会形态和社会发展方式深刻转型，新的组织形态，新的生产形态，新的消费形态乃至新的人与人、人与社会、人与自然的关系形态等都不断涌现，开始形成全新社会结构与社会意义。更重要的是，西方资本主义内生矛盾的蔓延激化与中国特色社会主义的实践奇迹使得社会主义与资本主义这两种社会形态的攻守态势发生了微妙变化。先前的金融危机、其后的难民问题以及西方越来越多的"黑天鹅"事件等，表明至少在心理上传统资本主义志得意满的那种自信开始消退，人类历史终结的论调风光不再。而中国对内大刀阔斧的壮士断腕、刮骨疗毒，对外倡导"一带一路"、构建人类命运共同体，透露出来的却是一种由内到外的自信与从容。

当代中国发展的历史方位也面临重大转换。经过60余年的一以

_____

① 《习近平谈治国理政》，外文出版社，2014，第273页。

贯之特别是 30 多年的高歌猛进，中国特色社会主义进入了新时代，中国开始了从追随大国到引领大国的角色转变，从快速发展到全面发展的模式跨越，从大国向强国迈进的发展阶段跃迁。中国经济实力、科技实力、国防实力、综合国力进入世界前列，国际地位实现了前所未有的提升，党的面貌、国家的面貌、人民的面貌、军队的面貌、中华民族的面貌发生了前所未有的变化，中华民族开始以崭新姿态屹立于世界的东方。

正是立足于对 21 世纪时代特征的深刻洞察和当代中国发展方位的科学判断，以习近平为代表的新一代中国共产党人不丢"老祖宗"注重说"新话"，在坚定不移坚持马克思主义基础上，又不断发展和创新马克思主义。习近平新时代中国特色社会主义思想以宏大的战略眼光勾勒出 21 世纪中国和 21 世纪社会主义的前途命运，以科学的理论逻辑回答了新一代马克思主义者面对的时代课题与实践挑战，具体来说就是"新时代坚持和发展什么样的中国特色社会主义、怎样坚持和发展中国特色社会主义"这一基本问题，以其对历史经验的深刻总结，对历史规律的深刻揭示，对现实问题的深入分析，对未来发展的深入思考，实现了马克思主义在 21 世纪中国的新飞跃，当之无愧地成为马克思主义中国化的最新成果。

二　中国特色社会主义理论体系的重要组成部分

坚持和发展中国特色社会主义，是中国共产党人的庄严使命，也是中国共产党人对中国人民的郑重承诺。这同时又是一项长期的艰巨的历史任务，是一条前人不仅没有走过甚至都没有能详细描绘过的新路。关于建设什么样的社会主义、怎样建设社会主义这个根本问题，虽然早已经破题但远未结题。完成使命、兑现承诺，必须勇于实践、勇于变革、勇于创新，以我国改革开放和现代化建设的实际问题、我们正在做的事情为中心，着眼于马克思主义理论的运用，着眼于对实际问题的理论思考，着眼于新的实践和新的发展。

经过数代中国共产党人的理论自觉，经过中国社会的实践孕育，以邓小平理论、"三个代表"重要思想、科学发展观为主要内容的中国特色社会主义理论体系已蔚为壮观，成为系统完备的科学理论体系。但中国特色社会主义理论体系是系统完备的理论体系，也是开放的理论体系，当然也要和也在随着实践的深化、时代的演进不断创新发展，以反映实践诉求，彰显时代精神。习近平总书记指出："坚持和发展中国特色社会主义是一篇大文章，邓小平同志为它确定了基本思路和基本原则，以江泽民同志为核心的党的第三代中央领导集体、以胡锦涛同志为总书记的党中央在这篇大文章上都写下了精彩的篇章。现在，我们这一代共产党人的任务，就是继续把这篇大文章写下去。"①

党的十八大以来，以习近平为代表的新一代中国共产党人直面新情况、聚焦新发展、担当新使命，以全新的视野深化了对共产党执政规律、社会主义建设规律、人类社会发展规律的认识，实践在创新，制度在创新，理论也在创新。比如，"中国梦"、"四个全面"战略新布局、新发展理念、四个自信、"一带一路"倡议、"新型大国关系"、"人类命运共同体"等，这一系列内容都生动完整地体现在习近平新时代中国特色社会主义思想中。

这一伟大思想提出了新时代坚持和发展中国特色社会主义的总目标、总任务、总体布局、战略布局和发展方向、发展方式、发展动力、战略步骤、外部条件、政治保证等一系列重大观点。这就是党的十九大报告中的"八个明确"：明确坚持和发展中国特色社会主义，总任务是实现社会主义现代化和中华民族伟大复兴，在全面建成小康社会的基础上，分两步走在本世纪中叶建成富强民主文明和谐美丽的社会主义现代化强国；明确新时代我国社会主要矛盾是人民日益增长的美好生活需要和不平衡不充分的发展之间的矛盾，必

---

① 《习近平谈治国理政》，外文出版社，2014，第23页。

须坚持以人民为中心的发展思想，不断促进人的全面发展、全体人民共同富裕；明确中国特色社会主义事业总体布局是"五位一体"、战略布局是"四个全面"，强调坚定道路自信、理论自信、制度自信、文化自信；明确全面深化改革总目标是完善和发展中国特色社会主义制度、推进国家治理体系和治理能力现代化；明确全面推进依法治国总目标是建设中国特色社会主义法治体系、建设社会主义法治国家；明确党在新时代的强军目标是建设一支听党指挥、能打胜仗、作风优良的人民军队，把人民军队建设成为世界一流军队；明确中国特色大国外交要推动构建新型国际关系，推动构建人类命运共同体；明确中国特色社会主义最本质的特征是中国共产党领导，中国特色社会主义制度的最大优势是中国共产党领导，党是最高政治领导力量，提出新时代党的建设总要求，突出政治建设在党的建设中的重要地位。

这些理论创新构成了中国特色社会主义理论体系的最新内容，也丰富和发展了中国特色社会主义理论体系。

三　全党全国人民为实现中华民族伟大复兴而奋斗的行动指南

马克思主义中国化不是为了装点门面，不能变成只是拿在手上的箭，连说"好箭"就是不发射。好箭要用来打靶射"的"。马克思主义中国化就是要拿"马克思主义"这个"矢"来射中国这个"的"，解决中国的实际问题。

随着中国特色社会主义进入新时代，中国毫无悬念地迈上了中等发达国家的台阶，一个全球性的大国巍然屹立于世界东方。但是正如邓小平同志当年指出的，"发展起来以后的问题不比不发展时少"①，甚至可能更复杂、更棘手。

---

① 《邓小平年谱（一九七五——一九九七）》（下卷），中央文献出版社，2004，第1364页。

比如，进入经济发展新常态意味着我们过去已经熟悉了的、习惯了的、用得很好的办法不再管用也不再能用，墨守成规、因循守旧不仅不可能实现有效的发展还会带来严峻的经济问题、环境问题乃至社会政治问题；再比如，改革进入深水区、攻坚期，容易的、皆大欢喜的改革已经完成，好吃的肉都吃掉了，剩下的都是难啃的硬骨头，全面深化改革需要硬碰硬，需要再杀出一条血路；还比如，在市场经济的环境中保持政党的伟大光荣正确、政党成员的先进优秀，不仅要洗洗澡出出汗，还需要壮士断腕、刮骨疗毒以期浴火重生；等等。这些都是摆在中国共产党面前的新问题、难问题，甚至可以说是危机，是风险，是挑战。

有效应对重大挑战、抵御重大风险、克服重大阻力、解决重大矛盾，把新时代中国特色社会主义推向前进，要有战略遵循，要有行动纲领，要根据新的实践对经济、政治、法治、科技、文化、教育、民生、民族、宗教、社会、生态文明、国家安全、国防和军队、"一国两制"和祖国统一、统一战线、外交、党的建设等各方面做出理论分析和政策指导，这就是习近平新时代中国特色社会主义思想"十四个坚持"的基本方略。

我们要坚持党对一切工作的领导，党政军民学，东西南北中，党是领导一切的，必须确保党始终总揽全局、协调各方；我们要坚持以人民为中心，把人民对美好生活的向往作为奋斗目标，依靠人民创造历史伟业；我们要坚持全面深化改革，构建系统完备、科学规范、运行有效的制度体系，充分发挥我国社会主义制度优越性；我们要坚持新发展理念，把发展作为解决我国一切问题的基础和关键，不断壮大我国经济实力和综合国力；我们要坚持人民当家作主，保证人民当家作主落实到国家政治生活和社会生活之中；我们要坚持全面依法治国，把党的领导贯彻落实到依法治国全过程和各方面，坚定不移走中国特色社会主义法治道路；我们要坚持社会主义核心价值体系，更好构筑中国精神、中国价值、中国力量，为人民提供精神指引；我们要坚持在发展中保障和改善民生，保证全体人民在共建共享发展中有更多获得感，不断促进人的全面发展、全体人民共同富裕；我们要坚持人与自然和谐共生，坚定走生产发展、生活富裕、生态良好的文明发展道路，建设美丽中国，为人民创造良好生产生活环境，为全球生态安全做出贡献；我们要坚持总体国家安全观，统筹发展和安全，完善国家安全制度体系，加强国家安全能力建设，坚决维护国家主权、安全、发展利益；我们要坚持党对人民军队的绝对领导，全面贯彻党领导人民军队的一系列根本原则和制度，确立新时代党的强军思想在国防和军队建设中的指导地位，实现党在新时代的强军目标；我们要坚持"一国两制"和推进祖国统一，保持香港、澳门长期繁荣稳定，实现祖国完全统一，共同为实现中华民族伟大复兴而奋斗；我们要坚持推动构建人类命运共同体，始终做世界和平的建设者、全球发展的贡献者、国际秩序的维护者；我们要坚持全面从严治党，不断增强党自我净化、自我完善、自我革新、自我提高的能力，始终保持党同人民群众的血肉联系。

这十四条基本方略是新时代中国特色社会主义的行动纲领，我们要与党的基本理论、基本路线一起在各项工作中全面准确贯彻落实。

（原载《求是》2017 年第 23 期，收入本书时略有改动）

当代中国马克思主义的思想光辉

——科学把握习近平新时代中国特色社会主义思想的精神实质

习近平新时代中国特色社会主义思想是马克思主义中国化的最新成果，是新时代中国的马克思主义。马克思主义之所以为马克思主义，就在于马克思主义的立场观点方法贯穿始终，就在于马克思主义的"真精神"熠熠生辉。学习领会习近平新时代中国特色社会主义思想，不仅要知其然，完整准确掌握其丰富内涵，更要知其所以然，科学把握其精神实质。这集中体现在贯穿这一伟大思想始终的人民立场、斗争精神、世界情怀、知行合一等四个方面。

一　人民至上

人民群众不仅是物质财富的创造者，而且是精神财富的创造者，更是社会变革的决定性力量。这是历史唯物主义最基本的观点。始终站在人民大众立场上，一切为了人民、一切相信人民、一切依靠人民，诚心诚意为人民谋利益，这是中国共产党坚持马克思主义立场的根本要求。习近平总书记指出："人民立场是马克思主义政党的根本政治立场，人民是历史进步的真正动力，群众是真正的英雄，人民利益是我们党一切工作的根本出发点和落脚点。中南海要始终直通人民群众，我们要始终把人民群众放在心中脑中。"①"人民至上"，中国共产党是这样认识的，也是这样实践的。

习近平总书记明确提出"以人民为中心"，并以此统领治国理政各个方面。经济社会发展要"着力践行以人民为中心的发展思想"②；党的文艺工作、新闻舆论工作要"坚持以人民为中心的工作导向"③；"网信事业要发展，必须贯彻以人民为中心的发展思想"④；"我国哲学社会科学要有所作为，就必须坚持以人民为中心的研究导向"⑤；等等。在中国，"以人民为中心"不是抽象的、玄奥的概念，不是纯粹的思想实验，而是经济社会发展、政治文化建设乃至外交国防各个环节的基本遵循与现实形态。

——在回应人民的期待，不断增强人民群众获得感方面体现以人民为中心。

"人民对美好生活的向往，就是我们的奋斗目标。"⑥ 习近平总书记特别强调中国共产党治国理政要从改善人民生活、增进人民福祉切入，要让人民群众有"有更好的教育、更稳定的工作、更满意的收入、更可靠的社会保障、更高水平的医疗卫生服务、更舒适的居住条件、更优美的环境"⑦。后来习近平总书记又加上了一个"更"："更丰富的精神文化生活。"所有这些都是要给予人民群众实实在在的获得感，但是这些还远远不够。对中国共产党来说，治国理政不仅要增加人民群众的绝对获得感，更要增加人民群众的相对获得感；不仅要有物质层面的获得感，更要有精神层面的获得感、幸福感。所以，习近平总书记特别把全面消除贫困作为实现第一个百年奋斗目标的前置性要求，守住底线，补上短板，全面小康，一

---

① 《习近平谈治国理政》第2卷，外文出版社，2017，第189页。
② 《习近平谈治国理政》第2卷，外文出版社，2017，第213页。
③ 《习近平谈治国理政》第2卷，外文出版社，2017，第331页。
④ 习近平：《在网络安全和信息化工作座谈会上的讲话》，人民出版社，2016，第5页。
⑤ 习近平：《在哲学社会科学工作座谈会上的讲话》，人民出版社，2016，第12页。
⑥ 《习近平谈治国理政》，外文出版社，2014，第424页。
⑦ 《习近平谈治国理政》，外文出版社，2014，第4页。

个都不能少；把"共享发展"作为新发展理念最重要的内容，使发展成果更多更公平惠及全体人民，力争让共同富裕这一本质要求更加充分地体现在现实生活中。

——以人民为中心的"人民至上"，不仅是为人民治国理政，更要能让人民治国理政。

人民"共享"归根结底来自人民"共建"。通过一系列制度安排与政策设计，让人民群众当家作主的权利得到更充分的保障是中国共产党治国理政的头等大事。"保证和支持人民当家作主，通过依法选举、让人民的代表来参与国家生活和社会生活的管理是十分重要的，通过选举以外的制度和方式让人民参与国家生活和社会生活的管理也是十分重要的。"① 社会主义协商民主填补了选举民主之外的权利空白，有效解决了现代民主制度中的"权利跛脚"现象，让人民不仅有进行民主选举的权利，更有进行民主决策、民主管理、民主监督的权利。

——通过全面从严治党，把中国共产党打造成人民群众改造历史的锐利武器。

党的十八大以来，中国共产党治国方略中最亮丽的莫过于全面从严治党。可能有人认为这是中国共产党自身建设的事情，与"以人民为中心"没有关系或至少关系不大，其实不然。全面从严治党直接的目的当然是让中国共产党更先进、更优秀、更强大，但是建设一个世界上最强大的政党，归根结底是为了让人民群众有更管用、更好用的工具来创造历史，改变世界。人民群众通过中国共产党让自己真实拥有了创造历史的现实力量。有了这样一个名副其实的政党，有了这样一个党领导下的国家和政府，人民群众就更有力量、有途径、有手段在与市场、资本等外在力量的博弈中占据主动地位，按自己的意志塑造市场、驾驭资本，让市场与资本"为我所用"，而不是"反客为主"。

———

① 《习近平谈治国理政》第 2 卷，外文出版社，2017，第 293 页。

二　斗争精神

恩格斯在马克思墓前饱含深情又旗帜鲜明讲了这么一段话："斗争是他的生命要素。很少有人像他那样满腔热情、坚韧不拔和卓有成效地进行斗争。"① 确实，打破一个旧世界，建设一个新世界，没有斗争就没有动力，没有斗争就没有希望。人类社会数千年的发展历史是如此，世界社会主义五百余年的演进历史是如此，中国共产党九十多年的奋斗历史是如此，今日中国共产党治国理政、改革发展更是如此。

"必须准备进行具有许多新的历史特点的伟大斗争"②，是习近平同志主持起草党的十八大报告时，主张写进去的一句意蕴极为丰富、意义极为重大的话。五年多来，这句话越来越成为中国社会的共识，成为中国社会的一种精神状态，成为中国共产党治国理政创新的重要保障。既有利益格局、既有行为模式、既有思想观念、既有价值标准等，都会力求"维持现状"。要想"杀出一条血路"，不能沉迷于田园牧歌，不要幻想一团和气，而要随时准备进行具有许多新的历史特点的伟大斗争。

中国不渲染斗争，但不回避斗争。准备好斗争，或许就没有斗争；不准备斗争，斗争必将找上门来。这就是辩证法。当然，在中国进入发展起来以后的阶段，进入从大国迈向强国的阶段，斗争会呈现一系列新的特点。进行这些斗争或许会流血或许不会流血，不流血的斗争可能更严酷；这些斗争或许是公开的或许是不公开的，不公开的斗争可能更艰巨。但是坚持和发展新时代中国特色社会主义，迈向治国理政新境界必须实现这"惊险的一跃"。

发扬斗争精神，提高斗争本领还要勇于革命。党的十八大以来，习近平不止在一个场合、不止一次谈到"革命"。从"革命理想高

① 《马克思恩格斯选集》第 3 卷，人民出版社，2012，第 1003 页。
② 《习近平谈治国理政》第 2 卷，外文出版社，2017，第 32 页。

于天"到"不忘革命初心"再到"大力弘扬将革命进行到底精神",革命的情怀溢于言表。在新进中央委员会的委员、候补委员和省部级主要领导干部学习贯彻习近平新时代中国特色社会主义思想和党的十九大精神研讨班上,更是明确提出"我们是革命者,不要丧失了革命精神"。革命就其本源意义来讲是革故鼎新,是辞旧迎新;其方法论的特点是根本性的变化、深层次的变动,是完全彻底的改变;其价值指向是向好、向新、向善,正所谓"苟日新,日日新,又日新"。在哲学的层面上,"斗争""革命""改革""创新"相当于同语反复,其价值指向与实践归宿是完全一致的。

革命当然是为了最终改造客观世界,但改造客观世界首先要改造主观世界。所以,对于今日的中国共产党来说,革命最关键的是自我革命,革命精神最突出的是自我革命的精神。在60多年的长期执政,特别是40年的改革开放过程中,中国共产党的一些成员甚至包括一些高级领导干部已经有意无意地被各种利益集团"围猎",蜕化成既得利益者的代表,开始背离初心、背叛信仰;他们的一些行为、做法已经开始严重阻碍中国朝着更加持续健康、公平正义、文明进步的社会前进;他们设计主导的一些体制机制已经开始蜕化为小圈子小群体利益的避风港。革命者首先要自我革命。中国共产党的伟大不在于不犯错误,而在于从不讳疾忌医,能一次次拿起手术刀来革除自身的病症、解决自身的问题。

中国共产党不仅勇于对近现代以来西方社会制度、社会发展模式进行彻底的革命,勇于对既有保守僵化教条的制度体制及发展模式进行坚决的革命,而且勇于对在发展中国特色社会主义事业过程中出现的那些我们自己这数十年来亲手推动的、亲自实践的,曾经管用也好用但现在越来越不能用也不应该用的制度体制及发展模式进行义无反顾的革命。在不断革命的过程中谱写新时代中国特色社会主义新篇章,开创新时代中国共产党人治国理政新境界。

三　世界情怀

作为马克思主义者，中国共产党深知中华民族的伟大复兴不能独善其身，建设社会主义、实现共产主义更是一件世界性的事业。在坚持"中国特色"的同时从来没有放弃过世界眼光，没有淡化过全球意识，而是始终把中国国家治理与全球治理放在一起谋划，在担负起优化改善全球治理责任的同时实现对国家的更好治理。

——当代中国共产党人的"新世界观"突出体现在对待经济全球化的立场与态度上。

近些年来，一些西方发达国家去经济全球化、反经济全球化的动作频频，在这样的背景下中国共产党举起了捍卫推动改善经济全球化的大旗。尽管经济全球化伴随着资本主义社会的扩张走向世界，尽管19世纪中叶中国遭受的西方列强侵略其实也是早期经济全球化的一种形式，在这个意义上甚至可以说中国本来还是经济全球化的牺牲品，但是作为马克思主义者，中国共产党清醒地认识到，推动人类社会文明进步的力量只有在世界历史的意义上才可能真正存在，更加美好的人类社会发展状态也只有在世界历史的意义上才可能真正实现。所以，习近平总书记不仅在各种国际场合，从G20杭州峰会到亚太经合组织领导人会议再到世界经济论坛上倡导推动经济全球化，更通过提出"一带一路"倡议、创建自由贸易区、建设亚洲基础设施投资银行等推进全球经济治理的举措，事实上建构起了21世纪经济全球化的新样态。

中国共产党人是以一种世界情怀，或者说是天下情怀来建构21世纪经济全球化的，其核心价值理念是习近平总书记提出的"人类命运共同体"。21世纪经济全球化把世界作为一个你中有我、我中有你的命运共同体，让所有人荣辱与共，不论大国小国，不论发达还是欠发达，在国际经济合作中权利平等、机会平等、规则平等，在共赢、共商、共建、共享中，让世界各国人民的梦想成真。

——从"中国特色"到"中国方案",中国要为世界做出更大贡献。

"中国特色"名为"特色",但眼光是世界的,情怀是人类的,思维是整体的。"特色"思考的是如何在经济全球化的背景下、在竞争日趋激烈的环境中实现国家富强民族振兴和平发展这一普遍问题;"特色"回应的是如何让一个社会中更多的人过上更加幸福、更有尊严的生活这一共同期待;"特色"体现的是在既定的生产力框架下如何让制度更加适应生产力的发展并推动生产力向更高水平发展这一一般性规律。所以,习近平总书记讲:"中国共产党人和中国人民完全有信心为人类对更好社会制度的探索提供中国方案。"① 中国的实践对中国之外的其他国家也是有用的,至少有很大的借鉴意义。对发展中国家来说,意味着走向现代化并不是只有西方发达国家走过的"独木桥","中国方案"提供了一条极其可靠而又现实的途径;对于一些发达国家来说,要想走出自己造就的国际乱局、国内困境、经济全球化两难,"中国方案"也是一剂良药而且还不苦口。

当然,"中国方案"不是某一种具体的制度体制模式,也不主张用一种模式来改造整个世界,以对人类生活进行格式化,而是一种新世界观、新价值观和新方法论,是把世界作为一个整体,把人类作为一个整体而进行的道路设计与制度建构。中国共产党人是唯物主义者,但并不否认在很多时候改变了世界观也就改变了世界。从人类命运共同体的你中有我、我中有你,到"一带一路"的"百花园""顺风车",再到文明多样性的"美人之美""美美与共",以及全球治理体制的"并育而不相害""并行而不相悖"等,当这些理念越来越为世界所接纳、所认同、所践履时,世界将会呈现一种崭新的面貌,中华民族伟大复兴也就有了一个良好的外部环境。

---

① 《习近平谈治国理政》第2卷,外文出版社,2017,第37页。

四　知行合一

从马克思主义发展历程来看，马克思主义中国化不是为了装点门面，不能变成只是拿在手上的箭，连说"好箭"就是不发射。好箭要用来打靶射"的"。马克思主义中国化就是要拿"马克思主义"这个"矢"来射中国这个"的"，解决中国的问题。马克思有句名言："哲学家们只是用不同的方式解释世界，而问题在于改变世界。"①

从中国历史文化传统来看，知行合一是中国哲学的基本命题，也是中国哲学的基本功夫。80年前毛泽东在创作马克思主义哲学中国化最重要的成果之一《实践论》的时候，就将其副标题命名为"论认识和实践的关系——知和行的关系"。知行合一对于以实践为基本品格的马克思主义的意义尤其重大。从一定意义上说，马克思主义的精髓实事求是与解放思想也有一个知行合一的问题。在现实生活中我们经常能听到"实事求是为什么这么难""解放思想怎么阻力这么大"的慨叹，其原因就在于知行未能合一。

随着中国特色社会主义进入新时代，中国毫无悬念地迈入了中等发达国家的行列，一个全球性的大国巍然屹立于世界东方。但是正如邓小平同志当年指出的，"发展起来以后的问题不比不发展时少"②，甚至可能更复杂、更棘手。面对这一切复杂、棘手的新矛盾、新问题、新挑战，仅仅靠说漂亮话不仅远远不够，甚至还会贻害无穷。邓小平当年还讲过一句斩钉截铁的话："世界上的事情都是干出来的，不干，半点马克思主义都没有。"③评价一个政党、评价一个党员，不仅在于他说了什么、说得如何，更在于他做了什么、

---

① 《马克思恩格斯选集》第1卷，人民出版社，2012，第140页。
② 《邓小平年谱（一九七五——一九九七）》（下卷），中央文献出版社，2004，第1364页。
③ 转引自《十六大以来重要文献选编》（下卷），中央文献出版社，2008，第874页。

做到了什么。正如习近平总书记指出："什么是作秀，什么是真正联系群众，老百姓一眼就看出来了。"① "我们说了不是白说，说了就必须做到。"② "说到的就要做到，承诺的就要兑现，中央政治局同志从我本人做起。"③

正因为说到做到，知行合一，以习近平总书记为主要代表的中国共产党人统揽"四个伟大"，统筹推进"五位一体"总体布局，协调推进"四个全面"战略布局，转变作风反腐败，引领经济发展新常态，推进供给侧结构性改革，走向世界讲述"中国故事"，解决了许多长期想解决而没有解决的难题，办成了许多过去想办而没有办成的大事，党和国家事业发生了历史性变革，中国发展站到了新的历史起点上，中国特色社会主义进入了新时代。

现在大家都在讲"新时代"。我们一定要认识到，"新时代"不仅仅是时间概念，我们走进了新时代，还是实践概念，习近平总书记带领中国共产党和中国人民知行合一，开创了新的时代。过去有个比方，中国改革开放 30 年走过了西方 300 年的历程。这个话还可以接着说下来，党的十八大以来这五年也相当于走过了中国过去 40 年的历程。

知是真知，一切从实际出发，理论联系实际，在实际中检验和发展真理；行是真行，坚持问题导向，坚持以我们正在做的事情为中心，踏石留印，抓铁有痕，以钉钉子的精神把事业一步步推向前进。以知之深推动行之笃，用行之实促进知之更新、更深。知行合一开辟了马克思主义新境界，开辟了中国特色社会主义新境界，开辟了治国理政新境界，开辟了管党治党新境界。

---

① 《作秀——对待群众决不能虚情假意》，中国共产党新闻网，http://theory. peo-ple. com. cn/n/2014/1125/c390916 - 26090613. html，最后访问日期：2019 年 6 月 13 日。

② 《习近平关于党风廉政建设和反腐败斗争论述摘编》，中国方正出版社，2015，第 68 页。

③ 《习近平关于协调推进"四个全面"战略布局论述摘编》，中央文献出版社，2015，第 125 页。

　　人民至上、斗争精神、世界情怀、知行合一，这是马克思主义立场观点方法的集中体现。也正是这些马克思主义的"真精神"，让习近平新时代中国特色社会主义思想展现出强大的真理力量，焕发出耀眼的真理光芒。

　　（原载《前进》2018 年第 2 期，收入本书时略有改动）

让精神原点在时代坐标中闪耀

——论习近平新时代中国特色社会主义思想 对"红船精神"的发扬光大

一棵参天大树究竟能长成什么样子，在最初那粒种子的基因里面就已经确定下来了。中国共产党的政党标识是什么，在建党之初就已经确立，这就是"红船精神"。"红船精神"是中国共产党的精神原点，中国共产党的精神谱系由此展开并发扬光大。"红船精神"宣示了中国共产党的初心，铸就了中国共产党的本色，塑造了中国共产党的品格，也深深熔铸于中国共产党 90 多年的伟大实践与伟大创造中。作为 21 世纪马克思主义、当代中国马克思主义的习近平新时代中国特色社会主义思想更是发扬光大"红船精神"的典范，化精神品格为理论品格，精神的光辉与理论的魅力交相辉映，让精神原点在时代坐标中闪耀。

一 为发展马克思主义做出 中国的原创性贡献

我们讲中国共产党的成立是一件开天辟地的大事，不仅是讲这一事件本身，更是在讲中国共产党本身。中国共产党干的就是开天辟地的大事，不打破一个旧世界，怎么能建设一个新世界？没有在自己的发展进程中同传统的观念实行最彻底的决裂，怎么可能走出一条新路？"开天辟地、敢为人先的首创精神"，是中国共产党的本质所在、使命所在，体现在中国共产党的思想理论创造上，就是勇于说新话，善于说新话，为发展马克思主义做出中国的原创性贡献。

1. 回答"时代之问"，实现理论体系的重大创新

进入 21 世纪以来，在时代步伐越来越强劲、越来越迅捷的脉动中，中国也站在了新的历史方位上。习近平总书记指出："要跟上时代前进步伐，就不能身体已进入 21 世纪，而脑袋还停留在过去。"[①]这番话本来是讲国际关系的，但用在马克思主义中国化上同样一语中的。新时代、新实践当然要造就马克思主义新形态。

立足于对 21 世纪时代特征的深刻洞察和当代中国发展方位的科学判断，习近平新时代中国特色社会主义思想以全新的视野深化了对共产党执政规律、社会主义建设规律、人类社会发展规律的认识，系统回答了新时代坚持和发展什么样的中国特色社会主义、怎样坚持和发展中国特色社会主义这一基本问题以及与之相联系的什么是中华民族的伟大复兴，如何实现中华民族伟大复兴，中国共产党应该有什么样的担当，中国的国家治理应该走什么样的道路，中国与世界应该是什么样的关系等时代提出的重大理论与现实问题，形成了系统完备、逻辑严密、内在统一的科学体系。

这一伟大思想提出了"八个明确"，明确了新时代坚持和发展中国特色社会主义的总目标、总任务、总体布局、战略布局和发展方向、发展方式、发展动力、战略步骤、外部条件、政治保证等一系列重大问题；这一伟大思想又提出了"十四个坚持"的基本方略，与党的基本理论、基本路线共同构成了当代中国共产党在新时期坚持和发展中国特色社会主义的理论保障、路线保障与战略保障。这一伟大思想，坚持理论和实践相结合、认识论和方法论相统一、战略和战术相一致，以巨大的理论勇气对马克思主义哲学、政治经济学、科学社会主义理论的发展做出了原创性贡献，充分彰显了马克

---

① 《习近平谈治国理政》，外文出版社，2014，第 273 页。

思主义的强大生命力和中国共产党人的巨大理论创造力。

2. 回答"历史之问",赓续马克思主义的中华文化之根

把马克思主义基本原理与中国具体实际相结合,是马克思主义中国化的成功秘籍。在这里,"中国具体实际"既包括历史实际、时代实际、实践实际,也包括历史文化实际。从一定意义上说,历史文化实际决定了思想理论体系的风格与气派。

习近平新时代中国特色社会主义思想在把马克思主义基本原理与当代中国进入中国特色社会主义新时代的实际紧密结合,与决胜全面建成小康社会、实现全面现代化、迈向中华民族伟大复兴中国梦的实际紧密结合的同时,更加自觉、更加坚定地与中华五千年灿烂文明相结合,与中华优秀传统文化相结合,让马克思主义中国化的这一历史新飞跃有了更加坚实的文化基础与文明支撑,马克思主义中国化的这一最新成果更具中国风格,更有中国气派。

从把"中华民族伟大复兴的中国梦"这一具有浓郁中国文化色彩的阐述作为历史使命与战略愿景,到强调中国特色社会主义道路"是在对中华民族 5000 多年悠久文明的传承中走出来的",再到"我国今天的国家治理体系,是在我国历史传承、文化传统、经济社会发展的基础上长期发展、渐进改进、内生性演化的结果",以及"深入挖掘和阐发中华优秀传统文化讲仁爱、重民本、守诚信、崇正义、尚和合、求大同的时代价值"[①],包括用人类命运共同体的理论构想与价值愿景推进全球治理、贡献中国方案等,中华优秀传统文化的丰富哲学思想、人文精神、教化思想、道德理念等经过创造性转化和创新性发展,已经内化在习近平新时代中国特色社会主义思想的"四梁八柱"中,并焕发出持久的精神魅力与文化光辉。

3. 回答"实践之问",提出新的理念、主张、方案

习近平总书记指出:"哲学社会科学创新可大可小,揭示一条规律是创新,提出一种学说是创新,阐明一个道理是创新,创造一种

---

① 《习近平谈治国理政》,外文出版社,2014,第 39～40、105、164 页。

解决问题的办法也是创新。"①立足新时代中国特色社会主义伟大实践的基础，习近平新时代中国特色社会主义思想提出了一系列体现中国立场、中国智慧、中国价值的理念、主张、方案。坚持全面从严治党，推进国家治理体系和治理能力现代化，发展社会主义协商民主，建设中国特色社会主义法治体系，实施总体国家安全观，建设人类命运共同体，推进"一带一路"建设，坚持正确义利观，坚持走中国特色强军之路、实现党在新形势下的强军目标等，都是具有原创性、时代性的理论。在此基础上，习近平总书记还做出一系列针对性指向性明确、澄清社会模糊认识、彰显"四个自信"的具体论断，如"两个伟大革命"论、"两个不能否定"论、"新型政党制度"论、"党是最高政治领导力量"论等，更是以马克思主义政治家、理论家的巨大理论创新勇气回应了中国社会的实践之问。

二　新时代是奋斗者的时代

2017 年 10 月 31 日，党的十九大闭幕仅一周，习近平总书记就带领其他中共中央政治局常委同志瞻仰中共一大会址和南湖红船，并特别强调，只有不忘初心、牢记使命、永远奋斗，才能让中国共产党永远年轻。"坚定理想、百折不挠的奋斗精神"跨越了九十余年的风雨沧桑，与新时代的奋斗精神交相辉映，在习近平新时代中国特色社会主义思想中大放光芒。

1. 自我加压，提出新时代奋斗目标

我国 20 世纪 80 年代提出"三步走"战略目标，在党的十八大上又进一步具体化为"两个一百年"奋斗目标。应该说这一目标是很宏伟的，作为世界上最大的发展中国家能基本实现现代化实属奇迹。但是在党的十九大上，习近平新时代中国特色社会主义思想明确坚持和发展中国特色社会主义，总任务是实现社会主义现代化和

① 《习近平谈治国理政》第 2 卷，外文出版社，2017，第 342 页。

中华民族伟大复兴，在全面建成小康社会的基础上，分两步走在本世纪中叶建成富强民主文明和谐美丽的社会主义现代化强国。这一奋斗目标大大提高了中国社会走向现代化的标准。当年"三步走"战略目标和"两个一百年"奋斗目标是到新中国成立一百年时，基本实现现代化，把我国建成社会主义现代化国家。现在"两步走"的实现时间没有变，现代化目标的标准却在提高。首先是把实现基本现代化作为第一步走的目标提前到了 2035 年，到 2050 年的第二步走的目标则提升为"全面现代化"，从"现代化国家"提升为"现代化强国"，而且全面现代化的内容也更加全面，在"富强民主文明和谐"之后又加上了"美丽"这一要求。这充分体现了以习近平同志为主要代表的新一代中国共产党人勇于担当、自我加压、不断奋斗的崇高实践品格。

需要强调的是，中国这样一个大国在社会主义初级阶段的大背景下实现全面现代化是前所未有的实践，更何况我们实现第一个百年目标前后用了三十多年时间，现在全面现代化更复杂更艰难，却仅仅计划用三十年的时间，其实践要求必将更高，更需要保持永不懈怠的精神状态和一往无前的奋斗姿态。

2. 知行合一，丰富新时代奋斗精神

习近平总书记多次阐述新时代奋斗精神的丰富内涵。在 2018 年春节团拜会上，习近平总书记指出："我在今年的新年贺词中说过，幸福都是奋斗出来的。今天，我还要说，奋斗本身就是一种幸福。"在十三届全国人大一次会议闭幕会上的讲话中又一次强调："中国人民自古就明白，世界上没有坐享其成的好事，要幸福就要奋斗。"[1]

习近平总书记指出，只有奋斗的人生才称得上幸福的人生。当然，奋斗是艰辛的，艰难困苦，玉汝于成，没有艰辛就不是真正的奋斗，我们要勇于在艰苦奋斗中净化灵魂、磨砺意志、坚定信念；奋斗也是长期的，前人栽树，后人乘凉，伟大事业需要几代人、十

---

① 习近平：《在第十三届全国人民代表大会第一次会议上的讲话》，人民出版社，2018，第 4 页。

几代人、几十代人持续奋斗；奋斗更是曲折的，"为有牺牲多壮志，敢教日月换新天"，要奋斗就会有牺牲，我们要始终发扬大无畏精神和无私奉献精神。但是，奋斗者是精神最为富足的人，也是最懂得幸福、最享受幸福的人。习近平总书记特别引用了马克思的话："历史承认那些为共同目标劳动因而自己变得高尚的人是伟大人物；经验赞美那些为大多数人带来幸福的人是最幸福的人。"① 时光跨越了近 200 年，但共产党人的心是相通的。

因此，"撸起袖子加油干"是奋斗，"干在实处永无止境，走在前列要谋新篇"是奋斗，"确保党始终同人民想在一起、干在一起"还是奋斗。我们要坚持把人民对美好生活的向往作为我们的奋斗目标，始终为人民不懈奋斗、同人民一起奋斗，切实把奋斗精神贯彻到进行伟大斗争、建设伟大工程、推进伟大事业、实现伟大梦想全过程，形成竞相奋斗、团结奋斗的生动局面。这是新时代奋斗精神的实践指向。

3. 一以贯之，永葆新时代奋斗精神

中国用数十年走过西方数百年的历程，社会革命改天换地，发展奇迹一枝独秀，治理绩效风景独好，已经越来越走近世界舞台中央。按常情常理，中国共产党确实可以"松口气""歇歇脚"。但这不是中国共产党人的思维，不是中国共产党人的品格，不是中国共产党人应有的精神状态。中国共产党人是干事业的人，而且干的是大事业。不论是坚持和发展中国特色社会主义，还是实现中华民族伟大复兴，都是任重道远，需要十几代人、几十代人乃至更长时间奋斗的伟大事业，更不用说实现共产主义这一人类社会前所未有、更为壮丽的事业了。中国共产党已经干出的这一切成就，当然辉煌，也足以自豪，但从伟大壮丽事业看来，这一切只不过是建设宏伟大厦的一块块砖瓦，是迈向新世界的一个个台阶，是瑰丽大文章中的一个个逗号。建设新世界、谱写新篇章，唯有不断添砖加瓦，坚毅

---

① 《马克思恩格斯全集》第 40 卷，人民出版社，1982，第 7 页。

前行，永远奋斗。

从哲学的高度看，中国共产党人已经把奋斗本身作为自己的目的。既然选择了远方，就只需奋起而前行。为什么中国共产党人能一张蓝图绘到底，能一代接着一代做，能做到习近平总书记所讲的坚持和发展中国特色社会主义一以贯之，推进党的建设新的伟大工程一以贯之，增强忧患意识、防范风险挑战一以贯之？就是因为中国共产党人有"功成不必在我"的意识与境界，把自己融入历史长河中间，融入事业进程之中，贪功无我、图名无我，担当有我、奋斗有我，永不止步、永不懈怠，始终做历史的坚定者、奋进者、搏击者。

三　人民对美好生活的向往就是
我们的奋斗目标

2014年2月7日，国家主席习近平在接受俄罗斯电视台专访时，深情而又坚定地说："中国共产党坚持执政为民，人民对美好生活的向往就是我们的奋斗目标。我的执政理念，概括起来说就是：为人民服务，担当起该担当的责任。"①这是"立党为公、忠诚为民的奉献精神"的历史传承与时代回应，也是习近平新时代中国特色社会主义思想核心要义与精神实质的真切写照。习近平新时代中国特色社会主义思想中，价值指向是"人民至上"，目标指向是"人民幸福"。

1. 以人民为中心

习近平总书记指出："人民立场是马克思主义政党的根本政治立场，人民是历史进步的真正动力，群众是真正的英雄，人民利益是我们党一切工作的根本出发点和落脚点。中南海要始终直通人民群众，我们要始终把人民群众放在心中脑中。"② 中国共产党是这样认识的，也是这样实践的。习近平新时代中国特色社会主义思想将其

---

① 《习近平谈治国理政》，外文出版社，2014，第101页。
② 《习近平谈治国理政》第2卷，外文出版社，2017，第189页。

凝练为"以人民为中心",并以此统领治国理政各个方面。经济社会发展要"着力践行以人民为中心的发展思想"①;党的文艺工作、新闻舆论工作要"坚持以人民为中心的工作导向"②;"网信事业要发展,必须贯彻以人民为中心的发展思想"③;"我国哲学社会科学要有所作为,就必须坚持以人民为中心的研究导向"④;等等

以人民为中心,就是把人民对美好生活的向往作为我们的奋斗目标,从改善人民生活、增进人民福祉切入,让人民群众有"有更好的教育、更稳定的工作、更满意的收入、更可靠的社会保障、更高水平的医疗卫生服务、更舒适的居住条件、更优美的环境、更丰富的精神文化生活"⑤。不仅要增加人民群众的绝对获得感,而且要增加人民群众的相对获得感;不仅要有物质层面的获得感,而且要有精神层面的获得感。

学习领会习近平新时代中国特色社会主义思想,"人民"有两个关键内涵,一个是"最大多数",不能只为少数人服务;一个是"每一个",不能只见森林不见树木。正是基于这样的立场与价值,习近平总书记把全面消除贫困作为实现第一个百年奋斗目标的前置性要求,守住底线,补上短板,"全面小康,一个都不能少";把"共享发展"作为新发展理念最重要的内容,使发展成果更多更公平惠及全体人民,力争让共同富裕这一本质要求更加充分地体现在现实生活中。

2. 为人民谋幸福

习近平在党的十九大报告中提出:"中国共产党人的初心和使命,就是为中国人民谋幸福,为中华民族谋复兴。这个初心和使命是激励中国共产党人不断前进的根本动力。"⑥ 在十九届中共中央政

---

① 《习近平谈治国理政》第2卷,外文出版社,2017,第213页。
② 《习近平谈治国理政》第2卷,外文出版社,2017,第331页。
③ 习近平:《在网络安全和信息化工作座谈会上的讲话》,人民出版社,2016,第5页。
④ 习近平:《在哲学社会科学工作座谈会上的讲话》,人民出版社,2016,第12页。
⑤ 《习近平谈治国理政》第2卷,外文出版社,2017,第61页。
⑥ 习近平:《决胜全面建成小康社会 夺取新时代中国特色社会主义伟大胜利——在中国共产党第十九次全国代表大会上的报告》,人民出版社,2017,第1页。

治局常委同中外记者见面时又强调，要努力抓好保障和改善民生各项工作，不断增强人民的获得感、幸福感、安全感，不断推进全体人民共同富裕。

让中国人民生活一年更比一年好是习近平总书记的坚定信念与郑重承诺。人民群众哪方面感觉不幸福、不快乐、不满意，我们就在哪方面下功夫，千方百计为群众排忧解难，不断解决好人民群众最关心最直接最现实的利益问题，不断让人民群众得到实实在在的利益。我们要努力让每个孩子都能享有公平而有质量的教育，要在幼有所育、学有所教、劳有所得、病有所医、老有所养、住有所居、弱有所扶上不断取得新进展。我们要通过满足人民群众在民主、法治、公平、正义、安全、环境等方面的更高要求，使人民获得感、幸福感、安全感更加充实、更有保障、更可持续。

为人民谋幸福还要敢于与一切制约、影响、阻碍人民幸福的现象做斗争。全面从严治党、反腐败是实现人民幸福的重要保障，哪怕再难也要义无反顾。习近平总书记对此旗帜鲜明："不是没有掂量过。但我们认准了党的宗旨使命，认准了人民的期待。"① "人民把权力交给我们，我们就必须以身许党许国、报党报国，该做的事就要做，该得罪的人就得得罪。不得罪腐败分子，就必然会辜负党、得罪人民。"② 有这样的人民领袖，人民幸福还会远吗？

3. 把一切献给人民

现在有些领导干部对做人民的公仆很不理解，总是强调自己的工作多么专业，多么有含金量，言外之意是怎么也应该与老百姓平等吧，群众能做的事情为什么党员干部就不能做。此言大谬。其实在中国共产党的价值观中，做公仆都不能算真正到位，而应该是做工具。当年毛泽东在七大上讲："群众是从实践中来选择他们的领导工具、他们的领导者。被选的人，如果自以为了不得，不是自觉地作工具，而以为

---

① 转引自《领航中国，在民族复兴伟大征程上——十八大以来以习近平同志为总书记的党中央治国理政述评》，《人民日报》2015 年 1 月 4 日。
② 《习近平关于全面从严治党论述摘编》，中央文献出版社，2016，第 185～186 页。

'我是何等人物'！那就错了。我们党要使人民胜利，就要当工具，自觉地当工具。……这是唯物主义的历史观。"① 邓小平在八大上更加明确地说："工人阶级的政党不是把人民群众当作自己的工具，而是自觉地认定自己是人民群众在特定的历史时期为完成特定的历史任务的一种工具。"② 中国共产党把自己定位为"先锋队"本身就是一种对工具身份的自觉担当。正因为是工具，"中国共产党除了工人阶级和最广大人民群众的利益，没有自己特殊的利益"③。对中国共产党人来说，奉献是我们的宿命，奉献也是我们的使命。

习近平总书记对这一点讲得更为透彻。2014 年 5 月 8 日，习近平总书记在同中央办公厅各单位班子成员和干部职工代表座谈时指出："没有理想和信仰，不可能为党、为国家、为人民作出牺牲，共产党员应该为理想而奋不顾身去拼搏、去奋斗、去牺牲。同样，奉献有小奉献，也有大奉献。现在，有些人觉得自己当公务员收入不高，约束又多，同在企业工作或下海经商相比牺牲了很多，认为这就是奉献了。客观地说，这也是奉献，但这种奉献只是站在个人角度来认识的。我们共产党人讲奉献，就要有一颗为党为人民矢志奋斗的心，有了这颗心，就会'痛并快乐着'，再怎么艰苦也是美的、再怎么付出也是甜的，就不会患得患失。这才是符合党和人民要求的大奉献。"④ 真正的共产党人就要像习近平总书记那样，以身许党许国，以身报党报国，夙夜为公，以大奉献成就大事业，用大奉献为人民谋大幸福。

（原载《光明日报》2018 年 7 月 5 日，收入本书时略有改动）

---

① 《建党以来重要文献选编（1921～1949）》第 22 册，中央文献出版社，2011，第 475 页。

② 《建国以来重要文献选编》第 9 册，中央文献出版社，1994，第 124 页。

③ 《习近平谈治国理政》第 2 卷，外文出版社，2017，第 295 页。

④ 《习近平关于党风廉政建设和反腐败斗争论述摘编》，中国方正出版社，2015，第 144～145 页。

把"中国梦"的理论逻辑讲清楚

现在大家都在谈论"中国梦",这是一个好现象,关注是做好事情的前提。只是对中国梦的关注不能仅仅停留于话语的翻来覆去,也不能把中国梦当成一个筐什么都往里面装。把我们正在做的事情与中国梦联系起来是很有必要的,也是我们所希望的,但这种联系不能是词语的简单相加和生搬硬套,而是要在本质、规律和逻辑上做出说明。这就要求我们把一些事关中国梦的基础性问题特别是中国梦的理论逻辑想清楚、讲清楚、做到位。

一 寻梦:把"中国梦"的
内涵讲清楚

寻梦是中国梦的起点。倡导中国梦、编织中国梦先要讲清楚中国梦的来龙去脉、前世今生及其所承载的希冀与愿景。

中华民族不仅有悠久灿烂的文明,也有过大汉与盛唐这样的辉煌与强盛。据有关学者测算,直到 18 世纪末期,中国的经济规模仍然是世界上最大的,相当于刚刚过去的 20 世纪末期美国经济总量在世界经济总量中所占的比重。但近代以来,在西方坚船利炮的侵略下,中华民族遭受了深重苦难、付出了巨大牺牲,辉煌不再、尊严难立,也从此开始了中华儿女百年中国梦的辛苦求索、艰难追寻。

因此,对当代中国来说,实现中华民族伟大复兴绝不仅仅是一句豪言壮语，而是有十分确定的内容，这就是让国家更强盛，人民更幸福，中华民族对世界做出更大贡献。

——国家不富强，就会被人欺侮轻慢；民族不复兴，无颜担当龙的传人。我们谈复兴，不是简单地重新寻回昔日的荣光，而是要让一个曾经饱受异族列强欺侮、目前尚是发展中国家的中国，经济发展、政治昌明、文化繁荣、社会和谐，到本世纪中叶成为富强民主文明和谐的社会主义现代化国家巍然屹立在世界东方。

——强国才能富民，强国也是为了富民。没有人民富裕，发展就不算成功；没有人民幸福，复兴就不算完成。我们谈复兴，不是为强大而强大，为发展而发展，而是要让我们的人民有更好的教育、更稳定的工作、更满意的收入、更可靠的社会保障、更高水平的医疗卫生服务、更舒适的居住条件、更优美的环境，我们的孩子们能成长得更好、工作得更好、生活得更好。更进一步说，就是要让中国人民自己当家作主过上更加富裕、更加有尊严的生活，让13亿中国人民能实现每个人的自由全面的发展。

——复兴不仅是经济政治的复兴，更是文化文明的复兴。我们要通过中华民族的伟大复兴，让一个能彰显五千年灿烂文化、能传承五千年悠久文明、能把自己的价值观与世界共享、能用自己的软实力促进世界共荣共进的中华民族傲然屹立于世界民族之林。

可能有的朋友会问，一个绵延百年的梦想为什么会在今日中国社会如此"大放异彩"呢？这背后是中国经济社会发展的客观要求和对人民群众期待的顺应。这些年中国发展很快，成就也很大，连一向对中国挑剔的西方社会也不得不承认。但是同时社会上也滋长出一种不容乐观的情绪，觉得越干越没劲，越干越迷茫。为什么？说白了，物质利益是人奋斗的原动力，但物质利益不是也不能成为人奋斗的目的与归属。如果仅仅把关注点放在利益上，在利益目标实现了之后，不就成了行尸走肉？今天社会，没钱的人想挣钱，挣不到钱很难受，有钱的人倒是不再为钱发愁，结果更空虚，更难受，更不知该干什么。在管理学上有一个经典案例，同样是做砌砖的工作，如果只是为砌砖而砌砖就觉得越干越累，如果是为宏伟大厦添砖加瓦，感觉就不一样了，其精神状态截然不同。为目标而努力为理想而奋斗，就算再苦再累也会心甘情愿，也会义无反顾。"中国梦"正是为中国社会和中国人民确立了这样一个目标，为我们的奋斗赋予了意义。

可能还有的朋友会接着说，不能说中国这些年来没有梦想，没有追求，我们有中国特色社会主义共同理想。此话不假，能说出这样的话也让我们很欣慰。不过实事求是讲，对于大多数的普通民众来说，中国特色社会主义共同理想的表述略显抽象和意识形态化。现代传播理论与实践都表明，意识形态的内容不一定非要用意识形态的方式表达，非意识形态的话语更能起到潜移默化润物细无声的效果。"中国梦"在保持中国特色社会主义精神实质与科学价值的同时，从话语体系上对其进行了创造性转化，给当代中国社会和中国人一个既能有憧憬有超越又能看得见摸得着的目标，一个既科学崇高又喜闻乐见的理想，让中国特色社会主义更加亲和、更加清晰、更加具体。

只是在这里我们必须要强调的是，讲通俗不等于不要准确，讲亲和不等于没有原则。如果我们不把中国梦的内涵外延、本质要求、立场价值讲清楚、讲明白，就会有一些人、一些群体有意无意地曲解中国梦，往中国梦里塞自己的私货，这样不仅会模糊中国梦的面目，还会扰乱中国梦的共识，消解中国梦的合力。

中国梦就其实质来说是人类社会前所未有的一个崭新的梦。正因为"崭新"，就要做到复兴而不是复古，崛起而不是威胁，中国梦必须要用中国特色社会主义来为其界定内涵、塑造灵魂、彰显本质。在这个意义上，"中国梦"与"中国特色社会主义"是用不同的话语表达的同一的事业，不是说有了"中国梦"就不要"中国特色社会主义"了，而是"中国梦"就是"中国特色社会主义"，"中国特色社会主义"就是"中国梦"。

二　释梦：把"中国梦"的道理讲清楚

释梦，则是要讲清楚中国梦为什么是这样而不是那样，中国梦究其根本是什么梦等这些问题背后的道理所在。

现在大家都拿"美国梦"与"中国梦"做比较。美国梦最直接的表现就是"个人梦"，来到美国这块土地上的任何人经过奋斗都有取得成功的可能。美国总统奥巴马曾经用自己的例子诠释美国梦：一个来自远离美国本土的地区的非裔黑人都能成为世界上最强大国家的总统，还有什么是不可能的？

与美国梦不同的是，中国梦首先体现为民族梦、国家梦，是中华民族的伟大复兴。为什么我们的中国梦要首先体现为民族梦、国家梦呢？鸦片战争以来170多年的历史告诉我们，中国社会每个人的前途命运都与国家和民族的前途命运紧密相连。国家好，民族好，大家才会好。

19世纪之前的中国曾经是世界上最繁荣最富裕的国家之一，但是如果国家不强大，民族不兴盛，创造再多的财富也保不住。自1842年英国通过《南京条约》开了向中国勒索赔款的先例，其后《北京条约》《辛丑条约》《马关条约》中的赔款数额节节攀升，截至1901年，中国8次对外赔款达19.53亿银圆，相当于清政府当年全国财政总收入的16倍。据有关学者研究，如果加上货币的兑换和外国银行的高额利息以及各种实物资源的白白被掠夺，中国近代被外国侵略者、殖民者掠走的财富不少于1000亿两白银。更有甚者，能抢走的全部拿走，抢不走的也不给你留下。圆明园是一座中西艺术合璧的建筑瑰宝，但并没有因为充满西方艺术元素而逃脱其悲惨的命运，英法侵略军把其中的艺术珍品抢劫一空后，为了销赃灭迹，掩盖罪行，大火连烧三天三夜，使这座世界名园化为一片废墟。

中国人民本是耕读传家礼义立身，但是国家不强大，民族不兴盛，在自己的国土上也是二等公民。1868年，上海在外滩的英租界建起了第一座公园，可公园却竖起了"华人与狗不准入内"的牌子。不管后来有些人怎么曲意淡化甚至否认那块牌子的存在，中国人曾经不能在自己的国土上自由出入却是怎么也抹杀不了的事实。随后的日本侵华战争中，中国人更是连生命安全都面临威胁，仅仅八年间就伤亡 3500 万人之多。所有这些不愿回首但又不能忘却的记忆背后，是我们民族衰落、国家软弱导致的苦果。皮之不存，毛将焉附？当国家民族尚可被随意欺侮的时候，单个的中国人又能有什么样的梦想？

反过来，当我们的民族振兴了、国家强大了，世界对中国就换了一副面孔。我们就不用多讲中国人民站起来之后美国总统尼克松万里迢迢主动访华开启中美合作那样久远的历史了，其后的情形同样甚至更让中国人自豪。20 世纪 70 年代末开始的三十余年中国特色社会主义的凯歌突进，让中国从经济到政治、从文化到社会发生了翻天覆地的变化。经济总量占全球比重为 10% 多，居世界第二位，国际贸易占全球比重为 11% 多，也居世界第二位。于是世界更加主动地倾听中国声音甚至寻求中国建议。具体到我们最普通百姓来说，到海外旅游最直观的感受就是所到之处的商场饭店都有会汉语的服务员，因为世界需要与中国人沟通。甚至连世界上批评中国的声音多起来的现象背后也是中国强大的反映。曾有一个外国媒体从业者说，中国变得越强大，人们对它的期望就越高，当有问题出现时，就会更多地责备它，但也只能责备责备。毕竟已经不能对中国颐指气使了，毕竟八国联军进中国的时代已经一去不复返了。

所以，中国梦凝聚了几代中国人的夙愿，体现了中华民族和中国人民的整体利益，是全体中华儿女的共同期盼。为中国梦奋斗就是为人民自己的梦奋斗。中国梦实现之时也就是我们每一个中国人梦想实现之时，中华民族伟大复兴之日也就是中国人民更加幸福、更加有尊严、更加自由全面发展之日。在这个意义上，中国梦究其根本是人民的梦。

人民的梦首先是民生梦，要让人民群众最关心、最直接、最现实的利益问题能心想事成，让学有所教、劳有所得、病有所医、老有所养、住有所居能梦想成真。前段时间中央电视台的新闻联播中有一个镜头相信会给很多人留下难忘的印象，一对城市低保家庭夫妇拿到了保障房钥匙后高兴得合不上嘴，面对这样的笑容我们还需要多此一举问一句"你幸福吗"？伴随着民生梦的实现而来的是对尊严梦的追求。不仅要让人民群众过上小康乃至富裕的生活，还要过上更体面更有尊严的生活。更进一步看，人民梦最根本的是成功梦。"中国梦"与"美国梦"的表现形式不一样，但在让人民成功这一点上又是相通的，绝不能说中国梦不鼓励人的成功。习近平总书记特别强调，要让每一个中国人都能"共同享有人生出彩的机会，共同享有梦想成真的机会，共同享有同祖国和时代一起成长与进步的机会"。当然，成功不能是想当然的，也不能病急乱投医。利用权力致富的"房叔房姐"，其行为不正义，普通群众也学不来，不应该成为人民的成功梦，通过选秀一唱成名的草根如"大衣哥"纯属偶然侥幸不靠谱，也不应该是人民的成功梦。人民的成功梦一定要是符合人民的本性、能为人民所掌握的梦想。

三　追梦：把"中国梦"的路径讲清楚

要想美梦成真，让梦想照进现实，不仅要讲清楚中国梦是什么和为什么，还要讲清楚中国梦的实现路径与战略要求。这就是习近平总书记在十二届全国人大一次会议闭幕会上讲话中提出的"三个必须"：必须走中国道路，必须弘扬中国精神，必须凝聚中国力量。

——也许条条大路通罗马，但通往罗马的路是一定到不了香格里拉的。梦不同，圆梦的道路亦不同。实现中国梦的道路就是"中国道路"。

实现中华民族伟大复兴需要进行时空的大幅压缩与跨越，我们要用数十年走过现代西方数百年的历程，这一特点决定了中国道路必须是一条赶超之路。为了赶超，我们的道路要能集中力量办大事。

"中国道路"的内在机理与运行模式决定了它可以形成强大的统一意志和组织力量，让全国成为一盘棋，把一切经济政治社会资源都组织调动起来，同心同德、同舟共济，上下贯通，统一行动，重点攻关解决难题，快速高效应对各种突发事件、完成各种任务。而且这条道路又是一条我们自己走出来的路。90 多年的开辟、60 余年的探索、30 来年的实践，经历了艰辛探索、曲折徘徊、凯歌突进，各种酸甜苦辣都品尝过，各种艰难险阻都跨越过，也正是这丰富的经历让我们对这条道路心中有数。不仅如此，习近平总书记还强调中国道路"是在对近代以来 170 多年中华民族发展历程的深刻总结中走出来的，是在对中华民族 5000 多年悠久文明的传承中走出来的"。从历史和文明的层面阐述中国道路的源远流长，将中国道路上溯 5000 多年，意味是极其深长的。

——梦不同，背后的精神与价值支撑亦不同。以爱国主义为核心的民族精神，以改革创新为核心的时代精神，是中国梦凝心聚力的兴国之魂、强国之魄。

中华民族在五千多年的发展史中，饱受侵略、欺凌和挫折，但仍然在苦难中创造辉煌，一个根本原因就是形成了把中华民族坚强团结在一起的爱国主义。以爱国主义为支撑的中国梦把"国"与"家"、"民"与"族"融为国家民族，将个人的奋斗发展与全体人民、全民族的奋斗发展有机统一起来，充分发挥人民群众的积极性主动性创造性，让人民群众自己当家作主实现自己的发展，建设自己的社会。改革创新则始终是鞭策我们在改革开放中与时俱进的精神力量。中国梦是在社会主义初级阶段的背景下实现中华民族伟大复兴，在发展中国家的基础上实现现代化，在 13 亿乃至更多人口的国度中实现共同富裕，在为西方主导的世界格局中实现大国的和平崛起等，所有这些都是过去从来没有过的全新的事情、全新的探索、全新的实践。这就要求我们不能满足于寻常的做法，更不能因循守旧，要以创新的精神寻找新方法、探索新路径、积累新经验、采取新举措，用创新走出新路，用创新实现新梦。

——中国梦是伟大的事业，中国梦是宏伟的蓝图。伟大的事业、宏伟的蓝图要有强大的力量来保障。

中国走社会主义市场经济之路，自然就会产生不同的利益主体，表现在社会结构中就是不同的利益群体和社会阶层。不同的社会阶层与利益群体自然会有其不同的阶层群体意识、不同的价值观念、不同的行为模式、不同的利益诉求等。固然，社会的"不同""多元"是现代社会发展进步的标志，但中国社会百年追梦的历程告诉我们，一盘散沙成就不了伟业，各行其是也实现不了愿景。

凝聚力量先要凝聚共识，而凝聚共识的基础是社会的整合。同一个世界同一个梦想，很美好的期望，但也只能是期望；在现实社会中同一个世界未见得有同一个梦想。没有同一种生活，何来同一个梦想？

当然，同一种生活绝对不是指大家都穿一模一样的衣服、住一模一样的房子、吃一模一样的饭。绝对的平均主义不仅没有现实性，也不具有理论上的合理性。我们讲"同一种生活"是指政治权利之"同"，人格尊严之"同"。如果说此前的中国社会是要通过社会群体分化，在"你们""我们""他们"的分别中求得活力与动力的话，今后的中国社会则需要通过社会群体的整合，重新把"你们""我们""他们"化为"大家"以求得合力与向心力。

有了共识，有了共享，有了共富，有什么样的困难不能战胜，又有什么样的梦想不会实现？因为"中国梦"就是"大家"的梦，也只能是"大家"的梦。

四　圆梦：把"中国梦"的要求讲清楚

再美好的梦想在没有变成现实之前也只是梦想，而梦想的实现不是谈出来的而是干出来的。邓小平同志曾讲过，不干，半点马克思主义都没有。同样道理，不干，中华民族伟大复兴也只能停留在梦中。空谈只会误国，实干才能兴邦。圆梦，就是要以实干兴邦的精神状态，求真务实、脚踏实地、攻坚克难，为让"中国梦"照进现实打下坚实的基础。

——实干首先是求真务实地干。

我国仍处于并将长期处于社会主义初级阶段的基本国情没有变，人民日益增长的物质文化需要同落后的社会生产之间的矛盾这一社会主要矛盾没有变，我国是世界最大发展中国家的国际地位没有变。这就要求我们牢牢把握社会主义初级阶段这个最大国情，把社会主义初级阶段这个最大实际作为根本出发点，既不好高骛远，也不妄自菲薄，既不谨小慎微，也不头脑发热，出实策、鼓实劲、办实事，像习近平总书记所要求的"夙夜在公，勤勉工作"，坚决制止各种追求表面文章，不讲实际效果、实际效率、实际速度、实际质量、实际成本的形式主义，坚决杜绝说空话、说大话、说假话的恶习。

——实干还是面向未来的脚踏实地。

中国梦同时设定了两个时间坐标。面向未来，中国梦承载了我们一切美好的希冀与追求，民主充分、法治昌盛、权利神圣、国富民强，乃至人的自由全面发展等，都是其题中应有之义，通向这一梦想的道路没有休止符；着眼当下，中国梦要求我们一切的制度安排、一切的政策导引都应努力扶正祛邪，去恶向善，通过阶段性的目标一步一步为走向新社会奠基铺路，用实实在在的行动表明中国梦的起点就在脚下而不在别处。把这两个时间坐标结合起来，就是我们要在追求理想的同时始终脚踏实地干好我们必须要干的事情，不坐而论道眼高手低，在投身当下实践的过程中丝毫不忘前进方向，不得过且过饮鸩止渴。

——实干还要勇于攻坚克难。

中国梦的实现不会一蹴而就，也不可能一帆风顺，用党的十八大报告的话讲，甚至还"必须准备进行具有许多新的历史特点的伟大斗争"。在这一过程中可能会遇到巨大的阻力，遭受巨大的压力，需要蹚过深水区，踏过地雷阵，甚至还可能革命"革"到我们自己的头上，让我们已经习惯的行为模式不再管用、不再能用，让我们把已经装到口袋里的利益再掏出来。但正如李克强总理所讲的,触动利益比触动灵魂要难得多。断"房叔""房姐"的发财路,不让"表叔""表哥"们炫耀夸富是有阻力的,他们不仅会给你暗中使绊子,通过潜规则让你力不从心,甚至还会控制舆论影响社会没理搅三分。这就要求我们以更大的政治勇气和智慧、更大的政治觉悟和感情,不仅触动利益,更触动灵魂,从表到本打破制约"中国梦"实现的不合理利益格局,消除阻碍中国梦实现的不正当行为,为中国梦的实现扫清障碍,铺平道路。

（原载《中国高等教育》2013 年第 11 期,收入本书时略有改动）

中国梦的文明价值与世界意义

中国梦，是中国共产党十八大以来汇聚中国社会共识而提出来的精神旗帜。中国梦的内涵十分确定也十分清晰，这就是实现中华民族的伟大复兴，实现国家富强、民族振兴、人民幸福。对于中国人民来说这是千年的回响、百年的追求，理所当然、顺理成章，不用讲也明白。

但是对于外国朋友，则需要从实践的逻辑、理论的逻辑和文明的逻辑等层面把中国梦的文明价值与世界意义讲清楚，以更好地向世界说明中国，赢得世界对中国的理解、认同与尊重。

一 实践的逻辑：中国梦是和平、发展、合作、共赢的梦

用占世界 7.2% 的土地面积让全球 20% 的人过上好生活，用与美国相当的疆域养育 4 倍于美国的人口，中国人民用自己的道路与制度、自己的生活方式实现安居乐业幸福成功的中国梦本身就是对世界的最大贡献。

但这只是中国梦的世界意义中很小的一个侧面。中国梦不是也不满足于"独善其身"，而是要在"兼济天下"中发展自己，通过发展自己更好地来兼济天下，造福世界。远的不说，六十余年来中国社会发展的实践逻辑就明明白白告诉世界，中国梦是和平、发展、

合作、共赢的梦。

1. 和平与发展是时代主题，同样是中国梦的追梦之路

"坚持独立自主的和平外交政策，坚持和平发展道路，坚持互利共赢的开放战略"，"反对霸权主义和强权政治，维护世界和平，促进人类进步，努力推动建设持久和平、共同繁荣的和谐世界"，这是中国共产党党章的规定；"始终不渝走和平发展道路，在坚持自己和平发展的同时，致力于维护世界和平，积极促进各国共同发展繁荣"，这是《中国的和平发展》白皮书的宣示。中国是这样想、这样讲也是这样做的。

在核阴影挥之不去的世界，中国是唯一公开承诺不首先使用核武器、不对无核武器国家和无核武器地区使用或威胁使用核武器的核国家。这些年来，在重大国际和地区热点问题上，中国坚持劝和促谈，要和平不要战争，要发展不要贫穷，要合作不要对抗。中国积极参与维和行动，先后累计向联合国30项维和行动派出各类人员约2.1万人次，是派出维和人员最多的联合国安理会常任理事国。中国与国际社会共同努力，积极应对恐怖主义、大规模杀伤性武器扩散、气候变化、粮食和能源安全、重大自然灾害等全球性挑战，为此中国还参加了100多个政府间国际组织，签署了300多个国际公约。

2. 合作与共赢是时代的潮流，也是中国梦的自觉选择

"零和博弈"曾是国际关系中的经典模式，但它也只是一个静态封闭系统中的特例，而当今世界伴随着科学技术的进步、文明思维的拓展越来越呈现为一个开放动态的大系统。在这种开放动态的系统中，1+1是大于2的，"正和博弈"不仅会是常态而且越来越凸显。在命运共同体的新视角，同舟共济、合作共赢的新理念下，中国持续快速发展得益于世界的繁荣与发展，同时中国发展也为世界各国提供了共同发展的宝贵机遇和广阔空间。

自2001年加入世界贸易组织以来，中国年均进口6870亿美元的商品，为相关国家和地区创造了1400多万个就业岗位；中国同周

边国家贸易额由 1000 多亿美元增至 1.3 万亿美元，已成为众多周边国家的最大贸易伙伴、最大出口市场、重要投资来源地。按照这样的发展态势，今后 5 年，中国将进口 10 万亿美元左右的商品，对外投资规模将达到 5000 亿美元，出境旅游有可能超过 4 亿人次。根据高盛公司的研究报告，2000～2009 年十年间，中国对全球经济增长的贡献率超过 20%，高于美国，是欧元区的三倍。2009 年国际金融危机和欧洲主权债务危机发生后，中国与国际社会一道，同舟共济、共克时艰，为世界经济稳定、复苏做出重要贡献，当年中国对全球经济增长的贡献率甚至超过 50%。世界经合组织对于中国对世界经济的贡献更是给予了热情的赞扬，其 2010 年的一份报告指出，中国经济每增长 1%，中等收入国家经济增长将提高 0.34%，低收入国家经济增长将提高 0.2%。

中国与世界的合作共赢不挑大国小国，不分远朋近邻。中国在重视改善和发展同发达国家关系，拓宽合作领域，妥善处理分歧，推动建立长期稳定健康发展的新型大国关系的同时，同样注重与邻为善、以邻为伴，巩固睦邻友好，深化互利合作，努力使自身发展更好惠及周边国家；中国在为世界经济锦上添花的同时，也不忘对后发展国家的雪中送炭。近些年来，中国累计免除 50 个重债穷国和最不发达国家近 300 亿元人民币到期债务，承诺对同中国建交的最不发达国家 97%的税目的产品给予零关税待遇。尽管现在的世界格局有其历史的印记，在公平正义、均衡普惠等方面有诸多缺憾与不足，中国却始终以国际体系的积极参与者、建设者、贡献者的身份投身其中，既善意遵守现有的国际基本规则，又根据事情本身的是非曲直确定立场和政策，推动国际秩序和国际体系朝着公正合理的方向发展。

二　理论的逻辑：中国梦与包括美国梦在内的世界各国人民的美好梦想相通

自从中国梦提出以来，在中国社会和国际社会间一直有两种力量在角力：一些人士在"普世价值"的幌子下想把中国梦归结于美国梦，用美国梦的内容为中国梦做注解；另一些人士出于意识形态的自觉则不遗余力地宣扬中国梦与美国梦水火不容。应该说从各自的立场和价值判断来说，两者皆有其自圆其说可理解之处，但势不两立、非白即黑、矫枉过正的态度对中国、对美国乃至对世界都不是建设性的，甚至还可能无事生非。

要跳出这一怪圈，需要大智慧。中国梦里正蕴含了这样的智慧。

四十多年前，中美两国实现了第一次"跨越太平洋的握手"，毛泽东主席与尼克松总统还进行了书房谈话，他们谈的是哲学。改变了世界观也就改变了世界，果真中美会谈后两国关系与世界格局为之一新。

四十多年后，中美两国又开启了新一轮"跨越太平洋的合作"，习近平主席与奥巴马总统举行了庄园会晤。在会晤中，习近平主席关于中国梦"与包括美国梦在内的世界各国人民的美好梦想相通"的论述，让中国也让世界从哲学的高度对中国梦的开放性与包容性有了新的认识。

1. 相通的潜台词是客观存在不同

中国梦与美国梦是不同的，它们之间的差别是明显而又深刻的。美国梦最直接的表现就是个人成功梦，来到美国这块土地上的任何人经过奋斗就有取得成功的可能。美国总统奥巴马曾经用自己的例子诠释美国梦：一个来自远离美国本土的地区的非裔黑人都能成为世界上最强大国家的总统，还有什么是不可能的？而中国梦首先体现为民族梦、国家梦，是中华民族的伟大复兴。中国每个人的前途命运都与国家和民族的前途命运紧密相连，国家好，民族好，大家才会好。

对中美两国梦之间的不同固然不要刻意去夸大，但也没有必要曲意去掩饰，因为这种不同是历史事实、发展方位、自身条件、奋斗目标等所导致的必然的与必须的不同。

中国是一个有数千年东方灿烂文化的文明古国，又是一个坚持马克思主义理论、走社会主义道路的发展中国家；而美国则是一个被西方文明渗润的、新兴的、移民的发达资本主义国家。历史、国情、价值观决定了中美两国的梦必然会有各自鲜明的特点与截然不同的内涵。

如果中美两国的梦是一模一样的，是一个模子里复制出来的，恐怕不仅是中国的噩梦，也会是美国的噩梦，更会是整个世界的噩梦。我们仅以能源消耗为例，美国人均消耗原油 22 桶，中国只有 2 桶。如果中国人与美国人一样消耗能源，世界将会是什么样子？

2. 因为不同有了相通的需要，也因为不同有了相通的可能

当然，形式上的不同也是会导致误读与误解的。比如，美国出于对中国社会制度的选择、意识形态的坚持不了解而产生不理解甚至敌意，对中国走和平发展道路同样持以怀疑、观望甚至惧怕的心理，所谓"中国威胁论"其实就是在这种心态下潜滋暗长的。同样，中国相当多的普通民众对美国坚持的自由、民主、法治、人权也持有一定的成见和怀疑，对美国在世界上推行其美国式的价值观表示出极大的反感。在这样相互"误读"的情况下，中美之间不可避免地出现了一系列矛盾、摩擦与冲突，不仅体现在经贸交往中，甚至还体现在其他更广的领域里，包括网络、文化传播等。

但是，"和实生物，同则不继"。因为不同有了相通的需要，也因为不同有了相通的可能，还因为不同我们的世界才如此美好。近年来为中美两国所共同关注的新型大国关系当然需要务实，需要小处着手、积微成著，但更需要的是大处着眼、登高望远。习近平主席引用过的唐宋八大家之一欧阳修那句"得其大者可以兼其小"对于中美双方建设新型大国关系同样有借鉴意义。老是拘泥于中美双方形式上的不同，老是在一些细枝末节上睚眦必报是走不出新型大国关系之路的。

3. 不同的形式背后有共同的追求

相距再远也同居地球，差别再大也皆为人类，再多再大的不同背后也一定会有共同的基础，更何况有共同做参照才会显示出不同，

之所以知道有不同是因为已经知道了共同是什么。这既是哲学的逻辑也是哲学的魅力。那么中国梦与美国梦之间的共同又是什么呢？

中国梦与美国梦追求成功与幸福的愿望是共同的，中国梦与美国梦通过符合自己本性彰显自己优势的途径实现成功的思维方式也是共同的。共同不是消灭异端，不是清一色，真正的共同需要通过不同体现出来，实现出来。

美国社会对他们的自由平等充满了自信与自负。其实，在追求自由平等方面，中国梦同样可以自豪。用我们中国共产党人精神导师的话讲，我们的理想社会最大的特征就是"每个人的自由发展是一切人的自由发展的条件"，这何尝不是一种更高层面的自由？中国梦致力的是人民当家作主，这又何尝不是"前无古人后启来者"的平等？

因此，中国与美国都在以自己的方式为人类文明进步做出积极贡献。与社会主义市场经济相适应、与社会主义法律规范相协调、与中华民族传统美德相承接、以社会主义核心价值观为支撑，通过走中国道路、弘扬中国精神、凝聚中国力量而实现的中国梦为人类社会提供了一条和平、发展、合作、共赢的让世界变得更好的道路。同样，在美国社会所崇尚的自由、民主、平等、竞争等理念支持下的美国梦也造就了一个充满活力与创新、为世界所瞩目、引领世界发展潮流的社会发展模式。

在和谐中相通，因相通而共赢，这是哲学世界观的改变，这也正是改变世界的开始。我们从中国梦与包括美国梦在内的世界各国人民的美好梦想相通中看到了一个崭新而又美好的世界。

三　文明的逻辑：不同的文明孕育了
不同的行为模式
与价值评判

实现中华民族伟大复兴是当代中国最伟大的梦想，但复兴不是复古，不是再寻回往日封建帝国的荣光，这不再可能也没有意义。

往昔中华民族对世界的最大贡献绝不仅仅是经济富庶与国力强盛，还包括文明的传播与文化的弘扬，当代中国同样需要在文明的传承昌盛创新方面再为世界做出新的贡献。因此，复兴最根本的是文明的复兴，中国梦究其根本是文明梦，是为世界文明进步做出更大贡献。

文明的核心是价值理念及其主导下的思维与行为模式。中华文明源远流长又与时维新的"和谐"价值理念，特别是由此而展开的人与自然和谐、人与人和谐、身与心和谐等思维与行为模式不仅为中国梦抹上了浓浓的文明底色，更为"让世界变得更好"提供了一种新的文明图景。

1. 中国梦努力探索人与自然和谐发展的文明新路

曾几何时，中国人民忍着心中的痛楚把用坚船利炮摧毁包括中国社会在内的诸多田园生活的行为看作进步，毕竟近四百年来在西方工业文明背景下实现了人类社会前所未有的物质大丰富、经济大繁荣。但是随着现代社会资源枯竭、环境恶化、生态退化等现象的日益凸显，工业文明那种把人与自然截然对立，对自然无限征服吃干榨尽式的掠夺性行为已经日暮途穷，发展的丧钟已然敲响，人类不得不吞咽自己亲手种下的苦果。人类社会不能不发展，但又不能这样饮鸩止渴地发展，毕竟我们只有一个地球。在这样的背景下作为中国梦重要内涵的社会主义生态文明把中华文明中天人合一、人与自然和谐相处的思想与西方工业文明有机结合并进行创造性转化，为人类社会实现可持续发展提供了一条文明新路，让早已不堪重负的地球实现"休养生息"成为可能。中国进行工业化城镇化建设的决心不会动摇、力度不会减小、行动不会退缩，但我们的工业化城镇化是在社会主义生态文明背景下的工业化城镇化，是既不浪费资源又不污染环境的新型工业化城镇化。

2. 中国梦为人类不同种族、不同国家间和平共处、和平发展提供了文明范式

这些年来包括美国在内的西方国家总担心中国强大了会对世界

构成威胁，这样的疑虑之所以挥之不去就是源于他们在西方文明范式下认识思考人类社会的发展。想当年哥伦布发现了新大陆后做的第一件事就是插上帝国的旗帜并以女王的名义宣布占领，英国蒸汽机革命后首先想到的就是拓展海外殖民地。但是，与哥伦布大体同期稍早的中国郑和七下西洋，比哥伦布还多三次，可所到之处播撒的是和平的种子，传递的是大国的气度。鉴古可以知今，当年强大的中国都未觊觎过他国，今日复兴的中国又怎么可能威胁世界？不同的文明孕育了不同的行为模式与价值评判。新型大国关系之所以有意义又之所以有可能正是因为基于中华五千年灿烂文明的中国梦给了中国、给了美国也给了世界一种新的世界观：原来世界可以这样和平、发展、合作、共赢。所以，中国好世界好，这并不是什么外交辞令，而是中国梦的文明禀赋所决定的发展道路与发展方略。更进一步看，随着人类战争技术的进步，在擦枪走火就可能引发大毁灭的时代，中国梦所倡导的和谐世界是何等弥足珍贵的文明理念。

3. 中国梦追求的心与物、身与心的和谐，为认识人自己、实现人生完满幸福提供了价值导引

西方国家以对外部世界的征服开启了文明的征程，结果走得越远越迷惘、斩获越丰越空虚，以至于理性驾驭不了欲望、利害遏制不住贪婪。尤其是在现代社会，焦虑、抑郁、单向度已成为久治难愈的"文明病"。人最大的敌人不是自然界，也不是他人，而是自己。要反观自我，涵养修身，体悟人生的真谛，发现人生的意义，走出心与物、身与心的二元对立分裂，不再心为物役，给世界也给自己一份祥和，现代社会急需中华文明的滋养。

中国梦之所以能做到这一点，是因为文明的复兴从来不是孤芳自赏，而是在各种文明激荡中光大与兴盛。中国梦站在东西方文明交汇点上，立足中华文明又从西方文明中汲取了很多的智慧与成果。5000 的中华文明是中国梦的文明之根，170 年来的马克思主义是中国梦的信仰之魂，二战以后 70 年来世界发展进步的成果是中国梦的宝贵借鉴。

在前段时间的一次国际学术论坛上，我与一些西方学者讲，中国对西方文明是十分感谢的，西方文明既给了我们主义，又给了我们经验。那些西方学者先是一愣，随即报以会心的微笑。确实，中国梦对世界是开放的，世界对中国梦同样需要一种开放的心态。习近平主席曾讲过，宽广的太平洋有足够空间容纳中美两个大国。

因此，中国梦的文明逻辑告诉世界一个道理：每个国家、每个民族自由的发展是一切国家与民族自由发展的前提。历史并没有终结，人类社会并不是只有一条现成的路，还有很多的新路有待我们去开辟；人类的价值从来不是单一的，五彩缤纷的价值争奇斗艳共存共生才是人类社会本来和应该的价值图景。

（原载《北京日报》2013 年 7 月 29 日，收入本书时略有改动）

在改革开放中创新和发展
马克思主义

　　中国共产党人是马克思最忠实的学生、马克思主义最忠实的传人，也是马克思最优秀的学生、马克思主义最优秀的传人。忠实在于坚持马克思主义的立场观点方法坚定不移，不畏风云变幻，不惧风吹浪打，不计高潮低谷，不论顺境逆境，咬定青山不放松，不忘初心，一以贯之；优秀在于以科学的态度对待科学，以求真的精神追求真理，不断赋予马克思主义以新的时代内涵。对于中国共产党人来说，马克思主义中国化，就是把马克思主义基本原理同中国具体实际相结合，形成适应中国国情、具有中国风格，能指导中国革命、建设、改革、发展伟大实践的马克思主义中国化理论成果。这才是真正坚持和发展马克思主义，也才是为中国构建真正属于自己的"中国精神的时代精华"。

　　马克思主义中国化近百年的历史进程，本质上是马克思主义理论创新与社会革命实践创新相互激荡、相互促进的历程。马克思主义中国化理论上的突破深化造就中国社会一场又一场波澜壮阔的伟大实践，中国社会革命伟大实践的变革成就推动马克思主义中国化一次又一次实现历史飞跃。已经完成的新民主主义革命和社会主义革命是如此，正在进行的改革开放新的伟大革命同样是如此。40年来，马克思主义再一次深刻地改变了中国，中国也不断创造性地发展了马克思主义。

一　改革开放是马克思主义中国化
创造出的伟大实践成果

　　马克思主义是实践的理论，马克思主义中国化更是以实践为鲜明指向。正像毛泽东在《改造我们的学习》中强调的："使马克思列宁主义的理论和中国革命的实际运动结合起来，是为着解决中国革命的理论问题和策略问题而去从它找立场，找观点，找方法的。"① 马克思主义中国化把马克思主义基本原理同中国具体实际相结合，找对了立场、观点、方法，自然会结出实践的硕果。中国在20世纪70年代末开启的改革开放"这场中国的第二次革命"就是马克思主义中国化结出的实践硕果。

　　把马克思主义基本原理同中国具体实际相结合，首先要搞清楚什么是中国的最大实际，什么是中国最基本的国情。马克思主义中国化这一永恒的课题在20世纪下半叶更加凸显出来。通过解放思想，重新确立实事求是的思想路线，中国共产党人做出我国尚处于并将长期处于社会主义初级阶段的科学论断，并把它作为制定一切方针政策的根本依据。社会主义初级阶段"特指我国在生产力落后、商品经济不发达条件下建设社会主义必然要经历的特定阶段"②。邓小平讲得更明确："我国从五十年代生产资料私有制的社会主义改造基本完成，到社会主义现代化的基本实现，至少需要上百年时间，都属于社会主义初级阶段。"③ 这一理论突破与创新，奠定了改革开放坚实的理论基础。在社会主义初级阶段，人民日益增长的物质文化需要同落后的社会生产之间的矛盾是主要矛盾，要解决这一主要矛盾，必须以经济建设为中心，大力发展生产力，逐步实现社会主

---

① 《建党以来重要文献选编（1921～1949）》第18册，中央文献出版社，2011，第298页。
② 《十三大以来重要文献选编》（上卷），人民出版社，1991，第12页。
③ 《十三大以来重要文献选编》（上卷），人民出版社，1991，第12页。

义现代化，并且为此而改革生产关系和上层建筑中不适应生产力发展的部分，这就需要改革开放。社会主义初级阶段不仅体现在生产力水平比较低，还体现在制度建设不够成熟、没有定型。所以，社会主义基本制度确立以后，还要继续调整、改变束缚生产力发展的一些体制机制，建立起充满生机和活力的社会主义经济、政治、文化、社会、生态文明等各类体制和相应的运行机制，让制度更加成熟、更加定型。这就是 40 年来改革开放已经和正在做的事情。

随着马克思主义中国化的不断深化，束缚中国社会的一些僵化保守的观念不断被打破，新的认识、新的政策不断涌现。党的十二大提出计划经济为主，市场调节为辅；十二届三中全会提出我国社会主义经济是公有制基础上的有计划商品经济；十三大提出社会主义有计划商品经济的体制应该是计划与市场内在统一的体制；十三届四中全会后，提出建立适应有计划商品经济发展的计划经济与市场调节相结合的经济体制和运行机制。在这一思想与实践相交织的历史进程中，邓小平的"计划经济不等于社会主义，资本主义也有计划；市场经济不等于资本主义，社会主义也有市场"，"计划和市场都是经济手段"，"计划多一点还是市场多一点，不是社会主义与资本主义的本质区别"等精辟论断，从根本上解除了认为计划经济和市场经济属于社会基本制度范畴的思想束缚，使得中国社会在计划与市场关系问题上的认识有了新的重大突破，最终把坚持社会主义基本制度同发展市场经济结合起来，成功实现了从高度集中的计划经济体制到充满活力的社会主义市场经济体制的伟大历史转折。

用马克思主义宽广的眼界观察世界，对时代主题的判断也发生了重大变化。一方面，二战以来科学技术的进步使得经济国际化、全球一体化的程度不断加深，国家间的相互依存关系大大增强，没有一个国家能单纯依靠军事力量赢者通吃还能全身而退，发生世界大战的概率越来越小。另一方面，总结历史经验，关起门来搞建设是不能成功的，中国的发展离不开世界，而且，"中国是一个大的市场，许多国家都想同我们搞点合作，做点买卖，我们要很好利用"①。于是伴随着"和平和发展是当代世界的两大问题"科学判断的做出，从 20 世纪 70 年代末开始，中国把对外开放确立为基本国策，打开国门搞建设，大踏步地开始赶上时代，从建立经济特区到"三来一补"，从坚定"复关"到成功"入世"，从被动融入到主动引领，实现了从封闭半封闭到全方位开放的伟大历史转折。

中国把坚持独立自主同参与经济全球化结合起来，这是马克思主义世界历史思想在当代中国的运用与实践。作为马克思主义者，中国共产党人清醒地认识到，推动人类社会文明进步的力量只有在世界历史的意义上才可能真正存在，更加美好的人类社会发展状态也只有在世界历史的意义上才可能真正实现。于是，在一些西方发达国家开始反全球化，甚至准备筑墙把自己封闭起来的时候，中国扛起了捍卫推动改善经济全球化的大旗。"人类命运共同体"理念提出五年多来，越来越为国际社会所认同，成为建设一个更加美好世界的全球共识；"一带一路"倡议提出五年多来，已有 140 多个国家和地区、80 多个国际组织支持和参与，同中国签署了合作协议，成为顺应经济全球化潮流的最广泛的国际合作平台。中国的改革开放在深刻改变中国的同时也开始深度塑造世界。

二 改革开放不断推动马克思主义中国化 实现历史飞跃

实践是理论创新不竭的源泉。改革开放以来，中国发生了改天换地的深刻变革，置身这一历史巨变之中的中国人更有资格、更有能力揭示其中所蕴含的历史经验和发展规律，为发展马克思主义做出中国的原创性贡献。我们有这样的理论自觉，更有这样的理论自信。马克思主义中国化引领改革开放不断从辉煌走向辉煌，马克思

---

① 《邓小平文选》第 3 卷，人民出版社，1993，第 32 页。

主义中国化又在改革开放的高歌猛进中实现着自身的历史性飞跃。

中国共产党人在改革开放新的实践基础上，认识到坚持和发展中国特色社会主义要走自己的路，不能把书本当教条，不能照搬外国模式，明确了中国特色社会主义的发展道路；认识到中国仍处于并将长期处于社会主义初级阶段，这是一个至少上百年的历史阶段，不能脱离实际，超越阶段，明确了中国特色社会主义的历史方位；认识到社会主义的本质是解放生产力，发展生产力，消灭剥削，消除两极分化，最终达到共同富裕，明确了中国特色社会主义的根本任务；认识到改革也是一场革命，也是解放生产力，是中国现代化的必由之路，明确了中国特色社会主义的发展动力；等等。这一系列来自实践的认识不断深化，比较系统地初步回答了中国社会主义的发展道路、发展阶段、根本任务、发展动力、外部条件、政治保证、战略步骤、党的领导和依靠力量以及祖国统一等一系列基本问题，进而回答了"什么是社会主义、怎样建设社会主义"这个根本问题，把对社会主义的认识提高到新的科学水平，形成邓小平理论，实现了继毛泽东思想后马克思主义中国化的第二次飞跃。

改革开放实现了中国社会前所未有的发展，也给中国社会和中国共产党带来了全新的挑战。中国共产党的历史方位发生了重大变化，我国发展呈现出一系列新的阶段性特征。中国共产党如何在"四大考验"中保持政党的先进性与纯洁性，提高党的执政能力和驾驭市场经济的能力？中国如何在以经济建设为中心的同时有效避免经济社会发展一条腿长一条腿短的问题，如何在经济高速增长的同时实现可持续发展？实践出考题，理论做答卷。通过对"建设什么样的党、怎样建设党""实现什么样的发展、怎样发展"等重大问题的系统深刻回答，在深化对共产党执政规律、社会主义建设规律、人类社会发展规律的认识的基础上，把对中国特色社会主义规律的认识提高到新的水平，实现了马克思主义中国化的重大理论创新，最终形成了包括邓小平理论、"三个代表"重要思想、科学发展观在内的中国特色社会主义理论体系，马克思主义中国化的理论宝库更加丰富。

改革不停顿，开放不止步，理论创造自当不断与时俱进。党的十八大以来，中国取得了历史性成就，发生了历史性变革，中华民族迎来了从站起来、富起来到强起来的伟大飞跃，科学社会主义在21世纪的中国焕发出强大生机活力，中国日益走近世界舞台中央，不断为人类做出更大贡献。更重要的是统筹推进"五位一体"总体布局，协调推进"四个全面"战略布局，统揽"四个伟大"的实践也渐次展开。这是我国历史上最为广泛而深刻的社会变革，也是人类历史上最为宏大而独特的实践创新。伟大的实践孕育出伟大的思想。在这样坚实的实践基础上，作为马克思主义中国化的最新成果，习近平新时代中国特色社会主义思想应运而生。通过系统回答"新时代坚持和发展什么样的中国特色社会主义、怎样坚持和发展中国特色社会主义"这一基本问题，回答新时代坚持和发展中国特色社会主义的总目标、总任务、总体布局、战略布局和发展方向、发展方式、发展动力、战略步骤、外部条件、政治保证等基本问题，习近平新时代中国特色社会主义思想以宏大的战略眼光勾勒出21世纪中国和21世纪社会主义的前途命运，以其对历史经验的深刻总结、对历史规律的深刻揭示、对现实问题的深入分析、对未来发展的深入思考，实现了马克思主义中国化的又一次飞跃，不断开辟出21世纪马克思主义、当代中国马克思主义新境界。

三　改革开放四十年来马克思主义中国化的政治定力与理论自觉

通过梳理改革开放与马克思主义中国化的关系，认真总结马克思主义中国化的宝贵经验，深入思考马克思主义中国化的内在逻辑，积极探索马克思主义中国化的发展规律，讲清楚40年来马克思主义中国化做对了什么，既是将改革开放进行到底的现实需要，也是不断开辟马克思主义新境界的客观要求。

马克思主义中国化核心在"马克思主义"。马克思主义中国化是在把握马克思主义精髓的基础上坚守马克思主义立场，在坚持马克思主义指导的前提下发展马克思主义。离开马克思主义谈中国化是无源之水、无本之木，是空中楼阁、镜花水月。习近平同志指出："背离或放弃马克思主义，我们党就会失去灵魂、迷失方向。在坚持马克思主义指导地位这一根本问题上，我们必须坚定不移，任何时候任何情况下都不能有丝毫动摇。"①

我们决不把马克思主义看作某种一成不变的和神圣不可侵犯的教条，要防止不思进取的"我注六经"，反对到马克思主义经典著作的字里行间去找什么九鼎之言，反对用马克思主义经典作家的个别结论教训人；更不能搞自以为是的"六经注我"，往马克思主义中塞私货，把马克思主义已经明确批判的东西乔装打扮成所谓"创新"，把马克思主义对手们"可以接受或者似乎可以接受的东西放在第一位来加以颂扬"②。面对现实中出现的理论与实践之间的冲突与矛盾，必须谨慎辨析。一种可能是理论确实跟不上实践，对此应大大方方地创新理论。但也可能是实践走入了误区，而囿于既得利益，不愿意向理论靠拢，反而倒打一耙去否定理论、修正理论，这种做法尤其需要警惕。我们讲发展，不是丢弃，更不是否定，而是站在"巨人的肩上"往前走。只有真正以马克思主义为指导，才能始终体现时代性，把握规律性，富于创造性，才能在错综复杂的形势中把握大局、辨明是非、认清方向，不仅洞察中国社会目前怎样发展和向何处发展，而且洞察将来怎样发展和向何处发展，从而信心百倍地带领中国人民走向繁荣富强、带领中华民族走向伟大复兴。

马克思主义中国化落脚点在"中国"。马克思主义中国化要真正在中国大地上生根发芽、枝繁叶茂，一定要立足中国国情，彰显中国风格，要能为开辟中国道路、解决中国问题提供理论支撑与思想保障。离开中国的实际和实践谈马克思主义没有意义。马克思主义

---

① 《习近平谈治国理政》第 2 卷，外文出版社，2017，第 33 页。
② 《列宁选集》第 3 卷，人民出版社，1972，第 174 页。

中国化不是为了装点门面，不能变成只是拿在手上的箭，连说"好箭"就是不发射。好箭要用来打靶射"的"。马克思主义中国化就是要拿"马克思主义"这个"矢"来射中国这个"的"，解决中国问题。

同时，马克思主义中国化一定要有中国的形式、中国的风格、中国的特点、中国的气派，概言之，要有"中国味"。这中国味，就是几千年来积淀在中华民族生命和血液中的中国情感、中国意志、中国愿望、中国思维等，就是中国文化的精、气、神。我们不可能离开自己国家与民族的优秀文化和传统去进行马克思主义中国化的工作。没有中华优秀文化沃土的滋养，不可能有马克思主义的发扬光大、生机勃勃。

马克思主义中国化关键在于"化"，要化为理论、化为信仰、化为武器、化为实践。毛泽东指出："任何国家的共产党，任何国家的思想界，都要创造新的理论，写出新的著作，产生自己的理论家。"① 改革开放以来，我们"化"出了中国特色社会主义理论体系和习近平新时代中国特色社会主义思想。在此基础上还要通过理论武装转化为中国共产党人为伟大事业不懈奋斗的坚定信念，转化为观察和解决问题的科学方法，转化为指导改造客观世界和主观世界的行为准则。同时，马克思主义中国化的理论成果要从书本里、文件中、会议上走出来，走进群众火热的生活、走向中国蓬勃的实践，以简明的内容、通俗的形式、大众的思维、普及的方式让群众能掌握，会运用。让广大群众所认知、所接受、所实践，才能成为人民群众的思想武器，也才能让人民群众成为自己的物质武器。

理论的最高目标是指导实践，理论的最高成就是化为实践。中国社会的发展实践都应该是对马克思主义中国化理论原则的遵循，对马克思主义中国化理论要求的践履，对马克思主义中国化理论目标的追求。不能讲的是一套，做的又是另一套。如果理论上讲的与

① 《毛泽东文集》第 8 卷，人民出版社，1999，第 109 页。

实践中做的不仅不一致还相互打架，就会既损害理论的权威，又让实践走入误区。

毛泽东当年讲过一句很有意味的话，不如马克思不是马克思主义者，等于马克思也不是马克思主义者，超过马克思才是真正的马克思主义者。中国共产党人要做马克思的好学生，就要站在巨人的肩上奋勇前进，不断开辟21世纪马克思主义发展新境界，让当代中国马克思主义放射出更加灿烂的真理光芒。马克思主义中国化是"创造性的马克思主义"，不是"教条式的马克思主义"①，更不能是改旗易帜的马克思主义。这是改革开放40年来马克思主义中国化的基本结论，也是改革开放再出发中马克思主义中国化的根本要求。

（原载《学习时报》2018年11月19日、《前进》2018年第12期，收入本书时略有改动）

---

① 《毛泽东文集》第2卷，人民出版社，1993，第373页。

书写马克思主义哲学的时代形态

"任何真正的哲学都是自己时代的精神上的精华。"① 诞生于 19 世纪的马克思主义哲学当然是那个时代的精神的精华。但当我们回眸百余年历程时会发现，马克思主义哲学又确乎从来没有远离过现代世界，更不用说现代中国社会了。中国社会主义的探索、中国特色社会主义的开创与发展就是在马克思主义哲学引领下坚毅前行的，中国国家建设与国家治理 70 年的辉煌成就也是坚持和运用马克思主义哲学的丰硕实践成果。所以，马克思主义哲学也当之无愧是我们这个时代的精神上的精华，这是马克思主义哲学的本质使然。

一 马克思主义哲学是"时代的精神上的精华"

科学的进步不仅对历史发展有革命性影响，对人类的思想、思维的进步同样有根本性影响。科学的进步拓展深化了人类对自然与社会的认识，也让哲学的发展有了坚实的基础。19 世纪科学技术的新成果，特别是细胞学说、能量守恒和转化规律、进化论这三大发现基本形成了近现代科学发展的总体格局，使得我们可以"以近乎系统的形式描绘出一幅自然界联系的清晰图画"②，为马克思主义哲

---

① 《马克思恩格斯全集》第 1 卷，人民出版社，1995，第 220 页。
② 《马克思恩格斯文集》第 4 卷，人民出版社，2009，第 300 页。

学的产生奠定坚实的自然科学基础。

　　"一切划时代的体系的真正的内容都是由于产生这些体系的那个时期的需要而形成起来的。"① 正是从所处时代的具有决定性的根本问题出发，马克思以资本主义时代支配一切的"资本"为批判对象，致力于从物和物的关系揭示人和人的关系，创建了"关于现实的人及其历史发展"② 的马克思主义哲学，从而把"解释世界"的旧哲学变革为"改变世界"③ 的新哲学。

　　马克思主义哲学为打碎旧世界的合理性提供了理论支持。通过剩余价值理论揭示了资本主义社会的秘密——不是资本家在养活劳动者，而是劳动者用自己的劳动在创造着财富、积累着资本却又反过来被资本奴役——把被颠倒的事实又重新颠倒过来，为打碎旧世界的必然性与可能性做出了理论说明。"辩证法在对现存事物的肯定的理解中同时包含对现存事物的否定的理解，即对现存事物的必然灭亡的理解；辩证法对每一种既成的形式都是从不断的运动中，因而也是从它的暂时性方面去理解；辩证法不崇拜任何东西，按其本质来说，它是批判的和革命的。"④ 马克思主义哲学为构建新社会描绘了蓝图。"代替那存在着阶级和阶级对立的资产阶级旧社会的，将是这样一个联合体，在那里，每个人的自由发展是一切人的自由发展的条件。"⑤ 遵循马克思主义这一理论构想，"无产者在这个革命中失去的只是锁链。他们获得的将是整个世界"⑥。从此，马克思主义哲学成为工人阶级强大的思想武器。

　　"自己时代的精神上的精华"并不排斥成为在更大时间尺度上的大时代精神的精华。世界发生了变化，时代出现了阶段性变化，但人类社会发展的必然趋势没有变，资本主义社会的固有弊端与内在

---

① 《马克思恩格斯全集》第 3 卷，人民出版社，1960，第 544 页。
② 《马克思恩格斯文集》第 4 卷，人民出版社，2009，第 295 页。
③ 《马克思恩格斯文集》第 1 卷，人民出版社，2009，第 502 页。
④ 《马克思恩格斯文集》第 5 卷，人民出版社，2009，第 22 页。
⑤ 《马克思恩格斯文集》第 10 卷，人民出版社，2009，第 666 页。
⑥ 《马克思恩格斯文集》第 2 卷，人民出版社，2009，第 66 页。

矛盾并没有消除，工人阶级的任务没有变，人的自由而全面的解放使命没有终结，今日的人类社会依然处于工人阶级不断实现其历史使命的"大时代"中。科学技术进步了，人认识世界理解世界的范式变化了，但世界的本质没有变，自然界与人类社会的规律仍然是不以人的意志为转移的。这决定了马克思主义哲学的基石依然牢固，马克思对资本主义社会深刻透彻批判的这一基本事实没有变，马克思主义哲学对时代精神的引领没有变。所以，习近平同志强调："尽管我们所处的时代同马克思所处的时代相比发生了巨大而深刻的变化，但从世界社会主义 500 年的大视野来看，我们依然处在马克思主义所指明的历史时代。"① 进入 21 世纪，马克思主义哲学依然在场，也必须在场，继续指导我们分析和解决时代课题。

二 马克思主义哲学在时代演进中
"必然要改变自己的形式"

时代发生了变化，马克思主义哲学也在发生变化。马克思主义哲学从来不为既有的个别论断故步自封。马克思恩格斯在《共产党宣言》发表 24 年后的德文版序言中写道："由于最近 25 年来大工业有了巨大发展而工人阶级的政党组织也跟着发展起来，由于首先有了二月革命的实际经验而后来尤其是有了无产阶级第一次掌握政权达两月之久的巴黎公社的实际经验，所以这个纲领现在有些地方已经过时了。"② 恩格斯特别提醒："结论要是没有使它得以成为结论的发展过程，就毫无价值，这一点我们从黑格尔那时就已经知道了；结论若本身固定不变，若不再成为继续发展的前提，就比无用更糟糕。"③

20 世纪初，随着资本主义社会发展到帝国主义阶段，世界矛盾

① 《习近平谈治国理政》第 2 卷，外文出版社，2017，第 66 页。
② 《马克思恩格斯文集》第 2 卷，人民出版社，2009，第 5～6 页。
③ 《马克思恩格斯全集》第 3 卷，人民出版社，2002，第 511 页。

更加激化，列宁用辩证唯物主义和历史唯物主义的世界观和方法论观察当时世界，提出这是战争和革命的时代，开辟和探索了帝国主义阶段经济文化相对落后国家的无产阶级革命和社会主义建设道路，创立了世界上第一个社会主义国家，使马克思主义的科学社会主义由理论变为实践。在这一实践过程中，列宁通过《唯物主义和经验批判主义》《哲学笔记》《论战斗唯物主义的意义》等一系列马克思主义哲学论著，确立起了以辩证唯物主义世界观、认识论和历史观为基本框架的马克思主义哲学基本形态，建构起了辩证唯物主义和历史唯物主义的马克思主义哲学科学体系。并且明确提出，如果不进一步探索辩证法并把它运用于当代生活实践，那么，唯物主义就不成其为战斗的唯物主义；同样，如不对自然科学做出辩证唯物主义的总结，唯物主义也不是战斗的唯物主义。这一系列哲学创造塑造出 20 世纪马克思主义哲学的时代形态，也成为其后马克思主义者进行理论活动和发展马克思主义哲学的基石和纲领。

从 20 世纪上半叶开始的马克思主义哲学中国化进程，进一步丰富和发展了马克思主义哲学的时代形态。毛泽东的《反对本本主义》《实践论》《矛盾论》等哲学著作，自觉运用马克思主义认识论和辩证法，通过对立统一、知行合一等哲学命题，对中国革命的历史经验做出了深刻的哲学总结，为中国共产党实事求是思想路线的形成奠定了理论基础。这不仅推动了马克思主义哲学在中国枝繁叶茂，而且让马克思主义哲学掌握了群众。广大的中国人民学哲学、用哲学，不断在改造主观世界的同时改造客观世界，把马克思主义哲学化为推动中国革命胜利和社会主义探索与建设的巨大物质力量。

20 世纪 80 年代，中国共产党人根据变化了的客观实际，提出和平与发展是时代的主题。围绕这一时代主题，中国的马克思主义哲学在坚持辩证唯物主义和历史唯物主义的基础上更加强调实践的观点和生产力的原则，"实践是检验真理的唯一标准"成为思想解放的先声，实践唯物主义、主体性理论、价值理论、人学理论、发展哲学以及各种应用哲学汇聚成五彩缤纷的马克思主义哲学时代形态，为走出一条既坚持科学社会主义基本原则又立足中国实际、富有中国特色的发展道路提供了强大的哲学支持。

三 描绘出"一切时代中最强大的革命远景"

进入 21 世纪，时代变化和社会发展的广度和深度远远超出了马克思主义经典作家当年的想象，科技的发展更是呈现几何级数的爆发态势，开始深度重构人类社会生活方式与实践形态。

恩格斯曾经明确将科学的发现和进步与人类思想认识的发展联系起来，他说："随着自然科学领域中每一个划时代的发现，唯物主义也必然要改变自己的形式。"[1] 随着新生产力的获得，人们改变自己的生产方式，随着生产方式的改变，人们也会改变自己的社会关系。例如，手推磨产生的是封建主的社会，蒸汽磨产生的是工业资本家的社会。

21 世纪，以大数据、云计算、人工智能等为代表的新一轮科技革命兴起，不仅推动形成以数字经济为主要代表的新产业、新业态，促进世界生产力发展、生产方式变革、经济形态演变、人类文明进步，而且正在改变人们的思维方式、生活方式、交往方式。

进入新时代的马克思主义哲学，要继续保持理论之树长青，只有一个原则，这就是在坚持马克思主义哲学基本立场、观点、方法基础上，说这个时代需要说的话，说解决这个时代问题的话。

世界历史是时代潮流，也是历史规律。推动人类社会文明进步的力量只有在世界历史的意义上才可能真正存在，更加美好的人类社会发展状态也只有在世界历史的意义上才可能真正实现。当前，主要由发达资本主义国家主导的经济全球化及在此基础上形成的世界格局正面临新时代的严峻挑战。如今，超越零和思维，在更加多

---

① 《马克思恩格斯文集》第 4 卷，人民出版社，2009，第 281 页。

样深人的世界性交往中重塑经济全球化新形态，重塑国与国、人与人、人与自然、人与经济社会等的关系，建立更加公正合理的国际秩序，重建人的精神世界等，呼唤着马克思主义哲学的创新，也期待着马克思主义哲学的引领。以习近平同志为主要代表的中国共产党人提出的"一带一路"倡议在推进全球经济治理优化的同时，事实上建构起了21世纪经济全球化的新样态；人类命运共同体更是一种把世界作为一个整体、把人类作为一个整体而进行道路设计与制度建构的新世界观、新价值观和新方法论。这一系列实践探索与理论创造深刻体现了新的历史条件下对马克思主义哲学的创造性运用和丰富发展，其蕴含的哲学主题、哲学思维集中反映了21世纪马克思主义哲学的创新发展。

恩格斯说："只要进一步发挥我们的唯物主义论点，并且把它应用于现时代，一个强大的、一切时代中最强大的革命远景就会立即展现在我们面前。"① 站在新中国成立70周年的历史新起点上，中国社会正在进行前所未有的宏大实践。这既是认识世界的巨大进步，又是改造世界的伟大创举。如何在世界历史更加深化的进程中实现中华民族伟大复兴？如何在社会主义初级阶段以全新的方式建设社会主义现代化强国？如何在全球治理变革中推进共建人类命运共同体？回应并解答这些时代课题，我们就能在建设一个更加美好世界的同时，让21世纪的马克思主义哲学更加"变成面对世界的一般哲学，变成当代世界的哲学"②，从而永远占据真理与道义的制高点。

（原载《人民日报》2019年4月15日，收入本书时略有改动）

---

① 《马克思恩格斯文集》第2卷，人民出版社，2009，第597～598页。
② 《马克思恩格斯全集》第1卷，人民出版社，1995，第220页。

中华文化的"讲清楚"与"发扬好"

——兼论伟大复兴中的"精神独立性"问题

党的十八大以来，习近平总书记谈论中华文化的频率很高，讲价值观的时候要求传承和升华中华优秀传统文化，讲国家治理的时候要求实现中华传统文化的创造性转化、创新性发展，讲党的建设时也提醒要从中华文化中汲取丰富营养，在对外访问中更是把中华文化作为"第一名片"不失时机地向国际社会展示中华文化的独特魅力。我们为什么要对中华文化如此推崇备至？我们又为什么可以对中华文化如此高度自信？这一切的背后是当代中国社会对保持精神独立性的深刻感悟和高度自觉。

一　精神独立是一个社会政治经济独立的前提

毛泽东曾经讲过一句话，"人是要有一点精神的"，顺着这句话讲下来，一个国家、一个社会同样是要有精神的。这既是对中国革命胜利经验的透彻总结，又是对中国进行社会主义建设的宝贵提醒。当然，这里讲的精神并不是一般意义上泛泛而谈的精神，而是指真正属于自己的、从自己的文化中生长出来并且作用于自己的社会实践的、在与现实世界各种各样的精神相互激荡中能保有"独立性"的精神。

那么何谓"精神独立性"呢？概而言之就是一个社会从精神层面上对如何认识问题、分析问题、评价问题、解决问题有自己独立的不受他者主宰与左右的思维、价值与方法。当一个社会在如何认识世界上有自己独特的思维方式，在如何评价世界上有自己独特的价值立场，在如何应对世界上有自己独特的方法路径时，我们就可以讲这个社会保有了它的"精神独立性"。

对于一个社会来讲，精神独立奠定了经济政治独立的基础，精神独立也保证了经济政治在真正意义上的独立。如果一个社会在精神层面上人云亦云、亦步亦趋、唯他人马首是瞻，不能在精神层面上想清楚、讲清楚什么是好、什么是应该、什么是有意义，怎么可能走出一条前无古人的新路，怎么可能确立起优越于他者的全新制度，又怎么可能把自己选定的道路信心百倍、义无反顾、坚定不移地走下去？

应该说中国社会精神独立性的问题本来不成其为问题，中华文明五千年的绵延不绝，中国百余年来不屈不挠的奋斗与抗争，乃至中国特色社会主义道路的开辟、探索与实践，中华民族伟大复兴中国梦的提出等，都是中国社会精神独立的最好证明。没有高度自觉且充满自信的精神独立，这一切都是难以想象乃至不可能的。

但是这一不成问题的问题，在今日中国社会真还成为一个不容忽视的问题，或者说至少是一个需要未雨绸缪的问题。这与现代国际社会的格局有关，也与中国社会的发展方位有关。

现在的国际社会格局是在西方发达国家的发展方式和社会价值观主导下形成的。尽管所有国家、所有群体都在这一格局中生产产品、积累财富、分享红利，但这一格局与状态主要有利于发达国家利益。西方发达国家为了他们的既有利益，当然会想方设法维持这一格局，并强化支撑这一格局的发展方式与价值观，甚至把它提升到"普世"和"永恒"的高度。在既定格局的影响和强势意识形态的渗透下，中国的一些人就不知不觉从思想上缴了枪：在全世界都适用的东西我们中国怎能例外？人类社会到资本主义都已经到头了我们还折腾什么？

更重要的是伴随着全球经济政治文化交往的更加紧密和中国面向世界的更加开放，中国需要也正在从西方"拿来"很多东西，如从技术到管理再到制度，小到高速公路的标志牌、大型超市的促销商品标签，大到配置资源的市场经济体制、企业运行的混合所有制产权模式、按要素分配的收入分配体制等。而且这种"拿来"很多时候还必须"全面"拿来，一星半点地拿来、断章取义地拿来不仅不会有正面效应，还会产生连西方都不会有的苦果与弊端。于是中国的一些人就认为：既然都要"全面"了，还要什么自己的精神独立性，把人家的精神也拿来不是更加"全面"？

中国社会的精神独立性就在这样的情境中一点一点被削弱、被淡化了，相应的中国自己的经济政治社会发展实践也就面临越来越大的压力与挑战。因此，在今天的中国社会提出"精神独立性"问题，已经不是杞人忧天，而是需要亡羊补牢了。

二　中华文化是中国社会精神独立的不竭源泉

意识到精神独立性固然重要，呵护涵养精神独立性更加重要。精神独立性不是想当然凭空产生的，也不是仅靠豪言壮语就能喊出来的。中国社会的精神独立性要有滋养它的土壤、孕育它的源泉，这就是中华文化。习近平总书记讲的"中华优秀传统文化积淀着中华民族最深沉的精神追求，包含着中华民族最根本的精神基因，代表着中华民族独特的精神标识"①，指的就是中华文化对中国社会精神独立性方面的贡献。我们仅从中选择三个方面略做阐述。

第一，中华文化孕育了中国社会独特的思维方式：天人合一的整体性思维。

_____

① 《十八大以来重要文献选编》（上卷），中央文献出版社，2014，第585页。

思维是精神独立性中最深层次的属性，不同的思维方式会形成不同的世界观。与西方文化中不断剥离、不断区别、不断分割的那种原子式的注重分析的思维不同，中华文化的思维方式更强调不断整合、不断扩散、不断融合的整体性思维，从整体上来观察世界、理解世界。比如，在人与世界的关系上，受中华文化滋养的中国人不像西方人那样把自然界与人对立起来，人对自然界只是单向度的无限掠夺，而是把自然界与人看作一个整体，认为人与自然界是相互感应、相互依存的，既通过自然资源来供养人，又时时刻刻不忘对自然的涵养与反哺，这就是习近平总书记最近强调的、已经为现代社会所熟知的天人合一宇宙观。又比如，在对待自我与他者的关系上，不是非我族类其心必异，而是一种如习近平总书记所讲的协和万邦的国际观、天下观，我的存在是因为有你的存在，你、我、他共生共处才成为"天下"，是"各美其美，美人之美，美美与共，天下大同"。

第二，中华文化塑造了中国社会根本的价值追求：和而不同的和谐价值观。

价值是精神独立性中最根本的属性，价值不同，其所形成的行为、所构建的世界也不同。无论是在本体论上把世界本原归于独一无二的"一"，还是在宗教观上确立一个至高无上的"上帝"，西方文化价值观中"唯一性"的情结始终挥之不去。但是在中华文化中，即使作为最高标准的"道"，也不是某种确定的东西，而是一种状态——一种阴阳和谐的状态，正所谓"一阴一阳之谓道"。以音乐为例，宫商角徵羽五音皆备，一曲美妙的"韶乐"绕梁三日；如果只有一个音调，那听到的就是啄木鸟啄树了。具体到大千世界来说，不是说把万事万物都变成一个样子、一种性质，而是让万事万物都按自己的样子、自己的本性自由生长、平等发展，在这一过程中形成和谐状态，并产生新的东西。这就是中华文化中很经典的话"和实生物，同则不继"所讲的意思，这句话也讲出了中华文化所倡导的价值的最高境界——"和而不同"。

第三，中国文化积淀出中国社会基本的发展方法：生生不息的日新方法论。

一个社会认识世界、改造世界所采取的基本方法是精神独立性走向实践时最直观的体现。在中华文化中，没有什么永恒、到头的社会状态，"日新之为盛德"，"苟日新，日日新，又日新"，新的社会状态就在我们的不断努力中逐步展现；世界的变化也不是单线式的发展，而是"反者道之动"，要善于从历史中汲取自强不息的动力与智慧，不能在追求目标的时候异化了自己，不能走得远了就忘了为什么要出发；解决问题的方式方法不是非此即彼、你死我活走极端，而是"从容中道"，"允执厥中"，在协调平衡中坚毅前行。

中华文化中的这些思维、价值与方法塑造了中国社会的精神独立性，也给中国社会以高度的自信。当今天的世界面对越来越严峻的环境问题时，"天人合一"为人类修复自己的家园送上一剂良药；当今天的世界因为各种各样的利益纠纷与冲突而可能擦枪走火时，"和而不同"的模式应该说是实现各得其所的正确选择；当众多国家沉湎于社会发展方式"唯一解"时，让"生生不息"告诉我们还有别样的可能、别样的精彩是很有必要的。这也正是习近平总书记要求"讲清楚中华文化的独特创造、价值理念、鲜明特色"的深意所在。

三　中国特色社会主义根植于中华文化沃土

当一个社会在精神上保有独立性的时候，在社会发展方面的独立性就是水到渠成、瓜熟蒂落的事情。远而言之，不屈服于他者的压迫奴役，一定要争独立求解放，这就是 170 年来中华民族的奋斗抗争；近而言之，不甘于照抄照搬他人的做法，一定要走自己的路，这就是 60 余年来中国对社会主义道路的探索实践；放眼未来，还要坚持把理论自信、制度自信、道路自信与理论创新、制度创新、道路创新有机结合起来，在中华民族伟大复兴的历史征程中让中国特色社会主义道路越走越宽广。

关于中国为什么要走自己的路，发展中国特色社会主义，我们现在讲得比较多的是国情和历史使然，这是事实，也很重要，但还不够，真正要讲全面还要讲"独特的文化传统"。

百余年来世界上争取独立解放的民族国家并不少，选择了马克思主义和社会主义并坚持下来的却不多，中国可谓个中翘楚。能做到这一点，与中华文化精神与社会主义的契合乃至与马克思主义的良性融汇是分不开的。

在中华文化的思维中，从修身到齐家再到治国平天下，像同心圆一圈圈向外扩展，"身修而后家齐，家齐而后国治，国治而后天下平"，个体不是在与国家社会的张力中凸显自我，而是在融入家国天下中找到存在的意义，这样的文化精神就很自然地成为价值观上的集体主义、所有制上的公有制、分配方式上的共同富裕等社会主义属性所亲和适宜的文化土壤。这一点我们从近百年来中国接受社会主义的历史路径中可以看得很清楚：当不患寡而患不均的文化心理被经济政治生活中的剥削事实放大之后，自然会对私有制天然不感冒，而对公有制产生些许希冀，对共同富裕更有种本能的亲近感。再比如，中国社会对中国共产党作为领导核心这一模式的认可同样有一种文化心理的延续。既然我们相信"满街都是圣人"，相信圣人与君子可以做到"为天地立心，为生民立命，为往圣继绝学，为万世开太平"，为什么不可以对坚持先进信仰集聚优秀成员的中国共产党有相应的期待？更进一步看，为什么中国特色社会主义道路是一条和平发展之路，"中国威胁论"是无稽之谈？习近平总书记最近的一次讲话讲到了根上："中华民族的血液中没有侵略他人，称霸世界的基因。"① 所以，从一个侧面来说，不是马克思主义和社会主义选择了中国，而是中华文

---

① 《习近平：中华民族血液中没有侵略他人 称霸世界的基因》，人民网，http://sd. people. com. cn/n/2014/0516/c356086 – 21217688. html，最后访问日期：2019年6月28日。

化选择了马克思主义与社会主义。

西方社会的一些人老跟我们矫情，说什么你中国总说不走西方的道路，不照搬西方的观念，其实你们的指导思想马克思主义和你们的发展道路社会主义都是从西方拿来的。这种说法看似很有事实依据不好反驳，其实不然。我们的中国特色社会主义并不是从名称上在"社会主义"前加了"中国特色"四个字，也不是在实践层面把"中国特色"与"社会主义"简单焊接在一块"拉郎配"；同样马克思主义中国化也不是把马克思主义经典著作翻译成"中国话"然后照本宣科，不是郑人买履式的拿马克思主义本本来套中国的问题，而是根植于中华文化沃土的、在中华文化渗润滋养中"化"出来的全新理论与全新实践。

当然，我们做这样的分析并不是说中国传统文化中本来就有马克思主义，就有社会主义，而是说当通过政治革命把马克思主义的种子和社会主义的种子播种下去之后，中华文化的沃土可以也确实让它们茁壮成长了，并且成长为站在巨人肩上的全新创造，成为中华文化中的新内容。这也正是尽管世界社会主义只有 500 年的历史，习近平总书记却讲中国道路"是在对中华民族 5000 多年悠久文明的传承中走出来的"① 之深意所在。能把中国特色社会主义道路上溯5000 年，让它不仅成为一条政治发展道路，而且成为一条文明发展道路，实赖于中华文化的"化育"之功。

四　在创新性发展中实现中华文化的"现在进行时"

当下中国有两个概念同时在使用，一个是"中国传统文化"，一个是"中华文化"。很多人在使用这两个概念的时候往往不做区分，其实它们是有区别的。中国传统文化是过去完成时，尽管我们可以不断对之

---

① 《习近平谈治国理政》，外文出版社，2014，第 39～40 页。

做出新的理解与阐释，但其内涵毕竟是既定的；而"中华文化"则是涵盖过去、现在、未来的一个动态概念，不仅包括过去5000年灿烂的文化，也意指今日繁荣的中国文化，更要求未来中国文化的辉煌与复兴。

没有中华文化的随时维新，老祖宗的精神独立性挽救不了不肖子孙的坐吃山空。就算把老祖宗的好东西原原本本不打折扣地全部继承下来，昨日的旧船票也登不上今日的客船，毕竟中华民族的伟大复兴不应该也不可能是复古。所以对于今日中国，固然要讲把中国传统文化中的精华内容传承下来，更要大讲特讲中华文化的"现在进行时"，让中华文化作为一个整体赶上时代、引领未来，因为"中华民族伟大复兴必然伴随着中华文化繁荣兴盛"①。

中华文化的"现在进行时"，不应停留于对中国传统文化中具体文化内容的简单重复，而应重视文化精神的阐幽发微。具体的文化内容再"抽象继承"也会留有过去时代和原来社会形态的印记，过分解读容易有牵强附会之感，对现实社会作用有限。应该回望甲骨文但是不能钻进故纸堆。这些年来中国社会各种各样的"国学热"不断但难成大气候、难有大作为，原因也在于此。而文化精神则以其超越性让时代包容性、适应性倍增了好几个数量级，更易于与新的时代、新的使命无障碍对接。这也正是中华传统美德已经是我们突出的优势、最深厚的文化软实力，我们还要创造性转化、创新性发展地培育社会主义核心价值观的道理所在。也正因为如此，习近平总书记讲中华文化时代化时特别强调："要使中华民族最基本的文化基因与当代文化相适应、与现代社会相协调，以人们喜闻乐见、具有广泛参与性的方式推广开来，把跨越时空、超越国度、富有永恒魅力、具有当代价值的文化精神弘扬起来。"②

中华文化的"现在进行时"，还要善于把人类文明的一切成果，包括现代西方的文明成果坦坦荡荡大大方方地"拿来"。"问渠那得清如许，为有源头活水来。"精神独立性不是故步自封，不是闭门造车，

---

① 《十七大以来重要文献选编》（下卷），中央文献出版社，2013，第583页。
② 《习近平谈治国理政》，外文出版社，2014，第161页。

而是在广泛的文化交流中，不断学习他人的好东西，把他人的好东西变成我们的养料，把他人的好东西"化"成我们自己的东西，形成我们的民族特色，让我们更独立、更强壮。在中华文化的滋养下，我们把印度文明中的佛教"化"为了中国佛教，我们把西方文明中的马克思主义、社会主义"化"为了中国化的马克思主义、中国特色社会主义。有了这种"兼容并蓄、海纳百川"的品格，还有什么样的文明成果不能在中华文化中创造性转化、创新性发展呢？歇斯底里地拒斥外来文明成果本身就是精神独立性缺失、虚弱不自信的表现。

当然，这个"化"是有讲究的。守不住主心骨，没有好办法，很有可能在"化人"的过程中被"人化"。比如，这些年来我们开始重视中华文化"走出去"。怎样"走出去"？用我们自己的话语体系怕人家听不明白也不感兴趣，于是便想用人家的话语、人家的概念来讲中国故事。听起来似乎是很聪明的办法，其实隐患很大。别人的话语、概念背后是别人的文化思维方式。就好比前些年的电影《功夫熊猫》，"功夫"是中国的，"熊猫"也是中国的，甚至电影里的所有文化元素都是中国的，"功夫熊猫"却不是中国的，反映出来的文化精神与价值观是地地道道的好莱坞的。我们不是说一定要固守中国传统的话语体系，只是提醒从事外宣的同志们，寻找一种既能反映中华文化真精神又能为西方世界所明白的话语方式并不是一件想当然的事情。

那么，如何做到"化人为我"而不是"我为人化"？一位历史学家曾经打了个很形象的比方：人是要吃猪肉的，但是通过把猪肉消化为人的肌肉来强身健体，而不是让人变成猪。这既是中华文化"现在进行时"的底线思维，又是中华文化"现在进行时"的至高境界。

五 结语

结论讲两句话。

第一，重视精神独立性是为了超越精神独立性。

习近平总书记在讲价值观的时候，曾借用过中华禅宗文化中的三境界说：在没有觉悟的时候，看山是山看水是水；初步觉悟后，看山不是山看水不是水；真正觉悟后，看山又是山看水又是水。看似是一种回归，但已不是简单的回归，而是螺旋式上升后的在更高层面上的回归。这个理论也可以用到我们对精神独立性的认知上来。在缺乏精神独立性的情况下，世界给予什么我们就接受什么，以为接受的都是好东西（虽然事实上未见得就是好东西），这个阶段的表现是"不知精神独立性"；当我们有了精神独立性的意识与觉悟后，便会自觉地拿起民族文化这一武器捍卫自己的独立与尊严，我们所熟悉的那句"越是民族的越是世界的"，就是这一时期心态的宣言，这个阶段的表现是"重视精神独立性"；而当我们真正拥有充分的精神独立性之后，精神独立性便会内化为实践独立，实践中的自信与自强使得世界万物皆备于我为我所用，虽是世界的终究也是民族的，这一阶段的表现就是"超越精神独立性"。今日的中国社会正处于防范第一阶段、立足第二阶段、迈向第三阶段的过程中，我们希望中国社会关注精神独立性问题但又不沉湎于此。什么时候中国社会不再需要讨论精神独立性问题了，中国社会就真正拥有了它应有的充分的精神独立性。

第二，精神独立性最终要通过经济政治社会实践的成果证明自己。

我们在前面比较多地讲了精神独立性的功能及文化对精神独立性的意义，但是我们不能在讲精神独立性的时候矫枉过正陷入唯心主义的窠臼。马克思说："观念的东西不外是移入人的头脑并在人的头脑中改造过的物质的东西而已。"[1] 精神的独立是为了实践的独立，精神的独立也需要通过实践的独立证明自己并进一步强化自己。如果没有经济政治社会的独立，精神独立就是无源之水、无本之木。对于今日的中国来说，中国特色社会主义道路越走越宽广，中华民

---

① 《马克思恩格斯文集》第5卷，人民出版社，2009，第22页。

族伟大复兴的中国梦离我们越来越近，才是精神独立性的强大物质基础；让中国特色社会主义道路越走越宽广，让中华民族伟大复兴的中国梦离我们越来越近，才是精神独立性的最终归宿。

（原载《人民论坛》2014 年第 16 期，收入本书时略有改动）

引领时代的战略擘画 ————

我国仍处于社会主义初级阶段

中国特色社会主义进入了新时代，中国站上了新的历史方位，中华民族迎来了从站起来、富起来到强起来的伟大飞跃。在这个令人振奋、催人奋进的历史背景下，党的十九大依然郑重重申"我国社会主要矛盾的变化，没有改变我们对我国社会主义所处历史阶段的判断，我国仍处于并将长期处于社会主义初级阶段的基本国情没有变，我国是世界最大发展中国家的国际地位没有变"① 这一重大政治论断，充分体现了中国共产党人清醒自觉、镇定从容、豪迈自信的政治远见、战略定力与使命担当。

一 牢牢把握社会主义初级阶段这个基本国情

中国共产党人关于社会主义初级阶段的认识是"特指我国在生产力落后、商品经济不发达条件下建设社会主义必然要经历的特定阶段"②，这就是说生产力水平是判定社会主义初级阶段的根本标准。如果生产力水平不够高，没有提升到现代化水平，社会主义初级阶段就难言跨越。只有实现了社会主义现代化，才能算是生产力

① 习近平：《决胜全面建成小康社会 夺取新时代中国特色社会主义伟大胜利——在中国共产党第十九次全国代表大会上的报告》，人民出版社，2017，第12页。
② 《十三大以来重要文献选编》（上卷），人民出版社，1991，第12页。

发展超越了初级水平。所以，20世纪80年代邓小平明确讲："我国从五十年代生产资料私有制的社会主义改造基本完成，到社会主义现代化的基本实现，至少需要上百年时间，都属于社会主义初级阶段。"① 这段话后来被写入党的十三大报告。这实际上讲出了社会主义初级阶段的两个特征，一个是社会主义现代化还未基本实现，另一个是需要上百年时间。

经过改革开放以来的快速发展，特别是党的十八大以来取得的历史性成就和发生的历史性变革，中国特色社会主义迈上了一个新台阶，实现了具有决定性意义的飞跃，最突出的特征就是社会主要矛盾已经转化为人民日益增长的美好生活需要和不平衡不充分的发展之间的矛盾。

社会主要矛盾是社会生产力发展水平和社会发展阶段特征的客观反映，主要矛盾的变化意味着生产力发展水平实现了某种跃进，意味着发展阶段又大大向前迈进了一步。但是，当下生产力水平的跃进尚未达到基本实现现代化的水平，这一时期呈现出来的发展阶段性特征，仍是在社会主义初级阶段这个大背景下的新特征，并不是超越社会主义初级阶段之后的阶段的特征，因而并不能改变对我国社会主义所处发展阶段的判断。关于对进入新时代中国特色社会主义发展水平与发展状况的评估，我们要讲两句话：一是发展水平已经不低了，已经有了相当的发展积累，某些方面的发展已经供大于求；二是发展程度并不是很高，发展态势尚不够稳固，发展总量并没有绝对充裕，某些方面依然短缺、依然比较滞后。这两句话任何时候都要一块讲，不能只讲其中一句。

我们讲我国生产力水平"显著提高"主要是纵向比。今日中国社会生产力水平总体上显著提高，社会生产能力在很多方面已进入世界前列，不仅与40年前、30年前相比已经有天壤之别，就是与20年前、10年前相比，甚至与5年前相比都已经不可同日而语。但

———————————

① 《十三大以来重要文献选编》（上卷），人民出版社，1991，第12页。

是从整个世界发展进程来看，横向与世界其他国家相比，我国生产力发展水平在总体上依然处于中等偏下水平，依然属于社会主义初级阶段水平。"社会生产能力"是不能与"生产力水平"直接画等号的。比如，我国经济增长虽然开始从传统的靠拼土地、拼资源、拼劳动力向拼科技、拼质量、拼效益转变，但这种转变还处在起步阶段，新动能在短时间内还难以挑起经济发展的大梁，占据国民经济"半壁江山"的服务业还需要向高端化迈进，传统的生产方式还在很多地方存在，对资源能源的过度消耗也没有从根本上得到解决，这决定了我们转变经济发展方式还需要经历一个相当长的充分发展阶段。

进一步看，主要矛盾中讲的发展"不平衡不充分"从根本上说还是源于生产力水平低。所以，这种不平衡不充分不仅体现在落后地区，尤其是农村的发展不平衡不充分，比如很多地方虽然已经摆脱贫困，但仅仅是刚刚跨过"贫困线"或"温饱线"，小康的基础尚不巩固，而且体现在东部发达地区包括一些大城市依然有发展不平衡不充分的现象，比如，高质量的医疗机构、教育机构依然是稀缺资源，高等级的城市地下管网建设基本上刚刚起步或者还没有起步，有的城市还有大量"城中村"，等等。如果说当年邓小平提出"社会主义初级阶段"时，我们刚刚站在社会主义的"门槛上"，是"不够格"的社会主义，那么，我们今天只是站在了社会主义现代化的"门槛上"，还是"不够格"的社会主义现代化，并没有走出社会主义初级阶段。

当然，社会主义初级阶段不仅体现在生产力水平比较低，而且体现在制度建设不够成熟、没有定型。而要在各方面形成一整套更加成熟、更加定型的制度，把中国特色社会主义制度的优势充分发挥出来，也不可能一蹴而就，还需要相当长的一段时间。

重申我仍处于并将长期处于社会主义初级阶段的基本国情没有变，与做出中国特色社会主义进入新时代的判断并不矛盾。新时代是社会主义初级阶段的新时代，是社会主义初级阶段历史长过程在当前呈现出的阶段性特征。在社会主义初级阶段的背景下，以中国特色社会主义的巨大成功向世界宣告社会主义焕发出蓬勃生机活力，并且在与资本主义的较量中又重新处于有利地位，使中国成为21世纪科学社会主义发展的旗帜，成为振兴世界社会主义的中流砥柱。能在社会主义初级阶段就取得这样伟大的成就，更彰显出中国共产党坚强有力的正确领导和中国人民众志成城的努力奋斗。

二　牢牢立足社会主义初级阶段
这个最大实际

习近平同志指出："不仅在经济建设中要始终立足初级阶段，而且在政治建设、文化建设、社会建设、生态文明建设中也要始终牢记初级阶段；不仅在经济总量低时要立足初级阶段，而且在经济总量提高后仍然要牢记初级阶段；不仅在谋划长远发展时要立足初级阶段，而且在日常工作中也要牢记初级阶段。"① 我们之所以强调社会主义初级阶段的发展定位，是因为正确的路线方针政策来自对发展阶段的正确判断。脱离开社会主义初级阶段这个最大实际，在实践中就会吃苦头，历史上的急于求成曾留下深刻的教训，这样的教训不能再现。

社会主义初级阶段这个最大实际提醒我们，新时代坚持和发展中国特色社会主义，制定政策要有足够的战略清醒、足够的战略定力，一定不能被发展所取得的成就冲昏头脑，不能发热，不能冒进，不能好大喜功。任何超越现实、超越阶段而急于求成的倾向都要竭力避免。不仅如此，还应该增强忧患意识。人民群众对美好生活的期待的不断高涨与初级阶段的客观条件之间会形成巨大反差，幸福感、获得感、满足感不仅不会随着物质成果的增加而增加，反而会因过高预期未达到而失落，让人民满意与高兴的难度会大大增加。

---

① 《习近平谈治国理政》，外文出版社，2014，第10～11页。

比如，上学难、看病难、养老难这些人民群众反映强烈的突出问题尚未得到根本性解决，而随着整个社会对公平正义的要求日益增长，既把蛋糕做大，又把蛋糕分好，是我们新时代社会发展面临的一个严峻考验。

对社会主义初级阶段的长期性、复杂性，我们需要估计得更充分一点。比如说，现在大家讨论的"新常态"只是社会主义初级阶段背景下的经济发展新特征。社会制度形态上的阶段含义与经济发展运行的阶段含义不是同一个层面的问题，不要搞混也不能搞混。经济新常态要求转变发展方式、优化经济结构、转换增长动力，恰恰说明生产力水平与已经取得的经济发展成就不相适应，与进一步的经济发展要求不相适应。毋庸讳言，我们过去的经济发展奇迹很多是在生产力水平较低的情况下，依靠辛苦付出和巨大代价获得的，我国的劳动生产率还远低于世界上很多国家。从某种意义上讲，我们越来越意识到的创新能力不强的"阿喀琉斯之踵"正是中国社会现实生产力水平的一个缩影。

只有牢牢立足社会主义初级阶段这个最大实际，才能牢牢坚持党的基本路线这个党和国家的生命线、人民的幸福线不动摇。

我们要坚持把以经济建设为中心作为兴国之要。虽然中国已经从"发展起来前"进入"发展起来后"的阶段，但并不是说不需要发展了，而是依然要继续发展，加快发展，只不过这发展是更高水平、更高质量、更高效益的发展，是更平衡、更充分的发展。我们主张的全面发展依然是有重点的发展，经济建设依然是发展的火车头，但是如果政治建设、文化建设、社会建设、生态文明建设不能保持协调发展，经济建设也走不远。

我们要坚持把四项基本原则作为立国之本。要使中国特色社会主义的道路自信、理论自信、制度自信、文化自信体现在社会主义现代化建设的各个方面，在政治立场、政治方向、政治原则、政治道路上不能有半点含糊，在政治意识、大局意识、核心意识、看齐意识上必须旗帜鲜明。尤其是要坚持党对一切工作的领导，把中国特色社会主义最本质的特征、中国特色社会主义制度的最大优势充分体现出来并发扬光大。

我们要坚持把改革开放作为强国之路。坚持进一步解放思想、进一步解放和发展社会生产力、进一步解放和增强社会活力，在新的历史起点上再出发，全面深化改革，向顽瘴痼疾开刀，对利益藩篱说不，让人民群众有更多获得感；同时，推进全方位对外开放，积极参与全球经济治理和国际公共产品供给，提高我国在全球经济治理中的制度性话语权。

坚持党的基本路线必须坚定不移，绝不能动摇。只有坚持这条路线，人民才会相信我们，拥护我们。背离了基本路线，中国是不可能继续发展的，人民群众是不会答应的，我们就会被打倒。

三 奋力谱写新时代中国特色 社会主义新篇章

经过40年的改革开放，特别是党的十八大以来，我国基本国情的内涵不断发生变化。我们既要看到社会主义初级阶段基本国情没有变，也要看到我国经济社会发展每个阶段呈现出来的新特点，准确把握我国不同发展阶段的新变化新特点，因时而变，与时俱进，以新的思想、新的作为、新的精神状态把新时代中国特色社会主义推向前进。我们强调不能做超越发展阶段的事情，并不是说就要墨守成规、无所作为，而是要根据现有条件把能做的事情尽量做起来，要抓住时代机遇，量力而行、尽力而为。"知其事而不度其时则败。"发展是一个不断变化的进程，发展理念与发展方式也不会一成不变。任何落后于实际，无视深刻变化着的客观事实而因循守旧、故步自封的观念和做法都要坚决纠正。

要更加自觉地用习近平新时代中国特色社会主义思想武装头脑、指导实践。在社会主义初级阶段这一基本背景下实现"两个一百年"奋斗目标和实现中华民族伟大复兴的中国梦，这是前所未有的伟大实践；我国作为一个发展中国家，在西方发达国家虽已困难重重但总体实力尚处于绝对优势的背景下，积极参与全球治理，并用人类命运共同体的价值理念来塑造更加公平正义、追求合作共赢的新型国际关系，同样是前所未有的伟大实践；以中国实践为人类对更好社会制度的探索提供中国方案，以中华文明的伟大复兴为人类文明进步做出新的更大的贡献，更是当代中国共产党和中国社会"道之所在、义之所当"的伟大实践。伟大的实践要靠伟大的理论来指导、要靠伟大的思想来引领，这就是习近平新时代中国特色社会主义思想。

要更加坚定地革故鼎新、开拓创新，以新作为迎接新挑战、担当新使命。在新时代，真正并且更好地坚持党的基本路线不动摇需要有新作为。我们要以新发展理念引领经济发展新常态，加快转变经济发展方式、优化经济结构、提高发展质量和效益，走出一条发展新路；真刀真枪推进改革，不仅要改革那些不合时宜的体制机制、保守做法，而且要对改革过程中做得不对、做得不好的行为模式进行再改革，对改革中曾经管用好用但现在已经不合时宜的行为模式进行再改革。在这方面，我们不仅要大胆地"变"，而且要"大变""根本变""全方位变"。我们要正确认识并处理好"变"与"不变"的关系。顺应"变"，促进"变"，对经济社会发展中相关制度体制以及政策设计安排进行适时的调整变革，以"变"应"变"；立足"不变"，守住"不变"，咬定青山不放松，审慎布局、量力而行，继续为新时代中国特色社会主义夯实经济基础。我国解决之前的社会主要矛盾用了三十多年时间，现阶段社会主要矛盾的解决恐怕也要差不多这么长的时间。这就是说，到第二个百年目标实现时，当我国建成富强民主文明和谐美丽的社会主义现代化强国时，这一主要矛盾将有望得到切实解决并实现新的转换。

要更加豪迈地沿着中国特色社会主义道路阔步前进。社会主义初级阶段不能轻言跨越，但这并不意味着我们就要不思跨越。从初级阶段到高级阶段再到更高的共产主义阶段，这是中国共产党人的初心、中国共产党人的信念，更是中国共产党人的使命，是对中国人民乃至世界人民的郑重承诺。党的十九大做出了"两步走"的战略安排，在基本实现现代化的基础上又向前迈出了关键一步，全面建设社会主义现代化强国，其实已经宣示了中国共产党人的追求与抱负。不唱高言，不忘前行。只要我们脚踏实地，一步一步往前走，每时都有新进步，社会主义发展的新阶段一定会到来。我们要有这样的雄心壮志，我们也有这样的雄心壮志。

（原载《人民日报》2018 年 5 月 2 日，收入本书时略有改动）

中国道路的时代必然性

中国道路是中国共产党把马克思主义基本原理同中国实际和时代特征结合起来走出的一条新路，中国特色社会主义道路就是中国道路在当代的集中体现。这一道路具有深厚的历史渊源和广泛的现实基础，因为它是从改革开放 30 多年的伟大实践中走出来的，从中华人民共和国成立 60 多年的持续探索中走出来的，从对近代以来 170 多年中华民族发展历程的深刻总结中走出来的，从对中华民族 5000 多年悠久文明的传承中走出来的；这一道路更具有深刻的时代必然性和广阔的发展前景，因为它又是全面审视当今世界和当代中国发展大势，全面把握我国发展新要求和人民群众新期待，以全新的视野深化对共产党执政规律、社会主义建设规律、人类社会发展规律的认识而走出的自强之路、共赢之路、创新之路。

一 自强之路：对历史方位的清醒认知

马克思曾经讲过："人们自己创造自己的历史，但是他们并不是随心所欲地创造，并不是在他们自己选定的条件下创造，而是在直接碰到的、既定的、从过去承继下来的条件下创造。"① 国情就是这样一种既定的条件。一个国家的历史文化、经济状况、发展程度都

---

① 《马克思恩格斯选集》第 1 卷，人民出版社，2012，第 669 页。

是不可选的，都是既定的甚至是特定的。

党的十八大指出，我国仍处于并将长期处于社会主义初级阶段的基本国情没有变，人民日益增长的物质文化需要同落后的社会生产之间的矛盾这一社会主要矛盾没有变，我国是世界最大发展中国家的国际地位没有变。这三个"没有变"告诉我们，在任何情况下都要牢牢把握社会主义初级阶段这个最大国情，推进任何方面的改革发展都要牢牢立足社会主义初级阶段这个最大实际，而不能从主观愿望出发，不能从这样那样的外国模式出发。

中国道路以经济建设为中心，坚持四项基本原则，坚持改革开放，解放和发展社会生产力，建设社会主义市场经济、社会主义民主政治、社会主义先进文化、社会主义和谐社会、社会主义生态文明，正是对中国历史方位的清醒认知，是对这一最大国情的认真遵循。

尽管中国特色社会主义道路走到今天，我国生产力有了很大提高，各项事业有了很大进步，但总的来说，人口多、底子薄，地区发展不平衡，生产力不发达的状况没有根本改变，集中力量发展社会生产力仍然是中国的第一要务。坚持中国道路就是要以经济建设为中心，大力发展社会主义市场经济，要坚持以公有制为主体、多种所有制经济共同发展的基本经济制度，着力消除所有制结构不合理对生产力的羁绊；坚持调动全社会全民族的积极性创造性，营造各尽其能、各得其所、和谐相处的氛围和环境，在保证最广大人民根本利益的同时，促进现阶段群众的共同利益；在坚持按劳分配为主体的同时，放手让一切劳动、知识、技术、管理和资本的活力竞相迸发，让一切创造社会财富的源泉充分涌流。

尽管中国社会存在各种各样的矛盾，有些矛盾还存在激化的可能，但人民日益增长的物质文化需要同落后的社会生产之间的矛盾依然是贯穿我国社会主义初级阶段整个过程和社会生活各个方面的主要矛盾。破解这一矛盾关键在于发展，发展是硬道理。这就决定了中国道路一定要强调要以经济建设为中心。只有牢牢抓住这个主要矛盾和工作中心，才能清醒地观察和把握社会矛盾的全局，有效地促进各种社会矛盾的解决。

实现中华民族伟大复兴中国梦，是在社会主义初级阶段建设富强民主文明和谐的社会主义现代化国家，是世界上最大的发展中国家赶上并超过西方发达国家。自强之路、赶超之路意味着中国道路不是对西方模式的"移植"与"克隆"，而是对西方发展范式的突破与超越。

也许条条大路通罗马，但通往罗马的路是一定到不了香格里拉的。实现中华民族伟大复兴中国梦的道路是也只能是"中国道路"。现代西方社会发展道路是在其几百年的资本主义背景下发展起来的，背后更有上千年的西方文化滋养，还有近百年的海外殖民掠夺"资本"。面对这样的发展道路，中国学不来，不能学，也没有资本去学。毛泽东曾经指出："中国人向西方学得很不少，但是行不通，理想总是不能实现。"① 结果"先生老是侵略学生"。在西方范式内发展，中国可能会有小的进展，但难有大的作为。只有跳出西方模式的三界外，不在西方发展的五行中，才能真正地"超英赶美"。在这个意义上，"中国特色"不是一种借口，而是一种本能、一种策略；不是一时权宜，而是始终必须、永远必然。

二　共赢之路：对时代主题的深刻洞察

随着世界多极化、经济全球化深入发展，文化多样化、社会信息化持续推进，科技革命孕育新突破，社会结构发生深刻复杂变化，人类社会的行为模式也呈现出前所未有的崭新样态。但是，"青山遮不住，毕竟东流去"，和平与发展仍然是时代主题。

中国道路坚持开放的发展、合作的发展、共赢的发展，通过争取和平国际环境发展自己，又以自身发展维护和促进世界和平；坚

---

① 《建党以来重要文献选编（1921～1949）》第 25 册，中央文献出版社，2011，第503 页。

持在国际关系中弘扬平等互信、包容互鉴、合作共赢的精神，共同维护国际公平正义；坚持要和平不要战争，要发展不要贫穷，要合作不要对抗，推动建设持久和平、共同繁荣的和谐世界；等等。这正是对时代潮流的自觉顺应，对时代主题的深刻洞察。所以党的十八大再一次重申"和平发展是中国特色社会主义的必然选择"。

奉行和平发展的中国道路构建的是一种"新型国际关系"，其核心就是习近平主席指出的"三个共享"：各国和各国人民应"共享尊严"，一个国家的发展道路合不合适，只有这个国家的人民才最有发言权，因为"鞋子合不合脚，自己穿了才知道"；各国和各国人民应"共享发展成果"，世界长期发展不可能建立在一批国家越来越富裕而另一批国家却长期贫穷落后的基础上；各国和各国人民应"共享安全保障"，面对错综复杂的国际安全威胁，单打独斗不行，迷信武力更不行，合作安全、集体安全、共同安全才是解决问题的正确选择。

主张合作共赢的中国道路倡导的是人类命运共同体意识，在追求本国利益时兼顾他国合理关切，在谋求本国发展中促进各国共同发展，把世界的机遇转变为中国的机遇，把中国的机遇转变为世界的机遇，让中国与世界分享"和平发展红利"，增进人类共同利益。正如习近平主席在莫斯科国际关系学院演讲中指出的："要跟上时代前进步伐，就不能身体已进入 21 世纪，而脑袋还停留在过去，停留在殖民扩张的旧时代里，停留在冷战思维、零和博弈老框框内。"①

这些年来包括美国在内的西方国家总担心中国强大了会对世界构成威胁，这样的疑虑之所以挥之不去就是源于其在西方文明范式下认识思考人类社会的发展。哥伦布发现新大陆后做的第一件事就是插上帝国的旗帜并以女王的名义宣布占领，英国蒸汽机革命后首先想到的就是拓展海外殖民地。但是，与哥伦布大体同期稍早的中

---

① 《国家主席习近平在莫斯科国际关系学院的演讲》，中华人民共和国中央人民政府网，http://www.gov.cn/ldhd/2013 - 03/24/content_2360829.htm，最后访问日期：2019 年 6 月 28 日。

国郑和七下西洋，比哥伦布还多三次，可所到之处播撒的是和平的种子，送去的是文明的善意，传播的是文化的光辉。不同文明孕育出不同的行为模式与价值评判，一种以和平、和谐为基本价值理念的文明，在历史上是和平善良的，在今天、在未来同样也是和平善良的。

习近平主席在与美国总统奥巴马庄园会晤时讲的中国梦"与包括美国梦在内的世界各国人民的美好梦想相通"这一论断也是对中国道路开放性与包容性的阐释。中国道路以其文明的逻辑告诉世界一个道理：每个国家、每个民族自由的发展是一切国家、一切民族自由发展的前提。历史并没有终结，人类社会并不是只有资本主义一条现成的路，还有很多的新路有待我们去开辟；人类的价值从来不是单一的，五彩缤纷的价值争奇斗艳共存共生才是人类社会本来和应该的价值图景。

三　创新之路：对庄严使命的自觉担当

坚持和发展中国特色社会主义，是中国共产党人的庄严使命，也是中国共产党人对中国人民的郑重承诺。但这同时又是一项长期的艰巨的历史任务，是一条前人不仅没有走过甚至都没有能详细描绘过的新路。关于建设什么样的社会主义、怎样建设社会主义这个根本问题，虽然早已经破题但远未结题。完成使命、兑现承诺，必须勇于实践、勇于变革、勇于创新，以我国改革开放和现代化建设的实际问题、我们正在做的事情为中心，着眼于马克思主义理论的运用，着眼于对实际问题的理论思考，着眼于新的实践和新的发展。因此，中国特色社会主义道路又是一条创新之路。

第一，中国特色社会主义道路是不断用新思想、新做法、新实践丰富和发展社会主义的开放创新之路。

中国特色社会主义发展之路就是一条不断解放思想、与时俱进、开拓进取的创新之路。中国特色社会主义道路以创新的精神回答了

"什么是社会主义，怎样建设社会主义"这一重大问题，通过揭示社会主义本质，确立社会主义初级阶段基本路线，开创了中国特色社会主义新局面；回答了"建设一个什么样的党，怎样建设党"这一重大问题，坚持立党为公、执政为民，坚持科学执政、民主执政、依法执政，用宽广的视野和科学的方法锻造出中国特色社会主义事业的坚强领导核心；回答了"实现什么样的发展、怎样发展"这一重大问题，坚持以人为本，坚持全面协调可持续统筹发展，把我们对中国特色社会主义规律的认识提高到新的水平。

　　第二，中国特色社会主义道路是探索科学社会主义理论逻辑和中国社会发展历史逻辑辩证统一的创新之路。

　　社会实践不可能脱离开理论逻辑，但理论逻辑毕竟不能等同于现实的社会实践。中国特色社会主义同样要面对这一问题并做出自己创新性的解答。马克思曾经指出，社会主义新社会，"通过社会化生产，不仅可能保证一切社会成员有富足的和一天比一天充裕的物质生活，而且还可能保证他们的体力和智力获得充分的自由的发展和运用"①。邓小平也多次对社会主义的本质做深入的探讨："社会主义的本质，是解放生产力，发展生产力，消灭剥削，消除两极分化，最终达到共同富裕。"② 党的十八大更是明确提出中国特色社会主义的八项基本要求。中国共产党坚持科学社会主义基本原则、不丝毫违背这些基本原则，又在任何情况下都牢牢把握社会主义初级阶段这个最大国情、立足社会主义初级阶段这个最大实际，通过发挥人民主人翁精神，更加注重社会公平正义，使发展成果更多惠及全体人民，团结一切可以团结的力量，最大限度地增加和谐因素等一系列体制机制和政策创新，走出了一条把理论原则变为真实社会状态的现实路径，让中国特色社会主义成为扎根于当代中国的科学社会主义。

　　第三，中国特色社会主义道路是破解人类社会发展共同难题，

―――――――――

① 《马克思恩格斯文集》第9卷，人民出版社，2009，第299页。
② 《邓小平文选》第3卷，人民出版社，1993，第373页。

实现中国与世界可持续发展的文明新路。

数百年历史的传统工业文明实现了人类社会前所未有的物质大丰富、经济大繁荣，但也给人类头上悬起了一柄空气污染、环境恶化、资源枯竭的达摩克利斯之剑。人类社会不能不发展，但又不能这样饮鸩止渴地发展，毕竟我们只有一个地球。

作为中国特色社会主义道路重要内容之一的社会主义生态文明，是把中华文明中天人合一、人与自然和谐相处的思想与西方工业文明有机结合创造性转化后形成的一种新型文明样态，把发展工业与保护生态有机结合起来，走又好又快的新型工业化道路，在"天蓝、地绿、水净"的美丽中国，为人类社会实现可持续发展走出了一条文明新路。从这个意义上讲，中国道路不仅为世界贡献了一种新的发展模式，而且为世界贡献了一种新的文明形态。

自信来自对成就的自豪，自信更来自对必然的认知。中国道路的时代必然性让我们的道路自信更加坚定、更加有底气。

（原载《求是》2013 年第 20 期，收入本书时略有改动）

中国改革开放做到了什么

——40 年改革开放的实践自信与战略自觉

在中国改革开放走过 40 年辉煌历程，开始继续走向新征程的时候，有一个问题经常会被提出来："中国改革开放做对了什么？"这一问题指向对改革开放成功经验的探寻，亦指向对改革开放走向未来的期许。但要想真正回答好这一问题，首先要回答另一个问题："中国改革开放做到了什么？"习近平在庆祝改革开放 40 周年大会讲话中说，改革开放让"不可能成为了可能"，"创造了人间奇迹"。[①]中国让什么成为可能？我们创造了什么样的奇迹？我们又是如何创造这些奇迹的？全面系统地梳理改革开放 40 年的辉煌成就及其背后的成功密码，不仅可以增强新时代改革开放再出发的实践自信，更可以增强将新时代改革开放进行到底的战略自觉。

一　经济社会发展一枝独秀的"中国奇迹"

中国改革开放 40 年最直观的成就当属经济社会发展创造的奇迹。一方面，这是中国坚持"以经济建设为中心"的逻辑必然；另一方面，经济社会发展指标的可量化更加凸显"奇迹"的特点。

[①]　习近平：《在庆祝改革开放 40 周年大会上的讲话》，人民出版社，2018，第 19 页。

经济增长速度是衡量一个经济体最基础的指标。1978 年中国国内生产总值只有 3679 亿元，到 2017 年增长到 82.7 万亿元，40 年增长近 224 倍，年均实际增长 9.5%，远远高于同期世界经济 2.9% 左右的年均增速。近代世界 500 年以来，有一些小的经济体较长时间保持过较高的增长速度，如当年的"亚洲四小龙" 1971~1980 年的 10 年内达到过年均 9.2% 的增长率①；有一些大的经济体做到过短时期的快速增长，如日本 1951~1974 年也有过年均 9.1% 的增长率，1975 年后迅速下降为 2.6%②；还有个别经济体通过发战争财实现过高速增长，如美国 1941~1943 年经济增长率曾高达 22%~25%，但是从 1920~1975 年长时期看，美国年均经济增长率只有 2%③。但像中国这样大的经济体，以和平的发展方式保持 40 年不起伏不间断的高速增长，这是世界经济发展史上从来没有过的事情。而且，在这样的高速发展背景下，中国还是世界上唯一没有出现金融危机的国家，甚至当其他国家出现金融危机的时候，中国还能大大地"拉上一把"。经济学家林毅夫引用世界银行的统计数据做了一个很形象的说明，改革开放初期我国人均 GDP 只有 156 美元，当时最贫穷的撒哈拉沙漠以南非洲国家人均 GDP 是 490 美元，我国不到它们的 1/3。④ 但 40 年后，中国成为世界上第二大经济体，并且建立起全世界最完整的现代工业体系，国内生产总值占世界生产总值的比重由改革开放之初的 1.8% 上升到 15.2%，与世界第三大经济体拉开了一倍以上的体量，接近其后四大经济体总量的总和。据世界银行统计数据，按照美元核算 2017 年经济总量，日本为 4.8 万亿美元，德国为 3.7 万亿美元，英国为 2.6 万亿美元，印度为 2.5 万亿美元，而中国已

① 欧梅：《"四小龙"实际经济增长率（%）》，《世界经济与政治》1992 年第 8 期。
② 陈乐一：《日本经济的增长与波动：1951~2002》，《财经问题研究》2005 年第 10 期。
③ 蔡昉、林毅夫等：《改革开放 40 年与中国经济发展》，《经济学动态》2018 年第 8 期。
④ 蔡昉、林毅夫等：《改革开放 40 年与中国经济发展》，《经济学动态》2018 年第 8 期。

经超过 12.2 万亿美元。

经济增长的效能当然会转化为居民收入的增长与贫困的消除。改革开放 40 年，中国居民人均可支配收入由 171 元增加到 2.6 万元，去除物价变动等因素实际增长了 22.8 倍。无论是大规模的海外游还是大手笔的海外购，抛开复杂情绪的微词，一个客观事实是中国老百姓实实在在有钱了。与之相应，中国贫困人口累计减少 7.4 亿人，占整个世界减贫人口的 70% 以上，贫困发生率下降 94.4 个百分点，创造了人类减贫史上的中国奇迹，外国学者慨叹"中国的减贫成就比中国的经济增长更为神奇"[①]。

奇迹从来都不是空口无凭的，制造业第一大国、货物贸易第一大国、商品消费第二大国、外资流入第二大国、外汇储备世界第一等，所有这些成就的背后都有一连串亮丽的发展数据与指标在支持，所有这些地位都是世界上每一个国家梦寐以求的。那么，中国是如何创造这样的奇迹的呢？归结为一个词，就是"发展"。这也正是马克思主义经典作家特别强调的："一切重要历史事件的终极原因和伟大动力是社会的经济发展，是生产方式和交换方式的改变。"[②]

"发展"是中国 40 年改革开放的主题词，促进发展是中国 40 年来的主旋律。从邓小平在 20 世纪 90 年代初提出"发展才是硬道理"[③] 这一著名论断以来，这一要求就成为后来历次中国共产党党代会报告的保留用语。十五大："发展是硬道理，中国解决所有问题的关键在于依靠自己的发展。"十六大："发展是硬道理，必须抓住一切机遇加快发展。"十八大："必须坚持发展是硬道理的战略思想，决不能有丝毫动摇。"在党的十六大上，中国共产党又做出一个新的论断——"把发展作为党执政兴国的第一要务"，这一论断也成为随后党代会的常用语。十七大："必须坚持把发展作为党执政兴国的第一要务。"十九大："必须坚定不移把发展作为党执政兴国的第一

---

① 万广华：《普惠性是中国减贫一大秘诀》，《人民日报》2018 年 2 月 12 日。
② 《马克思恩格斯文集》第 3 卷，人民出版社，2009，第 509 页。
③ 《邓小平文选》第 3 卷，人民出版社，1993，第 377 页。

要务。"

　　发展，首先是快速发展。1987 年 10 月 13 日，邓小平与匈牙利社会主义工人党总书记卡达尔会见时指出："贫穷不是社会主义，发展太慢也不是社会主义。否则社会主义有什么优越性呢？""在今后的现代化建设长过程中，出现若干个发展速度比较快、效益比较好的阶段，是必要的，也是能够办到的。我们就是要有这个雄心壮志！"① 当然，邓小平同时也指出，我们的经济发展"不是鼓励不切实际的高速度，还是要扎扎实实，讲求效益，稳步协调地发展"②；"可能我们经济发展规律还是波浪式前进。过几年有一个飞跃，跳一个台阶，跳了以后，发现问题及时调整一下，再前进"③。

　　当发展有了一定基础之后，发展的内涵就更加丰富全面了。进入 21 世纪之初，中国共产党提出科学发展观。"科学发展观，第一要义是发展，核心是以人为本，基本要求是全面协调可持续，根本方法是统筹兼顾。"④ 发展当然是第一要义，但发展必须既要速度也要质量与效益，所以要"又快又好"。到 2006 年的中央经济工作会议上，又明确提出经济社会"又好又快"发展⑤，并写入之后的十七大报告中。从"高速度"到"又快又好"，再到"又好又快"，这是发展理念的进步，亦是发展观的提升。中国共产党人的发展观创新并没有止步。党的十八大以来，以习近平同志为核心的党中央适应、把握、引领经济发展新常态，进一步明确提出创新、协调、绿色、开放、共享的新发展理念，明确要求"坚持以新发展理念引领经济发展新常态"⑥。习近平在党的十八届五中全会第二次全体会议上的讲话中指出："改革开放以来，我们靠聚精会神搞建设、一心一意谋发展，取得了骄人的成就。实现全面建成小康社会奋斗目标，

　　① 《邓小平文选》第 3 卷，人民出版社，1993，第 255、377 页。
　　② 《邓小平文选》第 3 卷，人民出版社，1993，第 375 页。
　　③ 《邓小平文选》第 3 卷，人民出版社，1993，第 368 页。
　　④ 《十七大以来重要文献选编》（上卷），中央文献出版社，2009，第 11~12 页。
　　⑤ 《努力开创科学发展的新局面》，《人民日报》2006 年 12 月 8 日。
　　⑥ 《习近平谈治国理政》第 2 卷，外文出版社，2017，第 38 页。

仍然要把发展作为第一要务，努力使发展达到一个新水平。发展是硬道理的战略思想要坚定不移坚持，同时必须坚持科学发展，加大结构性改革力度，坚持以提高发展质量和效益为中心，实现更高质量、更有效率、更加公平、更可持续的发展。"[1] 这既是 40 年改革开放取得发展奇迹的秘籍所在，也是当代中国共产党人推进改革开放战略自觉的充分体现。

二　国家治理风景这边独好的
"中国之治"

中国改革开放"用几十年时间走完了发达国家几百年走过的工业化历程"[2]，大幅的时空压缩意味着深刻剧烈的社会结构转型；大量的社会问题在短时间内集中释放，意味着国家治理、社会治理的巨大挑战。比如，社会贫富差距客观上在拉大。根据历年《中国统计年鉴》数据汇总，1978 年，我国城乡居民的人均可支配收入分别为 343.4 元和 133.6 元；到 2017 年，分别上涨至 36396 元和 13432元，是 1978 年的 106 倍和 100.5 倍。但从城乡居民历年可支配收入的差距来看，1978 年为 209.8 元，到 2017 年已经攀升至 22964 元。基尼系数是衡量一个社会居民收入差距的常用指标。国际上通常把 0.4 作为贫富差距的警戒线，超过这一数值，社会问题就亮了"红灯"，数值越大，风险越大。而中国社会 2003 年时基尼系数已经达到 0.479，后来虽有所回落，依然处于高位，2017 年为 0.467。[3] 又比如，人口流动历来是社会治理的难题。《中国流动人口发展报告2018》显示，改革开放以来，我国流动人口规模最高时超过 2.5 亿人，相当于 2 个日本、3 个德国、4 个英国的人口规模。如此庞大的人口流动带来的社会管理、公共服务压力是巨大的，留守儿童、老

---

① 《习近平谈治国理政》第 2 卷，外文出版社，2017，第 75 页。
② 习近平：《在庆祝改革开放 40 周年大会上的讲话》，人民出版社，2018，第 19 页。
③ 国家统计局编《2018 中国统计年鉴》，中国统计出版社，2018，第 87 页。

人赡养、教育公平、身份融合、群体归属等任何一个具体的问题都极易引发综合性的社会问题。

从 20 世纪 80 年代开始，特别是东欧剧变、苏联解体以后，各种唱衰中国的论调甚嚣尘上，不同版本的"中国崩溃论"花样翻新。但是，中国非但没有崩溃，反而综合国力与日俱增，人民生活水平不断提高，社会大局保持长期的和谐稳定，"成为世界上最有安全感的国家之一"[1]，实现了风景这边独好的"中国之治"。

与之形成鲜明对照的是，曾经志得意满、占尽实力与规则优势的西方社会却出现了"西方之乱"。现在西方社会有一个很时髦的词"黑天鹅"，用来指一些很罕见的、不可预料的却又影响巨大的不好事件。美国次贷危机是"黑天鹅"，欧债危机也是"黑天鹅"；特朗普赢得美国总统大选是"黑天鹅"，英国宣布脱离欧盟是"黑天鹅"，意大利公投修宪失败也是"黑天鹅"。尤其后三只"黑天鹅"是一年之内飞来的，所以，2016 年被称为"黑天鹅元年"。

面对如此巨大的反差，越来越多的人开始问一个问题：中国共产党究竟做了什么，让一个深度变革的社会能如此行稳致远？答案是"以人民为中心"。政治学者林尚立在阐述现代国家认同时提出，在全球化、现代化与民主化的大时代背景下，国家认同建构，"以民主为基本前提，以国家制度及其所决定的国家结构体系的全面优化为关键，最后决定于认同主体的自主选择"[2]。以人民为中心实现了来自人民、依靠人民与为了人民的高度统一，国家认同就有了坚实而又深厚的民意基础。

改革开放之初，邓小平就提出著名的"三个有利于"的标准——"是否有利于发展社会主义社会的生产力，是否有利于增强社会主义国家的综合国力，是否有利于提高人民的生活水平"[3]，并提出人民拥护不拥护、人民赞成不赞成、人民高兴不高兴、人民答

---

① 习近平：《在庆祝改革开放 40 周年大会上的讲话》，人民出版社，2018，第 15 页。
② 林尚立：《现代国家认同建构的政治逻辑》，《中国社会科学》2013 年第 8 期。
③ 《改革开放三十年重要文献选编》（上卷），人民出版社，2008，第 655 页。

应不答应，是全党想事情、做工作对不对好不好的基本尺度。这是贯穿中国改革开放 40 年的核心主线。党的十八大以来，习近平明确提出"以人民为中心"的发展思想，提出"以人民为中心的发展思想，不是一个抽象的、玄奥的概念，不能只停留在口头上、止步于思想环节，而要体现在经济社会发展各个环节"①。要求全面小康一个都不能少，要把增进人民福祉、促进人的全面发展、朝着共同富裕方向稳步前进作为经济发展的出发点和落脚点。2015 年 2 月 27 日，在中央全面深化改革领导小组第十次会议上，习近平更是明确提出"让人民群众有更多获得感"② 的要求。所谓"获得感"，就是指中国改革开放的发展不能是"数字游戏"或"速度游戏"，改革开放的发展好不好，不看文件报表，而是要去问问老百姓的切身感受。如果人民群众得到了实惠，生活得到了改善，权益得到了保障，这样的发展就是好的发展；如果所有的发展都是确保人民群众在学有所教、劳有所得、病有所医、老有所养、住有所居上不断有新进展，在民主、法治、公平、正义、安全、环境等方面持续有新收获，这样的发展就是"以人民为中心"。

"以人民为中心"离不开中国共产党"核心"的保障。我们讲中国特色社会主义制度的最大优势是中国共产党领导，讲的就是这个道理。有了中国共产党这个总揽全局、协调各方的领导核心，"以人民为中心"就有了"主心骨"、有了方向感、有了向心力；在国家治理体系的大棋局中，有了党中央这个坐镇中军帐的"帅"，就能做到"军民团结如一人"。中国能提出"两个一百年"的奋斗目标，能规划五年、三十年乃至五十年的奋斗时间表、发展路线图，就在于长期执政的中国共产党可以领导中国人民朝着认准的宏伟目标一以贯之地走下去。当一些西方国家的政党为讨好自己"票仓"的少数利益集团而损害其他社会群体利益，为上台执政而做不负责任许诺、提不切实际目标的时候，中国共产党始终不忘初心，牢记使命，

---

① 《习近平谈治国理政》第 2 卷，外文出版社，2017，第 213～214 页。
② 《习近平谈治国理政》第 2 卷，外文出版社，2017，第 102 页。

自信从容，行稳致远，致力于为中国最广大人民群众的最大利益、最根本利益、最长远利益而努力奋斗。

以人民为中心，就要让人民当家作主。民主是人民当家作主最重要的形式，但是，现实政治生活中的民主形式并不只是选举和投票，还要有也必须有协商和讨论。2014 年，习近平主席与美国时任总统的奥巴马会面时举重若轻地阐述了中国共产党人和中国社会的民主观。习近平讲了三层含义：一是民主形式，民主未必仅仅体现在 "一人一票" 的直选上；二是对民意的回应，"中国在追求和反映民意方面，做得不比西方国家少，甚至还要更多"；三是民意代表性，"西方的政党往往是某个阶层或某个方面的代表，而中国共产党必然也必须是代表全体人民的"，为此，"我们要有广泛的民主协商过程，而且要几上几下"。① 作为民主制度的中国创造，社会主义协商民主通过制度化、程序化、规范化的安排，让中国社会各个阶层、各个群体都能有权利、有渠道、有机会充分阐述自己的意见、充分表达自己的诉求、充分维护自己的权益。当国家的路线方针政策、中国梦是来自众人 "合力"，每一个人的意愿都体现在 "合力" 中的时候，对改革开放的认同、对国家治理的认同也就心甘情愿、水到渠成了。

三　伟大复兴和全面现代化的 "中国道路"

道路决定命运。中国之所以能实现翻天覆地的变化，面貌为之一新，地位与日俱增，就是因为在 40 年改革开放中走出了一条属于自己的道路——中国特色社会主义道路。

这条道路创造了一个又一个奇迹，不仅改变了中国，也开始改变世界。它让一个饱受外族欺侮的国家不仅站起来、发展起来，而

---

① 参见《习近平同奥巴马在中南海会晤》，《人民日报》2014 年 11 月 12 日；人民日报微信号 "学习小组" 2014 年 11 月 14 日。

且现在已经开始从大国迈向强国的更新征程；让占世界近五分之一人口的社会民众不仅已经总体小康，而且即将实现全面小康，幸福感、获得感不断提升。当西方社会因其制度性的危机或自怨自艾或迁怒他人的时候，中国道路让中国欣欣向荣、生机勃勃。

世界各国走向现代化是大势所趋，但如何真正走向现代化是需要仔细掂量、认真探索的。人类社会走向现代化的道路是多线式的，现代化不是"西方化"，不能人云亦云，更不能东施效颦。特别是在现代社会，昔日西方强国通过殖民与掠夺走向现代化的模式已经成为明日黄花，不可能复制也不会重现。现在有一些国家照抄照搬西方模式结果搞得国家大乱、元气大伤，就算少数一些国家侥幸得以维持，也沦为了西方强国的附庸、跟班而难有作为。一个国家有一个国家的经济社会文化条件，一个时代有一个时代的行为模式与价值评判。中国在现代化的起步阶段不照抄照搬，在走向全面现代化的阶段更不能亦步亦趋。在社会主义初级阶段的基本背景下通过现代化实现中华民族伟大复兴中国梦，这是前所未有的伟大实践，一定要"在中国大地上探寻适合自己的道路和办法"，基于中国自己的条件，走中国的现代化道路。我们过去是这样做的，未来还要坚定不移做下去，在这方面要有"咬定青山不放松"的战略定力。

在20世纪80年代初，小康社会是邓小平心中的"中国式的现代化"[①]，后来它成为中国的第一个百年目标。再过不到两年时间，全面建成小康社会这一目标就将完美收官，中华民族"富起来"的历史任务即将完成。数十年来在现代化道路上的坚韧前行，让中国社会的现代化建设站上了一个新的起点。在这样的背景下，党的十九大适时做出重大战略调整与战略部署，开始向第二个百年目标进发，推动实现全面现代化，建设富强民主文明和谐美丽的社会主义现代化强国。

国际和国内都有些人对中国特色社会主义道路强调"特色"不

---

① 《邓小平文选》第3卷，人民出版社，1993，第54页。

理解。其实，对中国社会主义来说，"特色"不是意识形态论辩的挡箭牌，而是有实实在在的内容。这就是走自己道路的坚定不移，把普遍原理与中国实际紧密结合的一以贯之，在自己的历史文化中让制度内生性演化的高度自觉。越来越多的西方学者已经充分看到了这一点。伦敦经济学院亚洲研究中心研究员马丁·雅克在21世纪初就提出，中国的崛起是一个新"现代化模式"的崛起。①

我们比较多地强调中国社会与西方社会的不同之处，是因为深刻地意识到这两者之间的巨大差别；我们并没有否定中国社会与西方社会之间更大的相同之处，毕竟同为人类社会不会没有共同的东西、共同的要求。但中西方社会之间的共同点究竟是什么，尚需要进一步认识。简单地把在西方社会大行其道的东西当作"普世价值"强加于中国社会，既是一种无知的独断，也是一种臆想的狂妄。

在改革开放这一伟大社会变革中走出来的中国道路，不是简单延续我国历史文化的母版，不是简单套用马克思主义经典作家设想的模板，不是其他国家社会主义实践的再版，也不是国外现代化发展的翻版。中国道路名为"特色"，但眼光是世界的，情怀是人类的，思维是整体的。"特色"面对的是普遍的问题，中国道路思考的是如何在经济全球化的背景下、在竞争日趋激烈的环境中实现国家富强民族振兴和平发展这一普遍问题，回应的是让一个社会中更多的人过上更加幸福、更有尊严的生活这一共同期待，体现的是在既定的生产力框架下让制度更加适应生产力的发展并推动生产力向更高水平发展这一一般性规律。这一道路拓展了发展中国家走向现代化的途径，给世界上那些既希望加快发展又希望保持自身独立性的国家和民族提供了全新选择。2017年12月，出席世界政党大会的捷克和摩拉维亚共产党主席沃伊捷赫·菲利普提出，中国特色社会主义道路为国际共产主义运动贡献了发展社会主义和建设公平社会的

---

① 〔英〕马丁·雅克：《当中国统治世界：中国的崛起和西方世界的衰落》，张莉、刘曲译，中信出版社，2010，第21页。

新思想新模式，使在世界范围内实现共产主义理想和建设繁荣美好的未来社会更加充满希望。

世界社会主义承载着人类探索消灭剥削、实现更美好社会制度的理想和使命一路走来，从空想到科学、从理论到实践、从一国成功到多国发展，有过慷慨悲歌、高歌猛进，也有过曲折徘徊、困境低潮。20 世纪八九十年代，西方反社会主义势力的谬论一度甚嚣尘上，甚至宣称"历史已经终结"于资本主义制度。但是，随着中国改革开放取得巨大成功，中国特色社会主义进入新时代，科学社会主义在 21 世纪的中国焕发出强大生机活力，中国共产党人在世界上高高举起了中国特色社会主义伟大旗帜，使得马克思主义"破产论"破产、"历史终结论"终结、社会主义"失败论"失败，两种意识形态、两种社会制度的较量在世界范围内发生了有利于马克思主义、社会主义的深刻转变。习近平指出："科学社会主义在中国的成功，对马克思主义、科学社会主义的意义，对世界社会主义的意义，是十分重大的。"① 这极大地鼓舞和坚定了世界人民对社会主义的信心，更加增强了中国共产党人和中国人民为人类对更好社会制度的探索提供中国方案的信心。

中国道路会不会取代西方社会的发展模式呢？一些西方学者业已得出肯定的判断。马丁·雅克在《当中国统治世界：中国的崛起和西方世界的衰落》一书中讲，在一个中国作为"文明国家"并占据主导地位的"后西方世界"里，中国成为催化剂，可能出现更具多样性的国家发展形式。② 巴西全球公共政策研究所研究员奥利弗·施廷克尔在《中国之治终结西方时代》一书中指出，中国抛开狭隘的西方中心主义，将西方"民主法治"视为人类历史进程中的"临时畸变"，通过建立"平行秩序"，增加了新兴国家的自主性，东方

---

① 《习近平在学习贯彻党的十九大精神研讨班开班式上发表重要讲话》，中华人民共和国中央人民政府网，http://www.gov.cn/zhuanti/2018－01/05/content_5253681.htm，最后访问日期：2019 年 6 月 18 日。

② 〔英〕马丁·雅克：《当中国统治世界：中国的崛起和西方世界的衰落》，张莉、刘曲译，中信出版社，2010。

崛起将成为常态。①

从他者的视角来观察中国道路的人类社会发展意义，或许讲的也是事实。但是，我们的态度是，在可预见的相当长时期内，中国社会的发展模式与西方社会的发展模式之间尚不存在谁终结谁的问题。尤其在当下的历史阶段，中国道路的成功，不是在消除西方社会发展模式，而是在提升两条发展道路、两种发展模式之间相互竞争的水平。至于更长时间跨度下会是什么结果，我们不妨借用邓小平的一句话："也许下一代人比我们更聪明些，会找到实际解决的办法。"②

四　建设一个更加美好世界的"中国贡献"

用占世界 7.2% 的土地面积让全球 20% 的人过上了小康生活，用与美国相当的疆域养育 4 倍于美国的人口，这本身就是对世界很大的贡献。但这只是中国改革开放很小的一个侧面。中国改革开放不是也不满足于"独善其身"，而是通过发展自己更好地"兼济天下"，造福人类、造福世界，为世界谋大同。

中国的发展是世界经济增长的重要引擎。据世界银行测算，2012～2016 年主要国家和地区对世界经济增长贡献率，美国为10%，欧盟为 8%，日本为 2%，中国达 34%，超过美、欧、日贡献率之和。2017 年中国对世界经济增长贡献率更高达 34.6%，约为美国的两倍。更为突出的是，2009 年中国对世界经济增长贡献率超过50%，堪称以一国之力力挽国际金融危机之困，这是世界上任何一个国家都没有做到过的。

中国的发展还给世界带来更大的市场。2001～2017 年，中国货

---

① 〔巴西〕奥利弗·施廷克尔：《中国之治终结西方时代》，宋伟译，中国友谊出版公司，2017。
② 《邓小平文选》第 3 卷，人民出版社，1993，第 87 页。

物进口平均增速达 13.5%，是世界平均数的 2 倍；同期中国服务贸易进口平均增速为 16.7%，是世界平均数的 2.7 倍。中国的发展为世界创造了大量的就业机会。目前中国与"一带一路"沿线国家共同建设境外经贸合作区 80 多个，这为当地增加了 24.4 万个就业岗位。安永事务所一份研究报告表明，2005～2016 年，中国在非洲创造的就业岗位超过 13 万个，是美国创造就业岗位的 3 倍多。据国际劳工组织发布的《中国与拉美和加勒比地区经贸关系报告》，1990～2016 年，中国为拉美和加勒比地区创造了 180 万个就业岗位。①

"中国制造"为世界提供价廉物美的产品，"中国创造"在高新科技领域为人类美好生活提供新的选择，"中国建造"足迹遍布全球，为世界建造出一个又一个崭新工程。习近平在 2019 年新年贺词中提到的这三种行为方式，已经成为中国对世界做出贡献的重要形态，并且深度改变着世界的面貌。2017 年 5 月，非洲吉布提共和国总统盖莱在由中国建造的多哈雷多功能港开港仪式上动情地说："西方人来了 100 多年，我们的国家还是这么穷，中国企业才来了 3 年，就发生了这么大的变化，让我们看到了希望。"② 这样的案例在"一带一路"建设中越来越普遍。

中国反贫困也具有极其重大的世界意义。联合国《千年发展目标报告：2015 年》显示，中国是世界上减贫人口最多的国家，也是世界上率先完成联合国千年发展目标的国家。所以，联合国秘书长古特雷斯称，"过去 10 年，中国是为全球减贫作出最大贡献的国家"。

中国对世界的贡献没有止步于此。早在 20 世纪 50 年代，毛泽东就提出"中国应当对于人类有较大的贡献"③，这一贡献不仅体现在为世界创造更多的物质财富，更体现在为世界建构更加美好的家

① 钟轩理：《泾渭由来两清浊——给中国对世界的贡献算算账》，《人民日报》2018 年 10 月 10 日。
② 《"中国奇迹"背后的必然逻辑》，新华社专稿 2017 年 10 月 12 日。
③ 《毛泽东文集》第 7 卷，人民出版社，1999，第 157 页。

园，为人类贡献"大同世界"。新时代是中国日益走近世界舞台中央、不断为人类做出更大贡献的时代，以习近平总书记为代表的新一代中国共产党人秉承"世界大同，天下一家"的历史底蕴，抱守"协和万邦""和实生物"的文化精神，洞察世界各国人民前途命运越来越紧密地联系在一起的趋势，顺应并引领和平、发展、合作、共赢的时代潮流，提出了构建人类命运共同体的主张，推动建设一个更加美好的世界，把为人类做出新的更大的贡献当仁不让地担在了肩上。

20世纪以来的世界格局是以西方发达国家利益为中心建构起来的。这一世界格局是一种中心与边缘的模式，发达国家居于世界经济政治中心，后发展的国家、发展中国家处于世界政治经济外围边缘，发达国家通过建立在实力优势、历史地位优势基础上的规则"合理合法"占有外围国家的劳动来维持其既得利益与既有地位。这一世界格局有其历史的必然性，也有相当的历史合理性，对促进20世纪人类社会的发展进步是有贡献的。但是，随着时代的发展进步，这样的格局越来越难以反映真实的世界力量变化，越来越难以体现现代意义上的公平正义诉求。不仅广大的发展中国家不再愿意接受，就是西方发达国家也自感力不从心、茫然无措。前面讲到的"西方之乱"其实就是这种困境的折射。

而人类命运共同体则是一种新世界观、新价值观和新方法论。人类命运共同体把世界作为一个你中有我、我中有你的命运共同体，让所有人荣辱与共，不论大国小国，不论发达还是欠发达，在共赢、共商、共建、共享中，让世界各国人民的梦想成真；人类命运共同体倡导建设持久和平、普遍安全、共同繁荣、开放包容、清洁美丽的世界，反映了人类社会共同价值追求，汇聚了世界各国人民对和平、发展、繁荣向往的最大公约数，为世界大同绘制了蓝图、标注了高度；人类命运共同体倡导推动建设相互尊重、公平正义、合作共赢的新型国际关系，主张世界命运应该由各国共同掌握，国际规则应该由各国共同书写，全球事务应该由各国共同治理，发展成果应该由各国共同分享；人类命运共同体倡导"和而不同"，尊重世界文明多样性，让和平的薪火代代相传，让发展的动力源源不断，让文明的光芒熠熠生辉，努力把我们生于斯、长于斯的这个星球建成一个和睦的大家庭，把世界各国人民对美好生活的向往变成现实。

一种好的世界观不仅要在理论上讲得通，也要在实践中做得到。党的十八大以来，习近平发出的"一带一路"倡议就是构建人类命运共同体强有力的推手之一。

近年来，经济全球化面临巨大挑战，去经济全球化、反经济全球化的动作在一些西方发达国家频现。但这只是近代以来西方全球化模式的失败，并不是全球化本身的失败。人类社会发展实践表明，推动人类社会文明进步的力量只有在世界历史的意义上才可能真正存在，更加美好的人类社会发展状态也只有在世界历史的意义上才可能真正实现。所以，中国作为中流砥柱，举起了捍卫推动改善经济全球化的大旗，围绕"一带一路"倡议进行的创建自由贸易区、建设亚洲基础设施投资银行等推进全球经济治理的举措，事实上建构起了 21 世纪经济全球化的新样态——一种开放、包容、普惠、平衡、共赢的经济全球化。

习近平指出："什么样的国际秩序和全球治理体系对世界好、对世界各国人民好，要由各国人民商量，不能由一家说了算，不能由少数人说了算。"[1]中国推动全球治理变革不是推倒重来、另起炉灶，而是坚持共商共建共享的全球治理观和共同、综合、合作、可持续的新安全观，推动国际秩序和全球治理体系朝着更加公正合理方向发展，朝着更加真实客观反映国际力量对比现实的方向发展，朝着更加平衡地反映大多数国家特别是新兴市场国家和发展中国家意愿与利益的方向发展。在这一过程中，中国是世界和平的建设者、全球发展的贡献者、国际秩序的维护者，而不是相反。

理念是行动的先导。思想之光一旦照到实践，现实世界就会光

<hr>

① 《习近平谈治国理政》第 2 卷，外文出版社，2017，第 41 页。

明起来。从人类命运共同体的你中有我、我中有你，到"一带一路"的"百花园""顺风车"，再到文明多样性的"美人之美，美美与共"，以及全球治理体制的"并育而不相害""并行而不相悖"等，当这些理念越来越为世界所接纳、所认同、所践履时，世界将会呈现一种崭新的面貌，人类社会将会进入一个崭新的发展阶段，这正是新时代中华民族对人类文明进步做出的重大贡献。

（原载《科学社会主义》2019 年第 1 期，收入本书时略有改动）

论当代中国发展战略的构建

大国复兴靠战略，大国发展同样离不开战略。经过六十余年的勉力前行，特别是三十余年的高歌猛进，当代中国的发展迈上了一个很大的台阶，站在了一个很高的起点上。如何百尺竿头更进一步，在"四个全面"战略新布局下构建发展新战略是当代中国在"十三五"时期的新"考题"。党的十八届五中全会对此做出了回答，这就是用发展新理念引领发展新变革，用发展新战略回应发展新期待。

一　发展方位的战略判断

审时度势是战略构建的入门功夫。党的十八大以来，中国经济社会发展究竟发生了什么样的变化，这变化究竟意味着什么，需要做出科学的战略研判。党的十八届五中全会对此做出了三个判断。

（一）基本逻辑：适应新常态，把握新常态，引领新常态

党的十八大以来中国经济发展最突出的特点就是进入新常态。2014年中央经济工作会议曾对新常态做出过权威的论述，当时的表述是九大特征：消费需求、投资需求、出口和国际收支、生产能力和产业组织方式、生产要素相对优势、市场竞争特点、资源环境约束、经济风险积累和化解、资源配置模式和宏观调控方式

等。① 习近平总书记在十八届五中全会上做说明的时候，把新常态又进一步概括为三个方面。

第一，经济发展速度从高速转向中高速。改革开放三十多年来，中国 GDP 年平均增长率为 9.8%。中国这么大的一个经济体实现这么高的经济增长率实为世界所罕见，但是这样的发展不具有可持续性。在全球经济下行而且还没有见底的背景下，中国想要逆市上扬成本太大。所以，中国的经济增长客观上要从高速转向中高速。而且，中高速是相对于中国经济发展速度和目前世界经济发展的平均速度而言的。目前全球经济发展处于低位运行状态，全球经济增速平均在 3% 左右，西方发达国家在 2.2% 左右，发展中国家在 5% 左右。在这样的大环境下，中国的经济增速在"十三五"期间能保持在 7% 左右，就已经属于中高速了。

当然，不拘泥于数字，不等于不要数字。确实，中国已经没有必要和不可能再像过去那样动辄 9% 或 10% 地增长，但是有个数字恐怕该保还得保，这就是 6.53%。"实现国内生产总值和城乡居民人均收入比二〇一〇年翻一番"② 是中国共产党在十六大上提出，在十八大上进一步明确提升和拓展的目标。要想实现这一既定目标，未来五年的平均增速，就不能低于 6.53%。如果中国发展方式没有进一步转变，低于这个底线，最基本的目标就实现不了。

第二，产业发展要上中高端。中国过去二十年经济的快速发展有很大一部分来自低端产品生产和出口。中国低端产品的生产和出口占国际社会 30% 的份额，其中的个别产品已经达到 70%。但是，随着经济社会的发展，国内与国外社会需求的提升，中低端产品的市场已经没有再扩大的空间，产业发展必须要从中低端上升到中高端。

第三，发展动力要转换。过去推动中国经济发展的动力是"三驾马车"：投资、出口、消费。现在全球经济形势下行，投资开始回

① 《中央经济工作会议在北京举行》，《人民日报》2014 年 12 月 12 日。
② 《十八大以来重要文献选编》（上卷），中央文献出版社，2014，第 13 页。

落，一是没有那么多钱可投，二是投下去之后产能过剩麻烦更大；出口需求也大幅下降，现在已经呈负增长态势；中国社会最终消费支出对国内生产总值增长的贡献率已经提高到51.2%之多，在现有的经济发展阶段和发展模式下，消费贡献潜力已经基本到顶。所以，要从"三驾马车"转向"一统天下"，这个"一"是指人才，即要发挥人力资源的内生动力。

既然新常态是发展过程中已然出现、不可回避的阶段性特征，就必须适应新常态，把握新常态，引领新常态，这是"十三五"期间中国经济发展的大逻辑。

（二）发展条件：依然处于可以大有作为的战略机遇期

战略机遇期是指在特定时期内有利的战略空间与战略机会。"十三五"时期的战略机遇期与中国社会过去已经习惯和适应了的战略机遇期相比有了较大的变化，主要呈现以下三个特征。

第一，战略竞争主战场发生变化，中国在有限保有既有优势空间的前提下，开始拓展新的战略空间。中国不可能像过去那样继续大量出口低端产品，一是由于金融危机，西方社会消费能力在下降，特别是在经济繁荣期形成的非理性过度消费泡沫在破灭；二是以美国为代表的一些国家"再工业化"也在挤占原先属于中国产品的市场。在这一领域中，中国的战略对策是稳住阵脚，守住底线；同时，中国在中高端产品出口方面已经开始拓展，像高铁、造船、信息终端等方面都已经取得不俗的成绩。十八届五中全会刚一闭幕，中国就发布大飞机 C919 下线的消息，其战略意味是很明显的。

第二，战略自信开始从西方国家转向中国及新兴国家，世界各国心态发生微妙变化。过去很长一段时间，西方社会一直自以为是地认为，只要把中国纳入其全球性经济框架，中国自然会或早或迟进入其社会政治制度框架，对中国坚持的"中国特色"并不以为然。但经过三十多年的实践，"中国特色"以其强大的制度优势不仅发展了中国也开始改变世界，反倒是西方社会政治制度开始捉襟见肘，隐忧重重。所以，随着西方发达国家对其社会制度及其意识形态的自负与自信开始丧失，中国韬光养晦的空间开始逐渐消失，作为世界"追随者"的策略确实不再管用，但这正是中国以平等、自信、从容心态参与国际各项事务的开始。

第三，世界多极化与深度融合同步推进，世界利益关系更加错综复杂，世界政治经济既不再是非此即彼，也不再是铁板一块。如果说过去讲"利益共同体""命运共同体"更多的是一种希望的话，在今日世界则成为谁都无法逃避的铁的事实。而且，世界经济政治利益越复杂，高超的战略家越有战略回旋的空间。就今日世界来说，经济版图的变革必然会引发金融版图的变革，金融版图的变革必然会引发政治社会文化乃至全世界军事版图变革，这是大的历史趋势，是不以任何人的意志为转移的。

（三）目标任务：收官全面小康，奠基全面现代化

2020 年"十三五"规划完成之时就是中国全面建成小康社会之日，实现第一个百年奋斗目标是"十三五"必须完成的任务。所以，习近平总书记说："'十三五'规划是全面建成小康社会收官的规划。"[①] 但这并不是"十三五"要完成的唯一目标和任务，习近平总书记还特别强调，"十三五"规划的制定要有前瞻性。我们不仅要完美收官全面小康，实现第一个百年奋斗目标，更要未雨绸缪，实现第二个百年奋斗目标——到 2050 年建成富强、民主、文明、和谐的社会主义现代化国家。"十三五"发展战略必须把 5 年的发展与 35 年的发展有机结合起来，既不能得过且过、涸泽而渔，又不能好高骛远、纸上谈兵。

二　发展理念的战略创新

明确了发展方位，随之而来的就是实现什么样的发展，这就需

---

① 《习近平关于全面建成小康社会论述摘编》，中央文献出版社，2016，第 10 页。

要发展理念来引领。发展理念是发展行动的先导，有什么样的发展理念就会形成什么样的发展行为，就会产生什么样的发展结果。习近平总书记讲："发展理念搞对了，目标任务就好定了，政策举措也就跟着好定了。"① 理念跟具体行动、具体政策是不同层面的问题。把要求、行为提升到理念的层面，然后再从理念到行为，这样的行为才是真正可持续、可靠和有保障的。对于中国来讲，"十三五"必须有新的发展理念，这就是创新发展、协调发展、绿色发展、开放发展、共享发展。

（一）创新发展，注重解决发展动力

崇尚创新是今日中国迫切需要凝聚的最大共识，之所以迫切是因为创新其实是最不容易甚至是最没人愿意去做的事情。从哲学上讲，创新最本质的意蕴是破坏性建设，经济学也持类似的认识。像美国经济学家熊彼特就讲："新组合意味着对旧组合经过竞争而加以消灭。"② 科技领域从模拟信号转变为数字信号，从胶片记录变为数字记录，意味着在完全否定传统的显像管和模拟信号的基础之上，新的电视技术公司和新的数码相机公司占领市场，传统电视机和照相机企业彻底退出历史舞台。从道理上很容易讲清楚，创新像小鸡破壳，不打破蛋壳，永远只是鸡蛋，只有打破蛋壳，新生命才会出现。这在实践中却很难做到。用经济学话语讲，就是能不能走出"中等收入陷阱"，就看有没有勇气、有没有前瞻性的眼光放下现在的一切。也正是意识到创新之难，十八届五中全会明确提出，"必须把创新摆在国家发展全局的核心位置"，"让创新贯穿党和国家一切工作"。③ 要把创新作为一项系统工程，通过理论、制度、科技、文化甚至包括社会心态、心理模式、思维方式等各方面的协同创新，

---

① 《习近平关于全面建成小康社会论述摘编》，中央文献出版社，2016，第38页。
② 〔美〕约瑟夫·熊彼特：《经济发展理论》，何畏等译，商务印书馆，2000，第74页。
③ 《十八大以来重要文献选编》（中卷），中央文献出版社，2016，第792页。

将创新从理念转化为全社会的自觉实践。

（二）协调发展，注重发展整体性

协调发展说到底要讲全国一盘棋。中国的发展固然在特定阶段可以通过大家相互间的竞争往前跑，锦标赛有很充分的价值，但是也不能最后弄到偌大的中国轻则各自为战、单兵突进，重则以邻为壑、互相拆台。经济发展的秘诀在于不平衡。市场不平衡，资金、产品会流向价值洼地；产业不平衡，人才、需求就会集中于价值高端。但是，经济发展的意义在于消化不平衡。对中国来讲，工业化、城镇化，包括东部地区的率先发展当然有利于经济要素集聚，但如果不能发挥辐射带动效应，不能反哺农业与农村，不能回馈中西部内陆地区，经济循环的链条迟早要断掉。生产力水平和发展阶段导致一定时期内城乡区域不协调尚情有可原，发展政策的短视所导致的发展不协调却绝对不能再继续下去了。当然，"十三五"期间的协调发展还不仅仅止于经济层面，十八届五中全会讲协调发展还突出了国家发展硬实力和软实力的协调以及经济建设和国防建设的协调。中国要在增强国家硬实力的同时注重提升国家软实力，一方面，把5000年的灿烂文明经过创造性转化和创新性发展变成新时代精神文明价值观，传播出去为世界所认同和接受；另一方面，中国更要坚持发展和安全兼顾、富国和强军统一的总体发展观。

（三）绿色发展，实现人与自然和谐

绿色发展是中国的必然选择，过去的那种发展方式不可持续，勉强持续下去也没有意义；绿色发展是中国发展已经跨越了低水平、初级阶段的自然选择，今天中国已经有绿色发展资格，在解决好温饱的基础上更需要蓝天白云；绿色发展是中国的当然选择，建设美丽中国也是一个发展起来的大国担当起全球生态安全责任的题中应有之义。

但是，绿色发展是有成本的，在市场经济背景下就体现为价格。

如果一个社会不能确立起绿色成本的理念，没有做好为绿色支付成本的准备，绿色发展就会流于空谈。例如，目前中国大城市雾霾与机动车保有量之间的关系是客观的正相关，但在单双号限行方面面临城市居民的强烈反对，这背后固然有复杂的历史因素、现实的生活压力及其体制机制困境，但是如果连绿色生活方式的成本都不愿意承担，怎么可能有绿色的环境？

当然，绿色发展也不能简单地变为社会与民众的一味付出，如果绿色要以经济社会发展退步为代价，要以贫困、短缺、不便为替代，这也不是真正的绿色发展。尤其是对尚处于发展中的国家来说，一定要警惕国际社会一些"低碳陷阱""绿色壁垒"对基本发展权利的遏制。也正是基于这样的认识，十八届五中全会提出要"绿色富国""绿色惠民"，这着实抓住了绿色发展走向实践的关键。

（四）开放发展，实现发展内外联动

对外开放是开放发展的一种模式。但是我们不得不承认，中国过去30多年的对外开放是一种低水平的开放。中国打开国门，让外国企业、外国资本、外国产品进来；中国也努力"走出去"，但是在国际社会现有的规则和制度的框架下，很多时候受到了不公平不公正的待遇。这样一种发展方式尽管为中国发展带来了较大的成果，为世界做出了重大贡献，但其不仅对中国没有持续性的积极意义，对世界来说也不是真正有利的。要实现世界更加和平繁荣、共享共赢，就必须要有顺应时代特征、体现新时代公平正义特点的规则和制度，新世纪的开放必须在更加公平正义的制度规则环境下进行。所以，中国"十三五"的对外开放是上层次、上水平、上台阶的开放，战略着力点是十八届五中全会强调的"积极参与全球经济治理和公共产品供给，提高我国在全球经济治理中的制度性话语权"[1]。中国必须丰富对外开放内涵，提高对外开放水平，在国际制度规则

---

[1] 《十八大以来重要文献选编》（中卷），中央文献出版社，2016，第792页。

制定过程中发出中国声音、提供中国方案、贡献中国智慧，推动国际经济治理体系改革，积极引导全球经济议程，促进国际经济秩序朝着平等公正、合作共赢的方向发展。

（五）共享发展，坚持以人民为中心的发展思想

发展是人类社会的永恒主题，但是发展本身不是也不能成为目的，发展必有其价值指向。价值指向不同，发展结果迥异。对中国来说，发展是硬道理，为人民发展更是硬道理中的硬道理。中国的发展既不能"为发展而发展"，更不能"为少数人发展"。一个社会在发展起步阶段通过适当拉开差距形成竞争、形成激励、形成导向有其客观必然性，但是"先富"是手段，"共富"是目标，不能反客为主，更不能鸠占鹊巢。中国这些年来的发展，至少让三亿人过上了好日子，而且这三亿人过的日子不见得比美国人差，甚至比美国人还要好。可是三亿人是美国的全部人口，对中国来讲只是一个零头。如果中国的发展仅仅停留于让三亿人过上好日子，这样的发展不仅没有意义，甚至还会引发大问题。

十八届五中全会突出强调"以人民为中心"的发展思想以及"坚持人民主体地位"的发展原则。以人民为中心，当然就会把人民的所思所想作为我们发展的重心所在，把人民的期待作为我们奋斗的最高目标，让中国的发展成果真正转化为人民群众的幸福感和获得感。坚持人民主体地位则凸显了人民在发展中的主体作用。共享绝不意味着被施舍、被照顾，共享不主要是甚至不是一种基于道德原则的良心发现和情感怜悯，而是基于生产力法则的动力保障与主体发扬。只有在发展过程中做到人人能参与、人人都尽力，才有可能在发展成果上人人可享有。"共享"来自"共建"，人民群众要对中国的发展有发言权、参与权和主动权。

三　发展路径的战略支撑

把好的发展理念体现在发展的实践中，要有明确的发展路径和

具体的发展举措。无论是转变发展方式还是提升产业结构，补发展短板还是化解产能过剩，中国"十三五"的发展都努力在走一条发展新路，并且也走出了一条发展新路。概而言之，可称之为"四新"：新工业革命、新全球化、新经济治理、新引擎。

（一）发展方式：新工业革命

"十三五"的发展将会以一种"新工业革命"的态势助力中国发展方式的转变与产业结构的调整。

适应新常态，中国产业升级是绕不开的坎，也是必须跨越的坎。但是产业升级不可能凭空出现，产业升级上同样不会有"飞来峰"，一定要在也一定是在既有产业基础上往前走，而不是推倒重来。中国产业基础是制造业，优势也在制造业。经过三十多年的积累，中国已经成为世界制造大国，制造全球相当份额的初级产品，在这方面中国有基础、有能力、有经验，完全可以通过技术进步、政策导向、制度安排，从制造大国走向制造强国。十八届五中全会提出的实施《中国制造2025》，引导制造业朝着分工细化、协作紧密方向发展，促进信息技术向市场、设计、生产等环节渗透，推动生产方式向柔性、智能、精细转变，是贯穿"十三五"以至未来更长一段时间产业结构、生产结构调整的主要着力点。通过这一点，将会实现中国产业整体变革。

但是仅靠这一点还不够。随着现代互联网络科技的进步，互联网络已经不仅仅是独立产业，还是整个中国乃至世界经济发展大的技术支撑背景。在这种背景下不管是"互联网＋"还是"＋互联网"，都是把互联网跟中国的产业发展、中国的产业形态、中国的经济模式结合在一起。把《中国制造2025》与"互联网＋"结合起来就是李克强总理所说的中国工业4.0的开始。人类的社会工业发展，到现在已经经历过四个阶段：以机械化为主要特征的工业1.0；以自动化为主要特征的工业2.0；以电子化和信息化为主要特征的工业3.0；以大数据互联互通为主要特征的工业4.0。工业4.0作为新工业革命将塑造工业全新形态。一个传统企业，厂房还是原来的厂房，厂址还在原来的厂址，甚至工人也是原来的那些工人，可是支撑这个企业运行的技术理念、技术方案，生产流程、管理流程、市场样态、客户网络等已经全国化甚至世界化了。随着新技术背景的发展和新发展理念的确立，中国新的产业形态和新的产业模式应运而生，中国的"新工业革命"方兴未艾。

（二）发展平台：新全球化

现代世界经济发展，全球化是基本态势。西方社会的资本主义模式之所以能快速发展，是因为从 19 世纪开始搭上了全球化的快车。但是当年的全球化仅仅是从西方走向东方，从发达国家走向发展中国家，基本上没有形成良性互动。单向的全球化是不够的，也是有缺憾的。全球化就应该实现真正的全球流动，不仅要有从西方到东方的全球化，还应该有从东方到西方的全球化。

中国的"一带一路"就是从东方走向西方、从发展中国家走向发达国家、从中国走向世界的一种新的全球化。这种模式相当于对西方全球化发展的对冲，这种对冲可以让世界经济更加有活力。而且中国的"一带一路"是纯粹的经济合作平台，是在充分尊重沿线各国社会政治制度和文化价值观基础上的经济合作，不把意识形态强加给别人，因而得到了世界大多数国家的认同、支持与合作。这一点在亚洲基础设施投资银行筹建过程中体现得很充分，尊重他人也就得到了他人的尊重，建立起共同的利益也就建立起了更紧密的联系。

（三）自贸区：新经济治理

"十三五"的发展是全新的发展。这种全新的发展模式，势必对政府经济治理的方式、能力提出新的要求。目前美国和一些国家搞所谓的 TPP（《跨太平洋伙伴关系协定》），无非是通过抬高国际贸易门槛来排挤打压发展中国家在国际贸易中的作为。中国当然不能自废武功，以损害发展的核心利益去委曲求全，但是国际贸易如果不能真正国际化，就会名存实亡，实力大打折扣。未雨绸缪，通过经济治理的变革让政府行为适应将来高水平的经济竞争和国际贸易是当务之急。毕竟中国社会主义市场经济的改革方向不可能停顿逆转，中国和国际社会的交往只能是越来越深入越来越全面。从长远来看，中国必须适应并能驾驭在国际经济运行中实施的一切规则，包括TPP。自贸区建设就是在"十三五"期间又一个支撑中国经济发展的战略平台，这一平台着重对经济治理进行创新。曾有很多人把自贸区当作在新的发展阶段设立的特区。对此习近平总书记和李克强总理反复强调，自贸区不是特区，自贸区没有特殊政策，自贸区就有一项权利——进行制度创新。其创新的标准是制度出来不仅在自贸区里面管用，还能复制推广到全国范围内，并且为将来和新一轮的国际贸易规则接轨做准备。其实践逻辑是先在可控范围内进行适应高标准贸易的经济治理，等适应并且能从容运用之后，再与西方国家和跨国公司在新的层面上开始新的合作与博弈。

（四）大众创业、万众创新：新引擎

在经济新常态下，中国发展必须寻找新引擎，这就是大众创业、万众创新。让全民都能在经济发展中发挥自己的积极性和能动性，这是中国经济发展的一个有力手段和有效手段。20世纪70年代末改革的起点就是释放中国广大农民的积极性，结果当年就解决了吃饭问题。

为什么这个引擎管用呢？我们以中国2015年的就业状况为例。过去中国经济增长有个底线叫"保八"。为什么要"保八"？因为经济增长的关键是解决就业问题。如果经济社会发展不能保证老百姓就业，老百姓无法挣钱没有饭吃，就会出现社会问题。但是，在传统发展方式下，经济增长每增加一个百分点只能解决100万左右人口的就业问题。所以当年中国为了解决每年800多万人口的就业问题，必须保证经济增长在8%以上。2015年中国经济形势不是很乐

观，经济增长速度只有 6.9%。但是在十八届五中全会上习近平总书记讲，截至第三季度，中国已经解决了 1066 万人的就业问题。大众创业、万众创新功不可没。据有关部门统计，中国 2015 年每天有1.2 万的新企业在注册。这样的好势头来自何方？同样来自大众创业、万众创新的新引擎。

更重要的是，这不仅仅是为经济发展注入强大动力的新引擎，还是让社会更加有活力的新引擎。这些年来，中国社会在走向成熟定型的过程中，也出现了一个需要引起警觉的问题，就是社会阶层固化。"官二代""富二代""贫二代"，这些被热炒的社会话语背后是中国社会阶层流动活力的丧失和通道的阻塞。阶层固化不仅会引发社会不公，更会导致严峻的社会断裂与社会冲突。

常态的社会发展方式往往是"马太效应"，已经掌握资源的社会群体会顺水推舟地将其优势地位惯性锁定。而大众创业、万众创新为打破这一路径依赖提供了逻辑可能。同样是创新，不同社会阶层和群体的创新出发点不一样，普通社会民众改变自己境遇的愿望尤为迫切。虽然创新是小概率事件，但创新主体是大群体。中国 13 亿多人人人创新，小概率事件也会有很可观的结果。一旦创业成功，将是社会阶层的大跨越，固化的社会结构将会因之而更加有弹性。

四　发展挑战的战略跨越

中国"十三五"发展前景光明，但挑战同样很多。经济换挡期从高速转向中高速当然没问题，但绝对不能因为换挡导致经济失速，可是这种担忧并非杞人忧天。转变经济发展方式，进行产业结构调整必然涉及新老产业的更替。旧企业关停具有即时性，拉闸断电就不能再干了，而新企业的培育是个渐进的过程。老企业关掉了，新企业还没长成，其间产业空白就会导致经济失速。更重要的一点是，淘汰落后产业，消化产能过剩是全国一盘棋，关停并转老企业局部要服从整体。但是，就全国来说可能只是统计数据的改变，就某个地区某个企业来讲，意味着它的全部包括利益、未来、希望等的彻底失去。面对这些挑战，大道理好讲，小利益难行。而要跨越这些难题，坚定不移地推进"十三五"发展战略，中国需要战略定力、战略执行力和战略洞察力。

（一）保持战略定力

推进"十三五"发展战略，保持战略定力至关重要。要咬定青山不放松，只要认准目标，想清楚当代中国发展真正需要什么，核心利益是什么，得其大者可以兼其小，不要患得患失。转型发展是有代价的，天上不会掉馅饼，该承担代价就坦然承担。在这方面，政治家要有战略定力，企业家要有战略定力，中国社会的每一个人都要有战略定力。

2015 年中国在保持宏观经济政策稳定方面就体现了很好的战略定力。2015 年中国经济增长一度低于 6.9% 甚至还有继续下行的态势，但是中央政府坚决不搞非理性经济刺激，坚持稳增长、调结构的既定政策不动摇，最后经济形势也并没有像一些人预测的那么悲观，反倒稳中有进。如果没有这样的战略定力，再来一次强刺激，我们不仅不可能跨过前期刺激政策消化期带来的阵痛，还会雪上加霜，使问题更加棘手。

当然，要做到这一点并不容易。在充分发挥市场配置资源决定性作用的大背景下，在资本越来越呼风唤雨甚至开始反客为主的态势里，让市场有情怀不成为少数寡头的投机场，让资本有德性不变为大众财富的绞肉机，需要大定力，需要大智慧，更需要大觉悟。

（二）提高战略执行力

跨越发展难题，要提高战略执行力。习近平总书记提出"一分部署，九分落实"①。十八届五中全会尽管讲的是理念，但是在讲理

---

① 《习近平谈治国理政》，外文出版社，2014，第 101 页。

念的时候始终关注如何让这些理念更加具有可操作性，使其真正变成中国发展的实践。

毋庸讳言，"十三五"发展的很多战略要求在过去"十二五"甚至"十一五"时已经提出，但在执行方面不够有力。如果因为战略没有得到落实，一而再再而三地被新的规划重申、强调，这不是战略之幸而是战略之憾。再进一步看，如果战略没有被落实，而目标竟还能侥幸完成，其情形更让人担忧。这不过是既有发展路径上的"惯性"使然，是饮鸩止渴，是割肉自啖。

所有这些问题在"十三五"时期该画一个句号了。"十三五"不应该也没可能在战略选择上继续击鼓传花，全面小康的战略诉求与全面现代化的战略趋势纵使有关联差异也会很大。货真价实地完成好既有战略的各项任务，然后漂漂亮亮地画上一个"战略句号"，是"十三五"战略建构的必修课。

（三）注重战略洞察力

应对发展挑战，还要有战略洞察力。我们要看清楚发展的大趋势大脉络，善于把握主流把握根本，善于在细节中看到未来发展的可能，通过苗头见微知著，不为喧嚣扰乱，不为泡沫迷惑。

我们以十八届五中全会全面实施"一对夫妇可生育两个孩子"政策为例，这绝对不像有些人宣称的那样是对中国计划生育基本国策的否定，而是随着经济社会发展形势的变化进行的微调与完善。一个国家的生育政策与国家的经济发展水平相关联，它的生育状况由国家经济社会发展水平所决定。过去中国老百姓愿意多生育，是由于社会缺乏相应有效的保障，认为只能靠多生孩子养儿防老。但是，随着中国经济社会的发展，养老不再是焦点，当代人实现自己梦想的可能大大增加，不像过去那样自己实现不了寄希望于后代，更重要的一点是生育成本也在提高，所以现在究竟生一个孩子还是两个孩子，基本上不是政策的强制，更多的是社会民众生育愿望的自然选择。指望通过提高中国生育率来为资本提供更多的廉价劳动力，这样的想法是不可取的，也不是中国放开"二孩"政策的初衷与指向。目前中国社会面临较严峻的老龄化压力，要审慎应对，但绝不意味着头痛医头，通过无节制生育来缓解养老压力，把人口结构转型的问题无限期推后。保持中国人口稳中有降的良性规模为进一步提高人口素质留出资源空间，依然是中国人口发展的最大战略，也是中国发展的最大战略之一。

五　结语

当代中国发展方位的深刻变动呼唤发展战略的重大创新，发展战略的重大创新又势必引发事关发展全局的深刻变革，中国社会在"十三五"时期的发展将会呈现与过去数十年来全然不同的新模式、新样态、新作为。当然，摆脱对既有发展路径的依赖，打破对既有利益格局的固化，既是发展本身的问题，又是超乎发展之上更为宏观的社会政治问题。在这个意义上，当代中国发展战略的构建又与协调推进"四个全面"战略布局自然地衔接起来。战略布局为发展战略创造发展条件、营造发展环境，发展战略为战略布局准备物质力量、夯实经济基础。两者相辅相成，共同推进当代中国实现治国理政新飞跃，迈向科学发展新境界。

（原载《中国特色社会主义研究》2016 年第 1 期，收入本书时略有改动）

创造无愧于伟大时代的业绩

——兼论新时代中国知识分子的使命与担当

"致天下之治者在人才。"在现代社会，知识分子是推动经济社会发展和社会文明进步的重要力量，是决定一个国家综合国力的重要因素。党的十八大以来，习近平同志多次就知识分子问题发表重要讲话。在今年两会期间看望参加政协会议的民进、农工党、九三学社界别的委员时，习近平同志再次强调，知识分子要主动担当、积极作为，为国家富强、民族振兴、人民幸福多做贡献。习近平同志这一系列重要阐述，既对知识分子建功立业寄予殷切希望，又对知识分子担当使命提出明确要求，还对如何更好地把知识分子凝聚起来做出战略部署，是新时代中国做好知识分子工作的重要遵循，也是广大知识分子健康成长、创造无愧于伟大时代的业绩的行动指南。

一 伟大时代为知识分子提供广阔舞台

当今世界是知识的世界，当今时代是知识的时代。在这一时代，人才资源作为经济社会发展第一资源的特征和作用更加明显，人才竞争已经成为综合国力竞争的核心，人才红利已经成为经济社会发展最大的红利。知识就是力量，人才就是未来。谁能培养和吸引更多优秀人才，谁就能在竞争中占据优势。

知识分子是一个社会中人才最为集中的群体。知识分子，顾名思义，就是文化水平较高、知识比较丰富的人，其中不少是学有所长、术有专攻的某个领域或某个方面的行家专家。"盖有非常之功，必待非常之人。"知识分子对知识、技术掌握得比较多，对自然、社会了解得比较深，当之无愧是这个时代的"非常之人"。

高度重视知识分子，是中国共产党的优良传统和政治优势。毛泽东同志当年就反复讲，对于知识分子的正确政策是革命胜利的重要条件之一，没有知识分子的参加，中国革命是不可能成功的。习近平同志更是视我国广大知识分子为社会的精英、国家的栋梁、人民的骄傲，要求关心知识分子、尊重知识分子，营造尊重知识、尊重知识分子的良好社会氛围；要求以识才的慧眼、爱才的诚意、用才的胆识、容才的雅量、聚才的良方，广开进贤之路，把各方面知识分子凝聚起来，聚天下英才而用之。

进入 21 世纪特别是党的十八大以来，党和国家对知识分子政治上充分信任、思想上主动引导、工作上创造条件、生活上关心照顾，努力为知识分子提供建功立业的舞台，不断为知识分子办实事、做好事、解难事。积极响应习近平同志的号召，各级党委、政府遵循知识分子工作特点和规律，大力构建有利于知识分子干事创业的体制机制，寻觅人才求贤若渴，发现人才如获至宝，使用人才各尽其能；各级领导干部主动同知识分子打交道，做知识分子的挚友、诤友。我们党的重要工作和重大决策，都尽可能征求知识分子的意见和建议。对来自知识分子的意见和批评，只要出发点是好的，都热忱欢迎并积极采纳。即使个别意见有偏差甚至是错误的，也尽量包涵、尽量宽容。对此，习近平同志还特别说明："人不是神仙，提意见、提批评不能要求百分之百正确。"① 对知识分子的尊重之意、信任之心、关爱之情溢于言表。

"鱼无定止，渊深则归；鸟无定栖，林茂则赴。"党和国家的知识分子政策不断完善，科教兴国战略、人才强国战略、创新驱动发

---

① 习近平：《在知识分子、劳动模范、青年代表座谈会上的讲话》，人民出版社，2016，第 7 页。

展战略深入实施，以及中国作为世界第二大经济体的体量所带来的巨大发展空间与发展机遇，为广大知识分子筑造了"海阔凭鱼跃，天高任鸟飞"的宽广舞台。我国知识分子队伍日益壮大，遍布全社会各条战线、各个行业、各个领域。

党的十八大以来，随着我国高等教育大众化水平不断提高，我国已经从人口大国转变为人力资源大国，正在向人力资源强国迈进。3325万人的各类高等教育总规模稳居世界第一，具有大专以上学历的知识分子由2000年的3800多万人上升至目前的1.2亿人。新增劳动力平均受教育年限超过12.7年，劳动者快速知识化、普遍知识化、深度知识化的态势方兴未艾。在"筑巢引凤"方面也开始实现由"出国热"到"回国潮"的历史性变迁，大量的青年学子把学成回国作为第一选择。通过在创新实践中发现人才、在创新活动中培育人才、在创新事业中凝聚人才，我国建成了世界上规模最大的科技人员队伍，为产生世界级科技大师、领军人才、尖子人才打下了厚实基础。在一些领域，中国科技已开始从"跟跑者"向"并行者""领跑者"转变。我国哲学社会科学领域形成了包括高等院校、党校（行政学院）、部队院校、科研院所、党政部门研究机构在内的五路大军齐头并进的喜人局面，取得了一系列成果。

在以习近平同志为核心的党中央坚强领导下，当代中国进入了一个催人奋进的伟大时代、一个充满奇迹的伟大时代，正经历着历史上最为广泛而深刻的社会变革，正进行着人类历史上最为宏大而独特的实践创新。这是一个需要知识分子的时代，也是一个知识分子辈出的时代，更是一个知识分子健康成长、建功立业的时代。全面建成小康社会召唤知识分子建功立业，实现中华民族伟大复兴中国梦召唤知识分子建功立业，坚持和发展中国特色社会主义更召唤知识分子建功立业。

二　伟大使命对知识分子提出更高要求

伟大时代为知识分子提供了广阔舞台，也对知识分子寄予更高期待、提出更高要求。要真正做到不负时代、不辱使命，知识分子一定要德能配位、才可成事、业是正道，具备与伟大时代、伟大使命、伟大事业相适应的基本素质，形成体现中国知识分子特色与优势的家国情怀、创新品格、精神风貌、业务能力。

（一）涵养天下为公、担当道义的家国情怀

孟子说："先立乎其大者，则其小者弗能夺也。"北宋司马光说："才者，德之资也；德者，才之帅也。"对于知识分子来说，这个"大"和"德"就是兼济天下、担当道义的家国情怀。我国知识分子历来有浓厚的家国情怀，有强烈的社会责任感。"修身齐家治国平天下"，"为天地立心，为生民立命，为往圣继绝学，为万世开太平"，"先天下之忧而忧，后天下之乐而乐"，这些思想为一代又一代知识分子所推崇。进入新时代，这种家国情怀有了新内涵，这就是习近平同志提出的："广大知识分子要坚持国家至上、民族至上、人民至上，始终胸怀大局、心有大我。"[①]知识分子要自觉地把实现个人价值同国家、民族发展紧紧联系在一起，同人民群众的期待紧紧联系在一起，以国家繁荣昌盛为己任、以民族伟大复兴为己任、以人民幸福安康为己任，因祖国强盛而骄傲、因民族复兴而自豪、因人民幸福而满足，在任何时候任何情况下，都不做有损国家和民族尊严、有损知识分子良知的事。

（二）锤炼勇立潮头、敢为人先的创新品格

知识分子的创新品格既体现在瞄准科技前沿，也体现在倡导先进思想，还体现在引领社会风尚。面对日益激烈的国际竞争，习近平同志强调，要把创新摆在国家发展全局的核心位置，不断推进理论创新、制度创新、科技创新、文化创新以实现国家治理的创新和国家发展的创新。创新常常意味着改变现状、打破既有。

[①]　习近平：《在知识分子、劳动模范、青年代表座谈会上的讲话》，人民出版社，2016，第6页。

如果没有一种义无反顾的决绝，没有一种"虽千万人吾往矣"的豪迈气概，是很难取得成功的。习近平同志号召："广大知识分子要增强创新意识，敢于走前人没有走过的路，敢于抢占国内国际创新制高点。"① 当代中国知识分子要不计毁誉、不计得失，积极投身创新发展实践，想国家之所想、急国家之所急，紧紧围绕增强国际竞争力的核心关键、经济社会发展的瓶颈制约、国家安全面临的重大挑战，不断增加知识积累、不断强化创新意识、不断提升创新能力、不断攀登创新高峰。

（三）彰显理性平和、开放包容的精神风貌

理性是知识分子最鲜明的特色与标志。在复杂多元的时代，知识分子要更加高扬理性的旗帜，做到理性平和、开放包容。习近平同志指出："立足我国国情，放眼观察世界，不妄自菲薄，不人云亦云。"② 要有理论自信和理论自觉，不能一味以西方的理论、技术和标准为圭臬。历史和现实都表明：一些号称具有"普世价值"的东西并不见得真的具有普遍性，以往被西方视为异类的"中国方案"倒是越来越受到国际社会的赞赏和认可。知识分子面对复杂的、有争议的问题时不要偏激、不能狭隘，"要实事求是、客观公允，重实情、看本质、建真言"③。

（四）提高业精于勤、精益求精的业务能力

"褚小者不可以怀大，绠短者不可以汲深。"知识分子不能是"知道分子"：不仅要著作等"身"，更要著作等"心"；不仅是专业人士，更要技高一筹。社会尊重知识分子，是因为知识分子有能力、

---

① 习近平：《在知识分子、劳动模范、青年代表座谈会上的讲话》，人民出版社，2016，第5页。
② 习近平：《在知识分子、劳动模范、青年代表座谈会上的讲话》，人民出版社，2016，第6页。
③ 习近平：《在知识分子、劳动模范、青年代表座谈会上的讲话》，人民出版社，2016，第6页。

有专业、有技能，能做普通人做不了的事情，研究普通人很难涉足的问题。习近平同志曾指出："知识分子能力强、水平高，可以一个人带起一个学科，形成一个产业，从而提高国家的综合实力，直至影响国际竞争格局。"① 我国最高科技奖获得者王选之所以被称为"当代毕昇"，是因为他发明的汉字激光照排技术，使我国的汉字印刷告别"铅与火"，进入"光与电"的新时代。在科技领域是如此，在哲学社会科学领域、文化教育领域及其他领域同样是如此。

这样的能力来自不断学习、学以致用，来自立足岗位、久久为功。习近平同志倡导："当老师，就要心无旁骛，甘守三尺讲台，'春蚕到死丝方尽，蜡炬成灰泪始干'。做研究，就要甘于寂寞，或是皓首穷经，或是扎根实验室，'板凳要坐十年冷，文章不写一句空'。搞创作，就要坚持以人民为中心的创作思想，深入实践、深入群众、深入生活，努力创作出人民群众喜爱的精品力作。一个知识分子，不论在哪个行业、从事什么职业，也不论学历、职称、地位有多高，唯有秉持求真务实精神，才能探究更多未知，才能获得更多真理，也才能为社会作出更大贡献。"②

三　积极投身伟大事业，做党执政的坚定支持者

当知识分子作为个体时，术业有专攻，可以"八仙过海，各显神通"；当知识分子作为一个群体时，在投身伟大事业的过程中拥有一个共同的身份——党执政的坚定支持者。这既是当代中国知识分子的政治自觉，又是推进伟大事业的逻辑必然。习近平同志在与高校教师和哲学社会科学工作者座谈时反复强调这一点。知识分子做

① 《让科技人才活力竞相迸发》，人民政协网，http://www.rmzxb.com.cn/c/2017 - 01 - 11/1276878.shtml，最后访问日期：2019 年 6 月 28 日。
② 习近平：《在知识分子、劳动模范、青年代表座谈会上的讲话》，人民出版社，2016，第 5 页。

党执政的坚定支持者，就是要与党同心、与中国特色社会主义同行、与中华民族伟大复兴同进。

（一）　与党同心

历史经验表明：不论是党内知识分子还是党外知识分子，要在伟大事业中大显身手，而不是做旁观者、拖后腿，就一定要自觉接受中国共产党的领导，积极拥护中国共产党的路线方针政策，切实认同中国共产党的信仰主义宗旨理想；自觉做践行社会主义核心价值观的模范，从自我做起、从现在做起、从日常生活做起，身体力行带动全社会遵循社会主义核心价值观。中国共产党治国理政关注的问题就是知识分子应该关注的问题，中国共产党治国理政遇到的难题就是知识分子要着力攻克的堡垒。与党同心，要求广大知识分子不为任何风险所惧、不为任何干扰所惑、不为各种噪声所扰、不为各种暗流所动。

（二）　与中国特色社会主义同行

中国特色社会主义是一项前无古人的伟大事业，它所带来的当代中国的伟大社会变革，"不是简单延续我国历史文化的母版，不是简单套用马克思主义经典作家设想的模板，不是其他国家社会主义实践的再版，也不是国外现代化发展的翻版"[1]，不可能找到现成的教科书，也没有现成的路线图。知识分子要发挥自己的聪明才智，发现新问题、提出新观点、构建新理论、开辟新实践，让中国特色社会主义道路越走越宽广，让中国特色社会主义理论更加系统完善，让中国特色社会主义制度更加成熟定型，让中国特色社会主义文化更加繁荣兴盛。

（三）　与中华民族伟大复兴同进

实现中华民族伟大复兴，是中华民族近代以来最伟大的梦想。

---

[1] 《习近平谈治国理政》第2卷，外文出版社，2017，第344页。

这个梦想，凝聚了几代中国人的夙愿，体现了中华民族和中国人民的整体利益，是全体中华儿女的共同期盼。实现中华民族伟大复兴是一项光荣而艰巨的事业，需要一代又一代中国人共同为之努力，知识分子更是要撸起袖子加油干。当代中国是要在社会主义初级阶段的背景下实现中华民族伟大复兴，在发展中国家的基础上建设现代化，在13亿多人口的国度实现共同富裕，在西方主导的世界格局中实现大国的和平发展。所有这些，都是过去从来没有过的全新事物、全新探索、全新实践。在这个意义上，中国梦也是人类社会前所未有的崭新的梦。这就要求知识分子不能满足于寻常的做法，更不能因循守旧，而要以创新的精神寻找新方法、探索新路径、积累新经验、采取新举措，用创新走出新路，用创新实现梦想。

伟大的时代发出了热烈的召唤，伟大的事业铸就了广阔的舞台。身处这样的时代，面对这样的事业，知识分子大有可为，也必将大有作为。让我们紧紧团结在以习近平同志为核心的党中央周围，用忠诚和奉献在实现中华民族伟大复兴中国梦的伟大实践中建功立业。

（原载《人民日报》2017年3月14日，收入本书时略有改动）

改革开放的实践品格

当代中国的改革开放是一场波澜壮阔的伟大实践。40 年的高歌猛进，40 年的风雨兼程，不仅深刻改变了中国、影响了世界，充分彰显了中国共产党人高度的历史自觉与时代担当，而且铸就了改革开放最鲜明的实践品格。这些实践品格既是改革开放一路走来的宝贵成功经验，也是改革开放一路走好的重要战略遵循。

一 坚持解放和发展生产力：在历史
前进的逻辑中前进

马克思主义告诉我们，物质生产是社会历史发展的决定性因素，生产力是推动社会进步的最活跃、最革命的要素。人类社会不断向前发展进步，其根本动力是社会生产力的发展进步。随着现代科学技术的发展和社会进步，资本主义制度已经从根本上越来越不适应社会生产力的发展要求，必然要走向社会主义制度，以从根本上解放和发展社会生产力。这是历史前进的逻辑。中国走社会主义道路，建立社会主义制度，正是对这一历史逻辑的科学遵循与自觉实践。当然，社会主义制度的建立和完善不可能一劳永逸，在社会主义社会依然需要继续解放和发展生产力，当代中国是通过改革开放来完成这一历史任务的。改革开放的总设计师邓小平当年明确提出："革命是解放生产力，改革也是解放生产力。"① "过去，只讲在社会主义条件下发展生产力，没有讲还要通过改革解放生产力，不完全。应该把解放生产力和发展生产力两个讲全了。"② 社会主义基本制度确立以后，还要继续调整、改变束缚生产力发展的一些体制机制，建立起充满生机和活力的社会主义经济、政治、文化、社会、生态文明等各类体制和相应运行机制，这就是改革开放，这也是历史前进的逻辑。

回眸 40 年，中国的改革开放就是围绕解放与发展生产力开始、推进和深化的。党的十一届三中全会做出把全党工作重点转移到社会主义现代化建设上来的历史性决策，是为了解放和发展生产力；党的十二届三中全会到党的十四大，确定建立社会主义市场经济体制的改革目标，是为了解放和发展生产力；党的十五大提出以公有制为主体、多种所有制经济共同发展的社会主义初级阶段基本经济制度，是为了解放和发展生产力；党的十六大在坚持"两个毫不动摇"的同时，把新的社会阶层明确为中国特色社会主义事业建设者，是为了解放和发展生产力；党的十七大要求着力构建充满活力、富有效率、更加开放、有利于科学发展的体制机制，积极构建社会主义和谐社会，同样是为了更好地解放和发展生产力。

党的十八大以来，以习近平同志为核心的党中央更是把解放和发展社会生产力作为中国特色社会主义的根本任务，并将其确立为改革开放必须牢牢把握的基本要求。习近平总书记指出："我们的改革开放是有方向、有立场、有原则的。"③ 这方向、立场、原则归根到底都要落到解放和发展生产力上。改革开放要让人民群众有获得感、幸福感、安全感，但是没有社会生产力的解放与发展，就不可能创造满足人民群众日益增长的美好生活需要的物质基础，也不可能实现全体人民的共同富裕和人的全面发展。改革开放是为了完善和发展中国特色社会主义制度，推进国家治理体系和治理能力现代

---

① 《十三大以来重要文献选编》（下卷），人民出版社，1993，第 2064 页。
② 《十三大以来重要文献选编》（下卷），人民出版社，1993，第 1851 页。
③ 《习近平关于全面深化改革论述摘编》，中央文献出版社，2014，第 14 页。

化。但是，没有社会生产力的解放与发展，就不可能创造出超过资本主义制度的物质文明成果与精神文明成果，也不可能真正把社会主义制度的优越性充分发挥出来，更不可能构建出系统完备、科学规范、运行有效的制度体系，让各方面制度更加成熟、更加定型。

解放思想是 40 年来改革开放的最强音和主旋律。其实，解放思想、解放和增强社会活力，同样是为了更好地解放和发展社会生产力。通过解放思想，把思想认识从那些不合时宜的观念、做法和体制的束缚中解放出来，从对马克思主义的错误的和教条式的理解中解放出来，从主观主义和形而上学的桎梏中解放出来；通过解放和增强社会活力，把人的积极性、主动性和创造性解放出来，使现实的人成为生产力发展和社会发展的主体，让一切劳动、知识、技术、管理、资本等要素的活力竞相迸发，让一切创造社会财富的源泉充分涌流。

致力于解放和发展生产力，在历史前进的逻辑中前进，使中国社会实现了前所未有的繁荣发展，社会生产力水平也得到了总体跃升。

二　坚定敞开胸襟拥抱世界：在时代发展的潮流中发展

马克思曾深刻地指出："每一个单个人的解放的程度是与历史完全转变为世界历史的程度一致的。"① 一个国家、一个社会同样如此。尤其是进入现代社会以后，想走向文明进步，一定要突破彼此隔绝的民族地区界限，通过国际市场的普遍交往把生产和消费连成一体，这是浩浩荡荡的时代潮流。20 世纪 70 年代末，中国开始实行对外开放，成功实现了从封闭半封闭到全方位开放的伟大转折。

中国对外开放是以建立经济特区开始的。先是建立了深圳、珠海、

---

① 《马克思恩格斯选集》第 1 卷，人民出版社，2012，第 169 页。

汕头、厦门 4 个经济特区，紧接着进一步开放了 14 个沿海港口城市，后又设立了海南岛经济特区和上海浦东新区。开放政策也从沿海逐渐走向内地，开始面向外商外企外资在全国范围内设立各种各样的保税区、高新技术开发区。在产业发展方面，从广东、福建沿海地区开始，逐步发展到内地的"三来一补"，是中国外向型经济的重要特色。20 世纪 90 年代，中国开始了"复关"与"入世"的征程，2001 年 12 月 11 日，中国正式加入世贸组织，成为其第 143 个成员。

经过 40 年的开放发展，中国已跃升为世界第二大经济体、第一大工业国、第一大货物贸易国、第一大外汇储备国。40 年来，按照可比价格计算，中国国内生产总值年均增长约 9.5%，2017 年人均国内生产总值达到 8640 美元，国内生产总值占世界经济的比重从 1978 年的 1.8% 提高到 15% 左右。中国作为世界第一出口大国，为世界市场提供了大量物美价廉的商品，满足了世界各国人民的生活需要；同时，中国不断扩大进口，并连续多年保持世界第一大出境旅游客源国地位，促进了其他国家的消费和就业。商务部发布的《2017 年度中国对外直接投资统计公报》显示，中国 2016 年对外直接投资规模达到 1961.5 亿美元，蝉联全球第二大投资国地位，占全球外国直接投资规模的比重超过 10%。中国在对外开放中展现大国担当，从引进来到走出去，从加入世界贸易组织到推动"一带一路"建设，为应对亚洲金融危机和国际金融危机做出重大贡献，连续多年对世界经济增长的贡献率超过 30%，成为世界经济增长的主要稳定器和动力源。

实事求是地讲，中国在融入世界经济的过程中是承受了巨大压力、付出了巨大代价的。习近平总书记讲："在这个过程中，我们呛过水，遇到过漩涡，遇到过风浪。"① 但是，作为马克思主义者，中国共产党人清醒地认识到，推动人类社会文明进步的力量只有在世界历史的意义上才可能真正存在，更加美好的人类社会发展状态也

① 《习近平谈治国理政》第 2 卷，外文出版社，2017，第 478 页。

只有在世界历史的意义上才可能真正实现。"如果永远不敢到大海中去经风雨、见世面，总有一天会在大海中溺水而亡。"① 经济全球化是世界历史前行中的一个客观趋势，是社会生产力发展的客观要求和科技进步的必然结果。也正是基于这样的判断，在一些西方发达国家开始反全球化，甚至准备筑墙把自己封闭起来的时候，中国扛起了捍卫、推动、改善经济全球化的大旗。"一带一路"倡议提出5年来，已获得140多个国家和地区、80多个国际组织的支持和参与，成为顺应经济全球化潮流的最广泛的国际合作平台，也勾勒出了21世纪的经济全球化新形态。

当今世界，和平合作的潮流滚滚向前，开放融通的潮流滚滚向前，变革创新的潮流滚滚向前。世界已经成为你中有我、我中有你的"地球村"，各国的经济社会发展日益相互联系、相互影响，推进互联互通、加快融合发展成为促进各国共同繁荣发展的必然选择。中国的改革开放契合了世界各国人民要发展、要合作、要和平生活的时代潮流，已经开始从"赶上时代"走向"引领时代"。在博鳌亚洲论坛2018年年会上，习近平总书记明确宣布中国扩大开放将采取四个方面的重大举措：大幅度放宽市场准入；创造更有吸引力的投资环境；加强知识产权保护；主动扩大进口。"中国开放的大门不会关闭，只会越开越大。"② 这是中国对世界的庄重承诺，也是中国面对时代潮流的高度自觉。敞开胸襟拥抱世界，我们就能在时代发展的潮流中发展。

三　改革不停顿开放不止步：在永远
奋斗的担当中奋斗

中国改革开放用数十年走过西方数百年的历程，社会革命改天换地，发展奇迹一枝独秀，治理绩效风景独好。但我们距离中华民

---

① 《习近平谈治国理政》第2卷，外文出版社，2017，第478页。
② 习近平：《开放共创繁荣 创新引领未来：在博鳌亚洲论坛2018年年会开幕式上的主旨演讲》，人民出版社，2018，第10页。

族伟大复兴的目标仍然较远。如何在历史的新起点上再出发？习近平总书记对中国也对世界做出了明确的回答，这就是新时代是奋斗者的时代，我们要"将改革进行到底"①。

（一）改革开放是一项宏大的事业，只有进行时，没有完成时

无论是"富起来""强起来"，还是"中国奇迹""中国之治"，如果没有改革开放的奋发有为，这一切都是难以想象的。但是行百里者半九十，中国的改革开放还有更多的事情要做。我们要把已经做好的事情继续做下去并且做得更好，把已经提出来但还没有做起来或做得不太好的事情给真正做起来并且做好，把做得不太对的事情或者说曾经有意义但现在越来越不合时宜的事情给改正过来。我们要永远奋斗，将改革进行到底，不仅要对改革前的旧体制、旧模式继续进行改革，还要对改革过程中形成的一些不再科学、不再公正的体制模式、行为习惯进行再改革。我们要勇于改革，这一过程只有进行时，没有完成时。将改革开放进行到底，还要在"全面深化"上做文章。我们要"更加注重改革的系统性、整体性、协同性"②。改革作为一项系统性工程，每一项改革都会对其他改革产生重要影响，每一项改革又都需要其他改革协同配合。如果总是某一方面的改革单兵突进，那么这样的改革不仅不可能走得好、走得远，甚至还会造成改革在一定程度上的异化。要继续发挥经济体制改革的带动引领作用，加快推进政治、社会、文化、生态、党的建设、国防军队等各个领域的改革。我们要"不失时机深化重要领域改革"③，少做不做避重就轻式的外围性改革、涂脂抹粉式的枝节性改革，多做大做刮骨疗毒式的根本性改革、固本培元式的基础性改革。要在"全面开放"上下功夫，更加积极主动地开放，要坚持双向开

---

① 《习近平谈治国理政》第 2 卷，外文出版社，2017，第 107 页。
② 《习近平关于全面深化改革论述摘编》，中央文献出版社，2014，第 35 页。
③ 《习近平谈治国理政》，外文出版社，2014，第 67 页。

放、公平开放、共赢开放、包容开放。通过各项改革的相互促进、良性互动，进而整体推进、重点突破，最终形成能够继续推进改革开放的强大合力。

（二）改革开放是一场革命，革命尚未成功，同志仍须努力

改革究其根本是对利益的调整与再调整。经过 40 年的改革，容易的、皆大欢喜的改革已经完成了，好吃的肉都吃掉了，剩下的都是难啃的硬骨头。我们讲中国改革进入"攻坚期"和"深水区"，其实就是讲，已经到了要对不再公平正义、不能促进社会和谐发展的利益结构进行"革命"的时候了。习近平总书记把改革开放称为"中国的第二次革命"①，以"革命"喻"改革"，就是认为要像邓小平那样敢于杀出一条"血路"，"真刀真枪推进改革"，通过营造构建公平正义的利益格局使中国社会孕育出能够激发其走向更加美好未来的生机活力。

但是，利益格局一旦形成就有一定的稳定性，加之获得利益多的群体也会想方设法维持对他们有利的利益格局，于是一道道看得见或看不见的利益藩篱就在中国社会潜滋暗长，越来越坚硬、越来越固化。一些部门机构、阶层群体囿于既有利益的诱惑，患得患失且不愿意真改革，投鼠忌器不敢放手去改革，心中无数想法却不知如何去改革。结果慷慨激昂高喊改革口号的人不少，埋头苦干真正为改革加油助力的人却不多。

怎么办？革命首先是自我革命，要动别人的"奶酪"先打自己的"土围子"。习近平总书记在做十八届三中全会决定说明的时候，曾讲过一句话，改革"障碍往往不是来自体制外而是来自体制内"。这句话既意味深长又振聋发聩。如果作为改革领导者、推动者、执

---

① 习近平：《开放共创繁荣 创新引领未来：在博鳌亚洲论坛 2018 年年会开幕式上的主旨演讲》，人民出版社，2018，第 5 页。

行者的中国共产党及其党员干部不能有一种自我批判的意识和觉悟，不能有一种自我革新的勇气和胸怀，向自己开炮，在自己头上动刀子，就很难看清各种利益固化的症结所在，很难找准突破的方向和着力点，很难拿出创造性的改革举措。将改革进行到底，要求我们要以勇于自我革命的气魄、坚忍不拔的毅力推进改革，敢于向积存多年的顽瘴痼疾开刀，敢于触及深层次利益关系和矛盾，坚决冲破思想观念束缚，坚决破除利益固化藩篱，坚决清除妨碍社会生产力发展的体制机制障碍，以坚决的自我革命推动深刻的社会革命取得最后胜利。

（三）改革开放是一场创新，"苟日新，日日新，又日新"

改革必须革故，但指向是鼎新。完善和发展中国特色社会主义制度、推进国家治理体系和治理能力现代化是前无古人的伟大实践，这意味着中国的改革不能陷入"本本主义"而走向僵化，也不能陷入"虚无主义"而动摇根本，更不能陷入"拿来主义"而犯颠覆性错误，必须以创新的精神走出一条新路。特别是随着中国特色社会主义进入新时代，人民群众对美好生活的新期待不断提升，中国日益走近世界舞台中央，更是要求经济体制改革要有"中国创造"，政治体制改革要走"中国道路"，文化体制改革要彰显"中国精神"，社会体制改革要实现"中国治理"，生态文明改革要做出"中国贡献"，等等。这一系列"中国"，不仅意指一个有五千年灿烂文明传承的东方大国，更意味着一个在历史前进的逻辑中前进、在时代发展的潮流中发展的现代化强国。

更进一步看，中国的改革开放已经不再仅仅是或者说不再主要是"中国事件"，它已然开始并且更加深度地成为"世界事件"。中国的改革开放事实上已经不再仅仅是改变中国影响世界，在很多方面、很大程度上已经开始"塑造世界"。特别是党的十八大以来，中国共产党人始终以宽广的世界眼光、强烈的全球意识，把中国国家治理与全球治理放在一起谋划，在担负起优化、改善全球治理责任的同时实现对国家的更好治理。回应时代呼唤，顺应世界大势，永远奋斗，将改革开放进行到底就是要通过提出"中国主张"、贡献"中国方案"、发挥"中国力量"、传播"中国智慧"，积极参与推动全球治理体系变革，构建新型国际关系，推动构建人类命运共同体，为人类做出更大贡献。

让世界变得更美好，这是中国改革开放的自觉和抱负，也是中国改革开放的担当和贡献。

（原载《党建》2018 年第 10 期，收入本书时略有改动）

治国理政的哲学境界 ————

实践是发展真理的不竭源泉

改革开放的 40 年是解放思想的 40 年。在这 40 年中，解放思想不仅开启了改革开放、推动了改革开放、塑造了改革开放，其本身也在改革开放的实践中不断丰富拓展，迈向更高更新境界。实践是检验真理的唯一标准，实践更是发展真理的不竭源泉。回望 40 年来思想解放的伟大历程，我们可以得出这样一个结论：当代中国解放思想不仅要从僵化保守错误的认识中走出来，摒弃旧观念，更要在开拓创新发展的意识中站起来，形成新思想。实践是发展真理的不竭源泉，这是 40 年来改革开放的实践自觉与思想自觉，也是 40 年来解放思想的历史结论与时代启示。

一 走出认识误区是检验真理的前提

实践是检验真理的唯一标准，这是马克思主义认识论的 ABC。马克思主义经典作家对此讲得极为清楚彻底，这一标准在马克思主义理论逻辑上从来没有模糊过。马克思是这样讲的："人的思维是否具有客观的真理性，这不是一个理论的问题，而是一个实践的问题。人应该在实践中证明自己思维的真理性，即自己思维的现实性和力量，自己思维的此岸性。"①毛泽东同样是这样讲的："判定认识或理

---

① 《马克思恩格斯选集》第 1 卷，人民出版社，2012，第 134 页。

论之是否真理，不是依主观上觉得如何而定，而是依客观上社会实践的结果如何而定。真理的标准只能是社会的实践。"①

　　实践是检验真理的唯一标准，也是马克思主义认识世界、改造世界的逻辑前提。如果对这一基本论断没有正确的认识，违背了这一科学论断，就不可能有世界共产主义运动的风起云涌，更不可能有中国社会主义革命和建设的成功。换句话讲，中国社会主义革命和建设的成功本身就是遵循"实践是检验真理的唯一标准"的结果。如果不是真正遵循了这一标准，怎么可能让博古、王明等"从昆仑山上下来的神仙们"所主张的教条主义、本本主义在中国革命的大浪淘沙中退出历史舞台，怎么可能有以毛泽东同志为主要代表的第一代中国共产党领导集体的崛起，又怎么可能有"山沟里的马克思主义"的创立及其胜利。毛泽东思想是马克思主义中国化的第一次历史性飞跃，这已经为中国社会 28 年的伟大革命实践和新中国成立后社会主义建设的伟大探索实践所证明。

　　因此，当真理标准问题被中国社会作为一个极其重大的问题提出并进行社会性大讨论时，其实讨论的并不是真理本身，而是对待真理的态度和方式。对 40 年前的中国社会来说，面临的困惑是为什么会把一些个别的论断、一些随机的话语、一种即兴的表达当作真理、奉若神明。真理标准问题大讨论真正要解决的问题并不是已经被实践所证明的真理是否还具有真理性的问题，而是被大家想当然地、习惯性地当作真理的一些观点、看法、论断是否具有真理性的问题。具体来说，并不是要讨论毛泽东思想是否还是真理的问题，而是要讨论当时的社会和当时的人们附着在毛泽东思想上的一些观点、看法、论断是否具有真理性的问题。

　　虽然马克思主义坚持"我们只能在我们时代的条件下去认识，而且这些条件达到什么程度，我们就认识到什么程度"②，坚持任何真理总是具有相对真理的属性，但是马克思主义同时也告诉我们，

①　《毛泽东选集》第 1 卷，人民出版社，1991，第 284 页。
②　《马克思恩格斯选集》第 3 卷，人民出版社，2012，第 933 页。

凡是被实践证明的真理，其真理性不会因未来情况的变化而改变，只不过是以新的形态继续体现其固有的真理性。这也就是为什么面对当时一些否定毛泽东思想的现象与行为，邓小平通过接受意大利记者奥琳埃娜·法拉奇采访的方式特别强调："我们还要继续坚持毛泽东思想。毛泽东思想不仅过去引导我们取得革命的胜利，现在和将来还应该是中国党和国家的宝贵财富。"① 邓小平这一思想在《关于建国以来党的若干历史问题的决议》中体现得很充分。

当时的中国社会之所以会把附着在毛泽东思想上的一些观点、看法、论断当作不容置疑的"真理"，与过去数十年毛泽东思想在实践中的伟大成功所导致的在思想认识上的"路径依赖"有关，也与在认识活动中陷入某种片面的思维方式和囿于某种历史性的局限而导致认识误区有关。真理标准问题大讨论破除了这一认识迷雾，在坚决否定一些错误观点与认识的同时，也恢复了毛泽东思想本来的真理光辉，从而极大地推动了中国社会在思想认识上的成熟与进步。

但是，这一讨论并没有也不可能一劳永逸地解决社会认识走入误区的问题。片面的思维方式和历史认识的局限性在 40 年前存在，在这 40 年中也客观存在，在 40 年后的未来也不会完全消失。比如，曾经有一段时间，中国社会上有一些人、一些群体，以改革开放为借口，宣扬一种认识、一种观念或一种思维，这就是中国社会这也不好那也不行，西方社会一切都好都正确，西方社会的制度是"文明制度"，价值是"普世价值"，侵略他国是"正义宣判"，甚至连西方社会内部发生的暴力事件都被认为是"社会活力的象征"，中国进行改革开放就是"拿来主义"，就是要原原本本照抄照搬西方社会，等等。若与之进行讨论，还会被扣上"保守僵化落后"、打击"开放自由进步"的大帽子，这种情形与 40 年前的状况何其相似，只不过这次被曲解的是改革开放。所以，真理标准问题大讨论还真不能鸣金收兵，需要以新的形势继续讨论下去。

---

① 《邓小平文选》第 2 卷，人民出版社，1994，第 347 页。

40年的思想解放历程告诉我们,实践是检验真理的唯一标准,实践也是拆穿谬误把戏的"照妖镜"。我们要经常把实践这一法宝用起来,来检一检、验一验我们的认识、我们的观念、我们的思想,做得好、做得对的继续做、大力做,做得不好、做得不对的马上改正、坚决不做。

二 实践检验真理,实践更发展真理

正确对待真理体现了一个国家、一个社会的成熟与进步。在实践中检验真理,又在实践中发展真理,这是真理发展的基本规律。马克思主义在实践中被检验,马克思主义又在实践中获得发展,中国社会对马克思主义的坚持和发展就是这样走过来的。

伴随着真理标准问题大讨论的进行,以邓小平同志为主要代表的中国共产党人坚持解放思想、实事求是,在新的实践基础上继承前人又突破陈规,开始了新的理论创造。紧紧抓住"什么是社会主义、怎样建设社会主义"这个根本问题,在不断深入的实践中,认识到坚持和发展中国特色社会主义要走自己的路,不能把书本当教条,不能照搬外国模式,明确了中国特色社会主义的发展道路;认识到中国还处于并将长期处于社会主义初级阶段,这是一个至少上百年的历史阶段,制定一切方针政策都必须以这个基本国情为依据,不能脱离实际,超越阶段,明确了中国特色社会主义的历史方位;认识到社会主义的本质是解放生产力,发展生产力,消灭剥削,消除两极分化,最终达到共同富裕,明确了中国特色社会主义的根本任务;认识到改革也是一场革命,也是解放生产力,是中国现代化的必由之路,明确了中国特色社会主义的发展动力;等等。这一系列来自实践的认识不断深化,形成了邓小平理论。邓小平理论深刻地揭示社会主义的本质,把对社会主义的认识提高到新的科学水平,实现了马克思主义中国化的第二次飞跃。这一理论的真理性已经为40年改革开放伟大实践的辉煌成果所证明。

实践的发展没有尽头，真理的发展就没有止境。在中国特色社会主义理论体系的基础上，以习近平同志为主要代表的中国共产党人在新的伟大实践中创立出习近平新时代中国特色社会主义思想。作为马克思主义中国化的最新成果，习近平新时代中国特色社会主义思想以宏大的战略眼光勾勒出21世纪中国和21世纪社会主义的前途命运，以科学的理论逻辑回答了"新时代坚持和发展什么样的中国特色社会主义、怎样坚持和发展中国特色社会主义"这一基本问题，以其对历史经验的深刻总结，对历史规律的深刻揭示，对现实问题的深入分析，对未来发展的深入思考，实现了马克思主义在21世纪中国的新飞跃，当之无愧地成为21世纪的马克思主义，成为当代中国的马克思主义。

这一思想深深根植于中国上百年来慷慨悲歌的实践，深深根植于中国共产党人近百年波浪壮阔的实践，更深深根植于党的十八大以来日新月异的实践。反过来，在习近平新时代中国特色社会主义思想的指引下，中国取得了历史性成就，发生了历史性变革，让中华民族迎来了从站起来、富起来到强起来的伟大飞跃，让科学社会主义在21世纪的中国焕发出强大生机活力，让中国日益走近世界舞台中央，不断为人类做出更大贡献。实践已经证明并将继续证明，"风景这边独好"的"中国奇迹"与"中国之治"，让习近平新时代中国特色社会主义思想的真理光辉更加璀璨、更加夺目。

40年来的思想解放历程形象清晰地展示了真理本身是一个过程。任何真理都要经历一个不断拓展和深化的发展过程。真理是在实践过程中被发现的，也是在实践过程中被发展的。发现和发展真理的实践过程，就是在实践中实事求是的过程。通过解放思想，真正确立起以实事求是为核心的马克思主义思想路线并付诸实践，马克思主义中国化就有了根本遵循，也进入了与时俱进的快车道。

三　解放思想的目的是更好地统一思想

"一个党，一个国家，一个民族，如果一切从本本出发，思想僵化，迷信盛行，那它就不能前进，它的生机就停止了，就要亡党亡国。"① 回望历史，没有解放思想，我们党就不可能做出实行改革开放的历史性决策，开启中国社会通过全面小康迈向全面现代化的历史征程；没有解放思想，我们党就不可能在推动理论创新和实践创新过程中，把改革开放和社会主义现代化建设事业不断推向前进。关于解放思想，邓小平有明确的论述："解放思想，就是使思想和实际相符合，使主观和客观相符合，就是实事求是。"②"我们讲解放思想，是指在马克思主义指导下打破习惯势力和主观偏见的束缚，研究新情况，解决新问题。解放思想决不能够偏离四项基本原则的轨道，不能损害安定团结、生动活泼的政治局面。全党对这个问题要有一个统一的认识。"③ 这就是说，解放思想不是没有是非、各自为政，解放思想与"不争论"是不矛盾的。邓小平理论本身是解放思想的产物，也是统一思想的成果。

随着中国特色社会主义进入新时代，中国共产党人对解放思想与统一思想关系的认识更深刻、更科学。2017 年 9 月 17 日，习近平总书记在中南海召开的党外人士座谈会上指出："解放思想的过程就是统一思想的过程，解放思想的目的是为了更好统一思想。思想统一了，才能最大限度凝聚改革共识，形成改革合力。"④在新的历史起点上统筹推进"五位一体"总体布局、协调推进"四个全面"战略布局、统揽"四个伟大"历史实践，尤其需要凝聚共识，需要统一思想，需要在统一思想中坚定"两个维护"，增强"四个意识"。

---

① 《改革开放三十年重要文献选编》（上卷），人民出版社，2008，第 3 页。
② 《邓小平文选》第 2 卷，人民出版社，1994，第 364 页。
③ 《邓小平文选》第 2 卷，人民出版社，1994，第 279 页。
④ 《习近平关于全面深化改革论述摘编》，中央文献出版社，2014，第 38 页。

统一思想是一个不断随着实践发展而深化的过程。强调统一思想，不是要禁锢观念，束缚手脚，窒息创造精神，而是为了更好地解放和发展社会生产力，解放和增强社会活力，更好地推进党和国家事业的发展。中国特色社会主义进入新时代，既对思想解放提出了更高的要求，又对思想统一提出了更高的标准。比如，中国社会还要更加全面深化改革，更加扩大对外开放，在这方面我们要更进一步解放思想，冲决一切陈规陋俗、一切利益藩篱，不能自缚手脚；但是改革不是对社会主义制度的推倒重来，更不是对社会主义道路的改旗易帜，开放也不是丧失自我，更不是沦为外国的附庸，在这方面一定要用正确的思想形成全党共识、全国共识、全社会共识，不能"歪嘴和尚念经"，不能七嘴八舌。把解放思想和统一思想结合起来，既在解放思想中统一思想，又在统一思想中继续解放思想，并将两者统一于坚持和发展新时代中国特色社会主义的伟大实践，这是实践自觉，更是政治自觉。

我们党的历史证明，每一次思想上的大统一，无不是建立在思想大解放的基础之上；思想上的大统一，又反过来进一步推进思想上的大解放。当代中国统一思想，就是要把全党、全国、全社会的思想统一到习近平新时代中国特色社会主义思想上来，自觉运用这一思想武装头脑、指导实践，汇聚起实现中华民族伟大复兴、建设社会主义现代化强国的磅礴力量。

（原载《中国青年报》2018 年 10 月 15 日，收入本书时略有改动）

国家治理的理论自觉

　　自从党的十八届三中全会把推进国家治理体系和治理能力现代化作为全面深化改革的总目标提出后，国家治理现代化问题一时间成为整个社会关注的焦点和学术研究的热点。在这些关注与研究中有一种看似无意识却不能掉以轻心的倾向，就是理论上把"国家治理"当成一个既定的乃至固定的概念来使用，行为上把"国家治理"当作一种既定的乃至固定的模式去模仿，目标上把"国家治理"想象为一种既定的乃至固定的状态去追求。但是，国家治理理念果真就是单面、单线、单向度的吗？答案当然是否定的。不过要把其中的道理讲清楚、说明白，首先要做的是形成国家治理的理论自觉。毕竟理论成熟是政治坚定的基础，理论自觉是行为科学的前提。

一　明确国家治理的"应该"

　　这些年来我们经常讲一句话，发展观决定发展模式。其实，国家治理观同样决定国家治理模式。不同的国家治理观会导致不同的国家治理模式，不同的国家治理模式背后有不同的国家治理观。

　　可能有人会说，国家治理体系说到底就是一个国家的制度体系，国家治理能力说到底就是这个国家的制度执行能力。而制度最大的特点就是一视同仁，正所谓"制度面前人人平等"，只要把大家都认可的制度，把其他国家已经做得很好的制度拿来给"现代化"了，不就实现国家治理体系和治理能力的现代化了吗？关注和讨论国家治理观又有什么意义？

此语看似与我们的常识相符，其实大谬。在制度哲学研究中有一个核心理念，就是"制度非中性原则"，任何制度都有它的优势策略与偏好群体，同一制度对不同的群体、不同的行为模式、不同的社会阶段会产生截然不同乃至大相径庭的绩效。一个国家、一个社会、一个群体更需要什么、更重视什么、更珍惜什么、更希望什么，直接决定着这个国家、这个社会、这个群体对制度模式的偏好与选择。

因此，对于当代中国来说，国家治理的制度模式选择并不能简单地人云亦云、"拿来主义"，而应与其价值追求、社会理想、奋斗目标、伟大梦想紧紧联系在一起，这一切决定了中国国家治理应该注意以下几点。

——国家不富强，就会被开除"球籍"；民族不复兴，无颜担当龙的传人。当代中国的国家治理要把国家富强、民族振兴作为最基本的目标。我们要通过推进国家治理体系和治理能力现代化，让一个曾经饱受异族列强欺侮、目前尚是发展中国家的中国，经济发展、政治昌明、文化繁荣、社会和谐，到本世纪中叶成为富强民主文明和谐的社会主义现代化国家巍然屹立在世界东方；我们要通过推进国家治理体系和治理能力现代化，让一个能彰显 5000 年灿烂文化、能传承 5000 年悠久文明、能把自己的价值观与世界共享、能用自己的软实力促进世界共荣共进的中华民族傲然屹立于世界民族之林。实现不了这一目标的制度体系，说得再天花乱坠也一文不值。

——走向世界不等于丧失自我，为世界打工是要与世界共赢。我们固然要遵守既有的世界规则，更要积极参与制定新的更公平正义的世界规则。要实现这一目标，在国家治理的制度选择方面就要走自己的路。中国在西方范式内对西方模式进行"移植"与"克隆"，可能会有小的进展，但难有大的作为。研究博弈论就会知道，后来者要想赶超先行者，差异化策略是唯一的选择。只有跳出西方模式的"三界"外，不在西方发展的"五行"中，突破与超越西方现有发展范式才能真正地"超英赶美"。

——国家富强、民族振兴落脚处还是人民幸福。中国国家治理最根本的也是最高的目标是让中国人民自己当家作主过上更加富裕、更加有尊严的生活，让13亿多中国人民能实现每个人自由全面的发展。只有充分尊重人民群众的主体地位，让人民群众当家作主实现自我发展，建设自己社会的制度，才是我们国家治理体系应该选择的制度；只有让中国社会的一切发展都由人民群众主导，由人民群众决定，中国社会发展的一切成果，包括物质成果和精神成果都能为人民群众共享的制度，才是推进国家治理体系和治理能力现代化的题中应有之义。

二　立足国家治理的"可能"

明确国家治理的"应该"只是前提，要想把这"应该"变为现实，还要关注国家治理的"可能"。选择什么样的国家治理体系、如何选择国家治理体系，并不是一件想当然的事情。离开了现实的经济社会条件、具体的历史文化背景，推进国家治理体系和治理能力现代化就是"空中楼阁""无根绢花"。习近平总书记指出："一个国家选择什么样的治理体系，是由这个国家的历史传承、文化传统、经济社会发展水平决定的，是由这个国家的人民决定的。我国今天的国家治理体系，是在我国历史传承、文化传统、经济社会发展的基础上长期发展、渐进改进、内生性演化的结果。"① 这一论断充分反映了中国在国家治理体系选择上的科学认识和高度自觉。

国家治理并不是什么新生事物，伴随着人类社会国家的诞生就有了国家治理的要求与实践。不同时代、不同国家有不同的国家治

---

① 《习近平关于全面深化改革论述摘编》，中央文献出版社，2014，第21页。

理体系和治理能力，不同的国家治理体系和治理能力决定不同的国家治理绩效。就算曾经很好也很管用的治理体系和治理能力，如果不能随着时代的变化、社会的演进与时俱进，也会被历史淘汰。传统中国曾经建立了高度完备的、充分适应封建社会形态要求的、以封建制度为主要特征的国家治理体系，其治理能力更是在上千年的积累中不断精进，但是在时代已经发生大变革的背景下，在外来资本主义社会的坚船利炮面前不仅不堪一击，还为中国社会留下了近百年的耻辱。

那么，可不可以把别人的尤其是曾经打赢我们的那些国家的治理体系拿过来"师夷长技以制夷"呢？中国在鸦片战争以来确实做过诸多尝试，像君主立宪制、议会制、多党制、总统制，当然也包括重新复辟帝制，各种办法都试过了，结果不仅不管用还更受欺侮。其实就算别人不欺负，也会水土不服，正所谓"橘生淮南则为橘，生于淮北则为枳，叶徒相似，其实味不同"。习近平总书记在浙江讲过一个"驴马理论"的比喻，说的是：马比驴跑得快，一比较，发现马蹄比驴蹄长得好，于是把驴身上的蹄换作马的蹄，结果驴跑得反而更慢；接着再比较，又发现马腿比驴腿长得好，于是把驴身上的腿也换作马的腿，结果驴反而不能跑了。怎么办？走自己的路，一条适合自己、源于自己的路，这就是马克思主义指导下的社会主义道路。

这一治理体系之所以在中国成为可能，是因为这条道路契合了中国社会的历史传承、文化传统、经济社会发展水平，不仅是在改革开放30多年的伟大实践中走出来的，在中华人民共和国成立60多年的持续探索中走出来的，在对近代以来170多年中华民族发展历程的深刻总结中走出来的，更是在对中华民族5000多年悠久文明的传承中走出来的。其深厚的历史渊源和广泛的现实基础是任何制度体系都不具备和难以企及的。

此外，找到一条正确的国家治理之道固然重要，但并不是全部，还需要把它所蕴含的能力、潜力尽可能地激发出来。实现治理体系

和治理能力现代化，不可能一蹴而就，需要实践和时间。邓小平在
1992 年讲："恐怕再有三十年的时间，我们才会在各方面形成一整
套更加成熟、更加定型的制度。"① 具体到要真正实现国家治理体系
和治理能力现代化，让在党领导下管理国家的制度体系，包括经济、
政治、文化、社会、生态文明和党的建设等各领域体制机制、法律
法规安排，也就是一整套紧密相连、相互协调的国家制度真正现代
化，让我们运用国家制度管理社会各方面事务，包括改革发展稳定、
内政外交国防、治党治国治军等各个方面的能力真正现代化，恐怕
时间还会更长一些。"长期发展、渐进改进、内生性演化"绝不只是
过去完成时，更是现在乃至将来进行时。我们要对真正实现国家治
理体系和治理能力现代化的漫长性、复杂性甚至曲折性有充分心理
准备，既不要急于求成、好大喜功，也不要颓废悲观、丧失信心。

三 坚定国家治理的"必然"

着眼国家治理的"应该"，立足国家治理的"可能"，中国特色
社会主义制度就成为当代中国国家治理体系的必然选择了。党的十
八届三中全会后，有人在解读全面深化改革总目标时，往往喜欢讲
后一句"推进国家治理体系和治理能力现代化"。乍一看好像问题不
大，但会导致严重的甚至是颠覆性的错误。习近平总书记特别强调：
"必须完整理解和把握全面深化改革的总目标，这是两句话组成的一
个整体，即完善和发展中国特色社会主义制度、推进国家治理体系
和治理能力现代化。我们的方向就是中国特色社会主义道路。"② 其
实就是针对这样一种现象讲的。

对于今日的中国来说，国家治理体系是有确定内容的，这就是
中国特色社会主义制度。所以国家治理体系现代化说到底就是中国
特色社会主义制度的现代化，舍此无他。中国特色社会主义制度，

① 《邓小平文选》第3卷，人民出版社，1993，第372页。
② 《习近平谈治国理政》，外文出版社，2014，第105页。

坚持把根本政治制度、基本政治制度同基本经济制度以及各方面体制机制等具体制度有机结合起来，坚持把国家层面民主制度同基层民主制度有机结合起来，坚持把党的领导、人民当家作主、依法治国有机结合起来，符合我国国情，集中体现了中国特色社会主义的特点和优势，是中国发展进步走向现代化的根本制度保障，是实现中华民族伟大复兴中国梦的基本行为规范。

中国特色社会主义制度尚未成熟定型，必须进行进一步的改革。但是这种改革是对中国特色社会主义制度的完善，不是全盘否定，也不是另起炉灶，更不是连根拔起。比如，在市场经济背景下国有企业改革势在必行，但国有企业改革不是简单地私有化，一味地改变国有企业的所有制性质而不去搞内部的管理运行机制创新，未见得能解决国有企业中存在的真问题，却会真的动摇社会主义的经济基础。政治体制改革要加快毋庸置疑，但发展社会主义民主政治绝对不意味着要取消中国共产党的领导，不意味着要放弃人民代表大会制度。我们不会动辄在任何问题上问姓"社"姓"资"，但政治体制的姓"社"与姓"资"是客观存在的，也不会因为不去问就没有了。

如果我们追求现代化追求到最后连中国社会近百年奋斗的发展道路、宗旨信仰都否定了，这还是我们期望中的现代化吗？习近平总书记说过："中国是一个大国，决不能在根本性问题上出现颠覆性错误，一旦出现就无法挽回、无法弥补。"① 什么是颠覆性的错误？就是在进行国家治理的过程中迷失了正确的方向。

四　做好国家治理的"必须"

如果说国家治理体系的形成、选择有不以人的意志为转移的客观历史性与现实必然性的话，优化治理体系、强化治理能力就是历

---

① 《习近平谈治国理政》，外文出版社，2014，第348页。

史主体必须发挥其能动性的责任领域了。推进国家治理体系和治理能力现代化，我们必须做的事情有很多，现仅摘要讲三点。

首先，必须保持精神独立性，用社会主义核心价值观打造国家治理的精神支撑。对于一个社会来讲，精神独立奠定了经济政治社会独立的前提，精神独立也保证了经济政治社会在真正意义上的独立。如果一个社会在精神层面上亦步亦趋，不能想清楚、讲清楚什么是好、什么是应该、什么是有意义，怎么可能确立起优越于他者的全新制度，又怎么可能把自己选定的道路信心百倍、义无反顾、坚定不移地走下去？如果中国社会不能在价值观方面赢得对西方社会的竞争优势，国家治理体系的竞争就丧失了舍我其谁的精神基础。

其次，必须勇于自我革命，在触动利益中完善和发展中国特色社会主义制度。坚持不是路径依赖，完善不能停留于零敲碎打的调整和碎片化修补，没有全方位、深层次、系统性改革，中国特色社会主义制度不可能实现创新性发展。我们今天讲变革，不仅意味着对 30 多年前那些不合时宜的制度体制的变革，更意味着一些已经成型的制度体制还要进一步变革，意味着要对既定利益结构进行与时俱进、顺应历史潮流和民意的调整。这一过程必然会招致一些既得利益群体的反对，会有极其巨大的阻力和意想不到的波折。在这方面，要像邓小平所说的："这个任务，我们这一代人也许不能全部完成，但是，至少我们有责任为它的完成奠定巩固的基础，确立正确的方向。"①

最后，必须敞开胸怀与眼界，从历史和现实中汲取推进国家治理体系和治理能力现代化的文明财富。传统中国的治理体系与现代中国是不同的，现代西方社会的治理体系与现代中国也是不同的，甚至西方社会内部各个国家间的治理体系也大相径庭，但这并不意味着这些不同背后没有共同的东西。它们都在一定程度上体现了对国家治理规律的认识与把握、探索与实践，这是人类社会进步的文

① 《邓小平文选》第 2 卷，人民出版社，1994，第 343 页。

明结晶，也是人类社会的共同财富。不照搬制度模式绝不意味着不借鉴他人的好东西。勇于和善于把他人的好东西化成我们自己的东西，是推进国家治理体系和治理能力现代化进程中一门至关重要的必修课。

（原载《文汇报》2014 年 7 月 7 日，收入本书时略有改动）

论法治中国的实践逻辑

党的十八届四中全会以全面推进依法治国为主题，再次吹响了建设法治中国的号角。中国社会在迈向法治中国的历史进程中，全面推进依法治国，旗帜鲜明地彰显"四个维护"的价值追求，以建设中国特色社会主义法治体系为总抓手，把"三个共同推进"和"三个一体建设"作为工作总布局。这一系列战略部署反映的是坚持和发展中国特色社会主义的本质要求，体现的是让法治中国走得更稳、走得更快、走得更好的实践逻辑。

一　准确的功能定位

法治是现代社会最核心的价值、最突出的标志，也是现代国家治理的鲜明特征和基本方式。但是，列宁曾经讲："只要再多走一小步，仿佛是向同一方向迈的一小步，真理便会变成错误。"[1] 崇尚法治是必然的，崇拜法治却是错误的；相信法治是必须的，迷信法治却是有害的。如果我们不能对依法治国有科学准确的定位，无限地拔高，不切实际地想当然，以为法治可以包打天下，甚至可以重新塑造国家，则不仅不会为全面推进依法治国注入正能量，反倒可能会产生副作用，让依法治国流于空谈甚至误导中国走向法治国家的

----

[1] 《列宁选集》第 4 卷，人民出版社，1972，第 257 页。

努力方向。

对于今日中国来说，我们一定要明确依法治国本身不是目的，作为治国方略其指向是实现国家治理体系和治理能力现代化，是要通过依法治国让我们的国体与政体更完善、更有效，而不是改变我们的国体和政体；是要通过依法治国实现中华民族伟大复兴的中国梦，而不是别的什么梦想。法治可以改变一个国家的面貌，可以优化一个国家的状态，但改变不了也不能去改变一个国家的性质及其基本制度。

关于依法治国的这一实践定位，中国共产党的认识很深刻，党的十八届四中全会讲得也很清楚。十八届四中全会的《中共中央关于全面推进依法治国若干重大问题的决定》（以下简称《决定》）开篇中有一段话："全面建成小康社会、实现中华民族伟大复兴的中国梦，全面深化改革、完善和发展中国特色社会主义制度，提高党的执政能力和执政水平，必须全面推进依法治国。"[①] 讲的就是依法治国的定位问题。这段话涵盖了中国共产党十八大以来正在做的三件大事："全面建成小康社会"是十八大提出的，"全面深化改革"是十八届三中全会要求的，"全面推进依法治国"则是十八届四中全会的主题。三年三个"全面"，绝非无意的巧合，更不是简单的文字排比，贯穿其中的是当代中国实现中华民族伟大复兴中国梦的路线图。因此，习近平总书记在做《决定》说明时指出，四中全会体现的就是这"三个全面"的逻辑联系。[②]

其实，坚持和发展中国特色社会主义，推动改革开放和社会主义现代化建设迈上新台阶，建设法治中国，并不止于"三个全面"。在十八届四中全会结束后不久，习近平总书记到江苏省考察调研的

---

① 《中共中央关于全面推进依法治国若干重大问题的决定》，《人民日报》2014 年 10 月 29 日。

② 习近平：《关于〈中共中央关于全面推进依法治国若干重大问题的决定〉的说明》，《人民日报》2014 年 10 月 29 日。

时候，又提出了第四个"全面"，即"全面从严治党"。① 从"三个全面"到"四个全面"，既是坚持和发展中国特色社会主义实践的客观要求，又是对坚持和发展中国特色社会主义规律认识的深化，更是建设法治中国的逻辑必然。十八届四中全会提出的加强党内法规制度建设，就是全面从严治党的重要举措之一。在这"四个全面"中，全面建成小康社会是奋斗目标，有目标则有方向；全面深化改革是动力，有动力才能成事；全面推进依法治国是保障，有规矩才成方圆；全面从严治党是主心骨，任凭风浪起，稳坐钓鱼台。

党的十八大提出，到 2020 年的时候要全面建成小康社会。"依法治国基本方略全面落实，法治政府基本建成，司法公信力不断提高，人权得到切实尊重和保障"② 等，这些在十八届四中全会上被高度聚焦的内容早就被当作全面小康的内涵写进了十八大报告。经过数十年的发展，中国小康社会建设取得了很大的成就，用我们常说的话就是已经总体实现小康，但细究起来这一小康社会依然是低水平、有差距的小康社会，是发展很不平衡、很不协调，内容也很不全面的小康社会。现在距 2020 年倒计时已经剩下不到 6 年时间了，要尽快补上全面小康的"短板"，就要靠全面深化改革注入动力，靠全面推进依法治国保驾护航，靠全面从严治党打造坚强政治核心。

因此，作为中国共产党人在迈向中华民族伟大复兴历史征程中形成的新的战略布局，"四个全面"一体两翼，中有核心。目标是体，动力与方略是翼，伟大光荣正确的中国共产党是当之无愧的核心，是当仁不让的主心骨。四管齐下，绘就中国发展新蓝图。着眼于全面小康的全面深化改革就是以更大的政治勇气和智慧，不失时机深化重要领域改革，坚决破除一切影响全面小康的思想观念和体制机制弊端，构建系统完备、科学规范、运行有效的制度体系，使各方面制度更加成熟更加定型；着眼于全面小康的全面推进依法治

---

① 《主动把握和积极适应经济发展新常态推动改革开放和现代化建设迈上新台阶》，《人民日报》2014 年 12 月 15 日。
② 《十八大以来重要文献选编》（上卷），中央文献出版社，2014，第 14 页。

国则是更好统筹社会力量、平衡社会利益、调节社会关系、规范社会行为，使我国社会在深刻变革中既生机勃勃又井然有序；着眼于全面小康的全面从严治党，旨在通过全面加强党的思想建设、组织建设、作风建设、反腐倡廉建设、制度建设，增强自我净化、自我完善、自我革新、自我提高的能力，确保党在全面建成小康社会进而实现中华民族伟大复兴的进程中始终成为坚强领导核心。

其实，中国社会的全面深化改革早就与全面推进依法治国协同推进了，而全面从严治党犹如一根红线始终贯穿其中。十八届三中全会《中共中央关于全面深化改革若干重大问题的决定》的第八、九、十这三部分所讨论的内容与十八届四中全会的内容完全一致，甚至第九部分的题目就是"推进法治中国建设"①。因为全面推进依法治国所需要的制度体制要通过全面深化改革培育、形成、确立，所以习近平总书记把这两个《决定》称为"姊妹篇"："党的十八届四中全会通过了全面推进依法治国的决定，与党的十八届三中全会通过的全面深化改革的决定形成了姊妹篇。全面深化改革需要法治保障，全面推进依法治国也需要深化改革。"② 至于说在全面深化改革中碰到的"老大难""硬骨头""雷区""险滩"，在全面推进依法治国中遭遇的思想不适应、行为不规范、制度不完备等问题，当然要靠全面从严治党去化解，但它们同时也为全面从严治党提示了入手处与着力点，让全面从严治党更加有的放矢。

通过"四个全面"的逻辑关系来对依法治国进行功能定位，绝非简单的"法律工具主义"。法律不能成为政治权力的工具，却必须也必然是国家治理的手段，不能本末倒置，体用易位。法治是通过提供制度化方案来实现对国家的治理，因而法治必然是对既定社会制度框架的法治化，是对社会制度的维护与改良，不是对社会制度的否定与颠覆。离开特定的社会制度，法治就失去了其赖以运行的

① 《十八大以来重要文献选编》（上卷），中央文献出版社，2014，第529页。
② 《学习贯彻党的十八届四中全会精神　运用法治思维和法治方式推进改革》，《人民日报》2014年10月28日。

基础，抛开社会制度搞法治是买椟还珠。对于今日中国社会的法治
建设来说，这一制度基础就是中国特色社会主义制度。正如马克思
所强调的："在现代国家中，法不仅必须适应于总的经济状况，不仅
必须是它的表现，而且还必须是不因内在矛盾而自相抵触的一种内
部和谐一致的表现。"① 在这一点上，我们无须"顾左右而言他"。

二　坚定的道路自觉

当代中国建设社会主义法治国家的目标是明确的，但是如何走
向社会主义法治国家，如何真正实现依法治国，不同的路径选择会
产生截然不同的结果。一个国家走向法治之路要与这个国家的经济
基础、社会发展水平、历史文化传统、集体心理行为等相契合、相
适应，简单生硬地照抄照搬不仅行不通，还会引发更严重的问题。
"坚定不移走中国特色社会主义法治道路"就是十八届四中全会凸显
出来的道路自觉。

中国特色社会主义法治道路并不是一句抽象的话语，而是有十
分确定的内涵与要求的。十八届四中全会从两个方面对中国特色社
会主义法治道路进行了阐述。

第一，"五个坚持"：坚持中国共产党的领导，把党的领导贯彻
到依法治国全过程和各方面；坚持人民主体地位，把人民作为依法
治国的主体和力量源泉；坚持法律面前人人平等，任何组织和个人
都必须尊重宪法法律权威，都必须在宪法法律范围内活动，都必须
依照宪法法律行使权力或权利、履行职责或义务，都不得有超越宪
法法律的特权；坚持依法治国和以德治国相结合，以法治体现道德
理念，强化法律对道德建设的促进作用，以道德滋养法治精神，强
化道德对法治文化的支撑作用，实现法律和道德相辅相成、法治和
德治相得益彰；坚持从中国实际出发，围绕社会主义法治建设重大

---

① 《马克思恩格斯选集》第4卷，人民出版社，2012，第610页。

理论和实践问题，推进法治理论创新，发展符合中国实际、具有中国特色、体现社会发展规律的社会主义法治理论，为依法治国提供理论指导和学理支撑。这"五个坚持"是中国特色社会主义法治道路的底线原则，如果在这五个方面放弃了、退让了，就会犯"颠覆性错误"，不可弥补、无法挽回。

较之于我们从党的十六大以来一直沿用的提法——"坚持党的领导、人民当家作主和依法治国有机统一"①，"五个坚持"从正面阐明了中国特色社会主义法治道路的基本原则，立场与态度更加明确坚定，内涵也更加具体清晰。但这还不是全部。习近平总书记明确指出，坚持党的领导，坚持中国特色社会主义制度，贯彻中国特色社会主义法治理论，"这3个方面实质上是中国特色社会主义法治道路的核心要义，规定和确保了中国特色社会主义法治体系的制度属性和前进方向"②。

我们要注意，在这"五个坚持"和"三大核心要义"中，两次都提到了坚持党的领导，并且都列在第一位。这是因为法治需要前进方向，党的领导是法治的根本保证。

政治是法治的前提，政治方向决定着法治的方向。不管多么自诩为超越政治的法治，其立脚之处一定是特定的政治土壤，不是这一种就是那一种。中国特色社会主义政治发展从根本上决定着中国社会法治建设的目标、价值与形态，决定着中国特色社会主义法治道路的前进方向。

中国特色社会主义法治建设要为了人民、依靠人民、造福人民、保护人民，要保证人民当家作主，发展社会主义，要着眼于实现基于人民立场的公平正义。要做到这一切，把党的领导贯彻到依法治国全过程和各方面是最根本的保证。人民是依法治国的主体，但这一主体地位只有在中国共产党的领导下才能真正得到保障，变为现

---

① 《十六大以来重要文献选编》（下卷），中央文献出版社，2008，第657页。
② 习近平：《关于〈中共中央关于全面推进依法治国若干重大问题的决定〉的说明》，《人民日报》2014年10月29日。

实的政治力量；人民是依法治国的力量源泉，但这一力量也只有在中国共产党的领导下才会组织起来，浩浩荡荡，众志成城。

第二，为什么坚持中国共产党的领导能解决制度和法律背后更为深层的问题呢？这在于中国共产党的性质，在于中国共产党的信仰。马克思主义告诉我们，判断一个政党的性质，最主要的是看它的纲领和路线代表什么人的利益。世界上成千上万的政党，只有共产党没有自己的特殊利益，只有共产党人敢说自己是特殊材料做成的人，只有共产党把实现人的自由全面发展的共产主义社会作为奋斗目标。这一切都是其他任何政党做不到也不准备这样做的。也正是有了这一切，中国共产党才成为当之无愧的先进政党、优秀政党。关于这一点，恩格斯说得很透彻："一个新的纲领毕竟总是一面公开树立起来的旗帜，而外界就根据它来判断这个党。"① 在一个代表了社会发展大方向、代表了人民群众根本利益的政党领导之下，中国社会的法治建设就有了正确的前进方向，不再是就法治论法治。

十八届四中全会不仅主题是依法治国，更强调"坚持依法治国首先要坚持依宪治国，坚持依法执政首先要坚持依宪执政"。这是中国共产党对中国特色社会主义法治道路坚定坚持与明确阐述的结果。习近平总书记讲："在走什么样的法治道路问题上，必须向全社会释放正确而明确的信号，指明全面推进依法治国的正确方向，统一全党全国各族人民认识和行动。"② 中国共产党已经把中国特色社会主义法治道路的原则、要义和决心表述得如此清楚。

三　鲜明的价值追求

法治本身就是人类社会最宝贵的价值追求。"法治"作为社会主义核心价值观中的重要内容之一，表达的正是对法治价值的高度认

---

① 《马克思恩格斯选集》第3卷，人民出版社，2012，第350页。
② 习近平：《关于〈中共中央关于全面推进依法治国若干重大问题的决定〉的说明》，《人民日报》2014年10月29日。

可。但法治中国绝不是为法治而法治，法治价值从来不是也不能是抽象的，一定要与经济社会发展的目标相一致，并且体现在具体的国家治理、政治发展、社会进步与人民幸福的实践中。因此，在今日中国社会，依法治国有极其具体而又明确的价值追求，这就是十八届四中全会提出的"四个维护"：坚决维护宪法法律权威、依法维护人民权益、维护社会公平正义、维护国家安全稳定。

（一）宪法法律的权威是法治的前提

区别现代法治社会与传统法律社会的关键性标志就在于法律在社会中是否有权威。在人类社会发展的进程中，有很多封建帝王君主甚至包括奴隶主也标榜法律，其所制定的法律甚至门类还很齐全，但他们是把法律作为工具去管制别人，把法制作为手段来谋取私利。法律在他们面前是没有权威的，只有法律而无法治。只有进入现代社会，法律从皇权王权中脱离出来获得了权威，法治才有了前提。

建设法治中国要维护法律的权威，更要维护作为法律之宗、法律之本的宪法的权威。关于这一点，习近平总书记在首都各界纪念现行宪法公布施行 30 周年大会上讲得明确而坚定，有力而坚决："维护宪法权威，就是维护党和人民共同意志的权威。捍卫宪法尊严，就是捍卫党和人民共同意志的尊严。保证宪法实施，就是保证人民根本利益的实现。"①

维护宪法法律权威，一定要把宪法法律当作一个整体，全面遵循宪法法律的要求，完整体现宪法法律的精神，不能断章取义，不能各取所需。例如，既要向社会、向公民讲清楚宪法规定的"公民的合法的私有财产不受侵犯"，这是现代文明社会最基本的要求，更要向社会、向公民讲清楚宪法规定的"社会主义的公共财产神圣不可侵犯"，这是社会主义国家的本质要求。

---

① 习近平：《在首都各界纪念现行宪法公布施行 30 周年大会上的讲话》，人民出版社，2012，第 4 页。

（二）人民权益是法治的根本

马克思在谈民主制国家的时候，特别强调："不是人为法律而存在，而是法律为人而存在；在这里法律是人的存在，而在其他国家形式中，人是法定的存在。"① 民主制国家的类型或许很多，人民当家作主的性质与特点让中国当之无愧位列其中。正因为如此，人民的权利权益不仅是中国法治的出发点，也是中国法治的重要着力点。我们要依法保障全体公民享有广泛的权利，保障公民的人身权、财产权、基本政治权利等各项权利不受侵犯，保证公民的经济、文化、社会等各方面权利得到落实。排斥最广大群众的、少数精英群体自娱自乐的法治模式在中国社会不具有政治合法性，也注定得不到最大多数群众的支持。

在此需要特别提出的是，权利不具体到个体难说落实，但权利不从整体考虑则会丧失前提。中国特色社会主义法治要把保障每一个中国人个体的权利落到实处，就一定要先保障个体背后群体的权利。如果人民群众作为一个整体在社会中的地位不能从政治层面得到切实的认可与保障，个体的权利也就成了无源之水、无本之木。这也是中国特色社会主义法治道路把坚持人民主体地位作为重要原则提出来的原因所在。

（三）公平正义是法治的灵魂

公平正义是一个社会赖以存在、运行、发展、繁荣的条件，也是法治最突出的价值指向。不能矫正社会自然发展中出现的不公平不正义已是法治的遗憾，法律安排和法律程序导致的不公平不正义更是法治的耻辱。应该说在现代社会中这两种类型的不公平不正义都还存在，我们把维护社会公平正义明确提出来，不仅是对法治的期待，更是对法治的要求。

---

① 《马克思恩格斯全集》第 3 卷，人民出版社，2002，第 40 页。

当然，在不同发展水平上，在不同历史时期，不同思想认识的人和不同阶层的人对社会公平正义的认识和诉求也会不同。对于经过数十年快速发展转型进入新常态的中国社会，具体而不是抽象的、真实而不是虚幻的公平正义，最根本的指向就是促进共同富裕。邓小平讲过："社会主义最大的优越性就是共同富裕，这是体现社会主义本质的一个东西。"① 离开共同富裕谈公平正义是不彻底的公平正义，不着眼于共同富裕的公平正义是打了折扣的公平正义，法治中国的建设一定要从最基本的制度安排、最根本的法律设计上体现这一价值要求。在此基础上，要依法公正对待人民群众的诉求，努力让人民群众在每一个司法案件中都能感受到公平正义，绝不能让不公正的审判伤害人民群众感情、损害人民群众权益。

（四）国家安全稳定是法治的价值底线

法治指向秩序，秩序形成安全，法治不是也不可能与国家社会的安全稳定相对立。尤其是当前我国国家安全内涵和外延比历史上任何时候都要丰富，时空领域比历史上任何时候都要宽广，内外因素比历史上任何时候都要复杂，维护安全稳定的挑战也丝毫不比历史上任何时候轻松。依法治国一定要服务于国家总体安全，为"以人民安全为宗旨，以政治安全为根本，以经济安全为基础，以军事、文化、社会安全为保障，以促进国际安全为依托"的中国特色国家安全道路提供坚强有力的法治保障，而不能抽象地谈论超历史、超现实的法治价值。我们不能被西方发达国家的所谓"人权高于主权"的论调牵着鼻子走。正所谓"皮之不存，毛将焉附"，在现实的国际环境中，没有完整、全面、坚强的国家主权做保障，所谓的人权保障只能是一厢情愿。现在国际社会中那些处于国家动乱之中的民众，西方发达国家许诺给他们的人权只是"空中楼阁"。

这"四个维护"是贯穿法治中国政策设计和制度安排的基本要

---

① 《邓小平文选》第3卷，人民出版社，1993，第364页。

求，只有这样，才能让依法治国的方略成为实现"两个一百年"奋斗目标、实现中华民族伟大复兴中国梦的可靠法治保障。中国社会之所以对法治提出这样具体而清晰的价值要求，是因为"但社会不是以法律为基础的。那是法学家们的幻想。相反地，法律应该以社会为基础。法律应该是社会共同的、由一定物质生产方式所产生的利益和需要的表现，而不是单个的个人恣意横行"①。马克思一百多年前的话在今日中国社会依然发人深省。

四　全面的法治体系

早在20世纪90年代中后期，党的十五大就提出建设社会主义法治国家的目标，并随后把依法治国作为党领导人民治理国家的基本方略写入宪法。经过十多年的实践前行，中国在迈向法治国家的道路上取得了极为丰硕的成果。2011年3月10日，时任全国人大常委会委员长的吴邦国在第十一届全国人民代表大会第四次会议上做工作报告时宣布："一个立足中国国情和实际、适应改革开放和社会主义现代化建设需要、集中体现党和人民意志的，以宪法为统帅，以宪法相关法、民法商法等多个法律部门的法律为主干，由法律、行政法规、地方性法规等多个层次的法律规范构成的中国特色社会主义法律体系已经形成。"②

但是法律体系的建成并不等于法治国家的建成，仅仅有法律体系是不够的。全面推进依法治国是一个系统工程，不仅要有法可依，更要让法律在经济社会发展的全过程中发挥作用。因此，十八届四中全会把全面推进依法治国的总目标扩充为两句话，在"建设社会主义法治国家"前面加上了"建设中国特色社会主义法治体系"，并且明确提出中国特色社会主义法治体系有五大体系：完备的法律规范体系、高效的法治实施体系、严密的法治监督体系、有力的法

---

① 《马克思恩格斯全集》第6卷，人民出版社，1961，第291～292页。
② 《十七大以来重要文献选编》（下卷），中央文献出版社，2013，第262页。

治保障体系以及完善的党内法规体系。习近平总书记把建设中国特色社会主义法治体系称为"总抓手":"全面推进依法治国涉及很多方面,在实际工作中必须有一个总揽全局、牵引各方的总抓手,这个总抓手就是建设中国特色社会主义法治体系。依法治国各项工作都要围绕这个总抓手来谋划、来推进。"① 把这五大体系建设好了,也就解决好了建设社会主义法治国家进程中科学立法、严格执法、公正司法、全民守法以及依规治党这些重大而基本的问题。

(一) 科学立法,形成完备法律规范体系的源头活水

截至 2013 年,我国有 243 部现行有效法律、680 多件国务院制定的现行有效行政法规、8000 余件地方性法规和其他立法确认的具有法律性质的规范性文件。从数量上说已不算少,称之为中国特色社会主义法律体系名副其实。但是法律体系只有更完备没有已完备,随着经济社会的发展,法律必须不断充实、修改、丰富、发展,科学立法依然任重道远。比如,贯彻落实总体国家安全观,加快国家安全法治建设,抓紧出台反恐怖法等一批急需法律,推进公共安全法治化,构建国家安全法律制度体系;又比如,用严格的法律制度保护生态环境,加快建立有效约束开发行为和促进绿色发展、循环发展、低碳发展的生态文明法律制度。

在此需要特别指出的是,科学立法不仅体现在遵循立法规律,增强法律法规的及时性、系统性、针对性、有效性,降低立法成本,避免立法浪费,把公正、公平、公开原则贯穿立法全过程,更要体现在站对、站稳立法立场,在立法中恪守以民为本、立法为民的理念,使每一项立法都符合宪法精神、反映人民意志、得到人民拥护。

(二) 严格执法,建设高效法治实施体系的"先手棋"

法律在实施中彰显存在,又在实施中确立权威。我国各级行政

---

① 习近平:《关于〈中共中央关于全面推进依法治国若干重大问题的决定〉的说明》,《人民日报》2014 年 10 月 29 日。

机关是实施法律法规的重要主体，据统计，80% 以上的法律和法规都是通过行政机关的具体职能活动来实施的。这样一种法治实施模式与状态对行政机关严格执法提出了很高的要求。没有行政机关的严格执法，高效法治实施体系就不可能开好头、起好步。

严格执法要通过深化行政执法体制改革来实现，如十八届四中全会提出的健全行政执法和刑事司法衔接机制，建立健全行政裁量权基准制度，完善纠错问责机制等一系列制度安排，旨在把执法权装进制度的笼子里，既不能以权压法、以身试法，也不能法外开恩、徇情枉法。在体制改革的基础上再纵深一步就是建设法治政府，这是严格执法，形成高效法治实施体系的基础工程。之所以出现选择性执法、寻租执法、钓鱼执法等现象，之所以行政权力可以任意膨胀、政府责任可以随意消解，根子在于政府角色定位有误。通过建设职能科学、权责法定、执法严明、公开公正、廉洁高效、守法诚信的法治政府，把政府的定位科学化、事权规范化、行为法治化，法治实施体系就有了一个新的起点。

（三）公正司法，为法治监督体系筑就正义底线

公正司法是维护社会公平正义的最后一道防线，要让人民群众在每一个司法案件中都感受到公平正义，严密的法治监督体系不可或缺。法治监督体系旨在要求司法既不能受权力的干涉，也不能内部腐败"吃了原告吃被告"。司法不受权力干涉就要强化依法独立公正行使审判权和检察权的制度，独立本身就是最大的监督，尤其是当建立起领导干部干预司法活动、插手具体案件处理的记录、通报和责任追究制度时，更会让那些试图以言代法、以权压法、徇私枉法的领导干部心存忌惮，"手莫伸，伸手必被捉"。而推进以审判为中心的诉讼制度改革，实行办案质量终身负责制和错案责任倒查问责制，以及完善检察机关行使监督权的法律制度，加强对刑事诉讼、民事诉讼、行政诉讼的法律监督，完善人民监督员制度等，是着眼于彻底消除法外开恩，办关系案、人情案、金钱案的司法痼疾。

（四）全民守法，夯实法治保障体系的社会基础

只有全民守法才是真正意义上的法治社会，而全民守法离不开法治保障体系。法治保障体系首先要在让人民群众信仰法治上下功夫。"宪法的伟力在于人民出自真诚的信仰。"① 写在纸上的法律不一定管用，深入人民内心的法律才有力量。法律如何才能深入人心，让人民群众真信？法律必须对人民群众确实有好处，能够切实保障他们的权利，而不仅仅是管制约束。当绝大多数群众感觉到其权利能够通过法治得到充分的保障，甚至不曾知晓的权利通过法治得到了、丰富了、拓展了，自然就相信法治了。同时，法治保障体系要夯实基础。毋庸讳言，通过司法途径维权成本很大，程序也烦琐、复杂。通过多层次多领域依法治理，特别是深化基层组织和部门、行业依法治理，支持各类社会主体自我约束、自我管理，发挥市民公约、乡规民约、行业规章、团体章程等社会规范在社会治理中的积极作用，可以把很多的法律争端与法律诉求消化在走向司法程序之前。当法治保障体系把这些都做到的时候，全体人民群众自然就会成为社会主义法治的忠实崇尚者、自觉遵守者、坚定捍卫者，全民守法也就水到渠成。

（五）依规治党，完善党内法规体系的制度基础

党的领导是社会主义法治最根本的保证。如何让党的领导在全面推进依法治国的历史进程中得到有力的体现、充分的保证？打铁还需自身硬，执政党从思想到行为要适应依法治国的要求。在这一过程中首要的就是让中国共产党成为习近平总书记所要求的"有规矩"的政党。

我们要通过加强党内法规制度建设，完善党内法规制定体制机制，形成配套完备的党内法规制度体系，运用党内法规把党要管党、

---

① 《习近平谈治国理政》，外文出版社，2014，第140页。

从严治党落到实处，促进党员干部带头遵守国家法律法规，提高党员干部法治思维和依法办事能力，增强党的依法执政能力和水平。

形成配套完备的党内法规制度体系，要以党章为根本依据。党章是总规矩、总原则、总要求。同时经过进一步的制度细化，把这一系列"总"切实体现在政党的执政实践中。比如，在保障党员权利、发展党内民主、改革用人制度、加强基层组织、推进作风转变、规范权力行使、严明党的纪律、强化党内监督等方面都依照党章总规矩来制定一系列更有针对性、指导性和可操作性的"分规矩"，使党依法执政的制度基础更加巩固。

五　结语

实践逻辑首先表现为实然，法治中国就是这样一步一步走出来的，就是这样在破解一个一个问题中成熟完善的。但是，实践逻辑也一定是内含并体现应然要求的，法治中国的建设不会也没有背离法治的基本规律、基本价值，对法治性质的强调、对法治道路的自觉、对法治功能的清醒等，体现的都是对法治建设基本规律的自觉遵循与运用。应然与实然的有机统一塑造了法治中国的实践逻辑，也开启了建设法治中国的新时代。

（原载《中国特色社会主义研究》2015 年第 1 期，收入本书时略有改动）

"中国之治"的制度逻辑

从 20 世纪中叶以来，中国社会在一张白纸上画出了最新最美的图画，让一个人民当家作主的社会主义国家屹立在世界东方，创造了一枝独秀的发展奇迹，实现了风景这边独好的"中国之治"，迎来了从站起来、富起来到强起来的伟大飞跃。中国特色社会主义道路成功的背后是中国特色社会主义制度（以下简称"中国制度"）的成功。而中国制度之所以成功，根本原因在于制度逻辑的科学管用。可以说，合实际、合规律、合目的的制度逻辑，让中国制度优越性得以充分体现、制度优势得以充分发挥、制度绩效得以不断提升。

一 立足中国实际进行制度选择、制度安排、制度变革

一种社会制度要成为在经济社会发展中真正管用的保障而不是华而不实的摆设，就必须扎根本土，与社会生产力发展水平、社会发展阶段相适应，既不能急于求成搞制度上的浪漫主义、理想主义，也不能邯郸学步、照搬照抄，指望搬来一座"飞来峰"。立足中国实际，在中国历史传承、文化传统、经济社会发展的基础上长期发展、渐进改进、内生性演化的中国制度，其最鲜明的特点就是合实际而适宜、合实际而管用。

合历史实际。20 世纪是社会主义运动历史大潮风起云涌、从一国走向多国的时代，社会主义制度以其巨大的优越性让众多的国家和民族实现独立、解放，登上世界舞台。中国之所以能实现最深刻最伟大的社会变革，中华民族伟大复兴之所以能迎来曙光，就在于顺应历史发展潮流，创造性地从新民主主义革命迈向社会主义革命，确立起社会主义基本制度。事实证明，中国选择社会主义制度，实现向人民民主制度的伟大跨越，为当代中国一切发展进步奠定了根本政治前提和制度基础。正是在社会主义制度的推动与保障下，中国独立自主走出一条自己的道路，自力更生研制出"两弹一星"，建立起独立的比较完整的工业体系和国民经济体系，让中国这样一个社会生产力十分落后的国家实现旧貌换新颜，焕发出生机活力，成为在世界上有重要影响的大国。

合国情实际。社会主义中国建立起来了，但中国仍处于并将长期处于社会主义初级阶段，这是基本国情，也是最大实际。社会主义初级阶段是在原本经济文化落后的国家建设社会主义现代化不可逾越的历史阶段，需要上百年甚至更长时间。在社会主义初级阶段，让生产关系更好地适应生产力发展要求，以进一步解放生产力、发展生产力，必须有与之相适应的制度安排。中国果断走上改革开放之路，创造性地实行社会主义市场经济体制，使市场在资源配置中起决定性作用；坚持和完善公有制为主体、多种所有制经济共同发展的基本经济制度，坚持和完善按劳分配为主体、多种分配方式并存的收入分配制度，鼓励一部分地区和一部分人先富起来，逐步消灭贫穷，达到共同富裕；通过改革生产关系和上层建筑中不适应生产力发展要求的方面和环节，不断促进生产力的发展。同时，中国坚持在中国共产党领导和社会主义制度的大前提下发展市场经济，巩固和发挥社会主义制度优越性，有效防范资本主义市场经济的弊端，从而收获了社会主义市场经济的硕果。

合时代实际。中国特色社会主义进入新时代，我国社会主要矛盾已经转化为人民日益增长的美好生活需要和不平衡不充分的发展之间的矛盾。从全面建成小康社会到基本实现现代化，再到全面建成社会主义现代化强国，这个发展过程不断对制度供给提出新的更高的要求。当代中国正在推进全面深化改革，既对改革前各种僵化保守的体制机制进行大刀阔斧的改革，也对改革过程中曾经管用但现在越来越不合时宜的体制机制进行壮士断腕的再改革。实践证明，以将改革进行到底的意志与行动，不断打破束缚生产力发展的各种体制机制弊端，在实现制度与时俱进的过程中让制度更加成熟更加定型，中国制度就会更加完善，国家治理体系和治理能力现代化水平就会进一步提高。

二　充分发挥中国制度的最大优势与巨大潜力

人类社会发展史表明，虽然在一定的发展阶段社会生产力水平是既定的，但是通过科学的制度安排把各种生产力要素集中起来，聚焦关键点进行优化配置，可以把生产力的潜力充分激发出来，达到既定基础和条件约束下的生产力发展水平上限。这既是经济社会发展规律，也是制度发展规律。中国能用几十年时间走过西方国家上百年乃至数百年的发展之路，创造出世所罕见的发展奇迹，重要原因就在于中国制度能够集中力量办大事。我国宪法明确规定，中华人民共和国的国家机构实行民主集中制的原则。这一制度安排保证中国能办成许多别的国家办不成的大事。习近平同志指出："最大的优势就是我国社会主义制度能够集中力量办大事，这是我们成就事业的重要法宝，过去我们搞'两弹一星'等靠的是这一法宝，今后我们推进创新跨越也要靠这一法宝。"[1]

集中力量办大事要有核心，这个核心就是中国共产党；中国社会"众星捧月"，这个"月"也是中国共产党。中国制度的最大优

---

① 《习近平关于科技创新论述摘编》，中央文献出版社，2016，第35页。

势是中国共产党领导，讲的就是这个道理。有了中国共产党这个总揽全局、协调各方的领导核心，中国社会集中力量办大事就有了"主心骨"、方向感、向心力；在国家治理体系的大棋局中，有了党中央这个坐镇中军帐的"帅"，就能做到车马炮各展其长，就能做到"军民团结如一人"。中国之所以能提出"两个一百年"奋斗目标，能够规划5年、30年乃至50年的奋斗时间表、发展路线图，就在于长期执政的中国共产党能够领导中国人民朝着认准的宏伟目标一以贯之地走下去。当一些西方国家的政党为讨好少数利益集团而损害其他社会群体利益，为登台执政而做不负责任许诺、提不切实际目标的时候，中国共产党始终不忘初心，牢记使命，自信从容，行稳致远，致力于为中国社会最广大人民群众的最大利益、最根本利益、最长远利益而努力奋斗，让一个饱经沧桑而又生机勃勃的国家在一代接着一代干、一棒接着一棒跑中实现一个又一个伟大飞跃。

心往一处想，劲才会往一处使。集中力量办大事，形成共识、凝聚共识至关紧要。为把13亿多人的思想共识高度凝聚起来，中国制度提供了中国方案。民主集中制的集中是在民主基础上的集中，但应看到现实政治生活中的民主形式并不只是选举和投票，还有协商和讨论。政治的事情是众人的事情，众人的事情就要由众人商量。有事多商量，遇事多商量，做事多商量，就能商量出共识、商量出最大公约数、商量出正能量、商量出精气神，最终商量出治国理政大好局面、商量出改革发展丰硕成果。作为民主制度的中国创造，社会主义协商民主通过制度化、规范化、程序化的安排，让人民群众、社会各个阶层和各个群体都能有权利、有渠道、有机会充分阐述自己的意见，表达自己的诉求，维护自己的权益。当贯彻党的理论和路线方针政策形成合力、中国梦这个"最大同心圆"来自众人合力、每一个人的意愿都体现在合力中时，共识自然就广泛形成了，力量也就充分集中起来了。

三　在通过促进人的全面发展中
解放和发展生产力

现代社会，不同制度的差别不仅体现在制度规则与制度程序上，更体现在制度价值与制度目的上。从一定意义上讲，制度价值与制度目的决定着制度形态。中国制度坚持以人民为中心，让人民当家作主，其制度逻辑是劳动的逻辑、人民的逻辑。

在中国，"以人民为中心"不是一个抽象的、玄奥的概念，也没有停留在口头上、止步于思想环节，而是通过不同层面的制度安排切实体现在经济社会发展各个环节。习近平同志指出："中国执政者的首要使命就是集中力量提高人民生活水平，逐步实现共同富裕。"[①] "共同富裕是中国特色社会主义的根本原则。""公平正义是中国特色社会主义的内在要求。"[②] 在体制机制和政策规定中，哪里有不符合促进社会公平正义的问题，哪里就要加快改革；哪里问题突出，哪里就是改革的重点。从全面小康一个都不能少的精准脱贫，到把不断做大的"蛋糕"分好，让社会主义制度的优越性得到更充分体现的共享发展，再到让人民群众有更多获得感的全面深化改革，背后都有制度的支撑，都体现着鲜明的价值导向。

让人民当家作主，是中国制度最本质的属性、最核心的要求、最高的价值指向。为此，我国不仅通过依法选举让人民的代表广泛参与国家生活和社会生活的管理，而且通过选举以外的制度和方式让人民参与国家生活和社会生活的管理，让人民民主更加广泛、更加充分、更加健全。不可否认，促进人的全面发展、实现人的彻底解放是一个漫长的历史过程，但只要在制度安排中坚持以人民为中心，人民当家作主就有了可靠的起点和正确的方向。

人是生产力中最活跃的因素，解放和发展生产力归根结底要通

① 《习近平谈治国理政》第2卷，外文出版社，2017，第30页。
② 《习近平谈治国理政》，外文出版社，2014，第13页。

过人的全面发展和人的解放来实现。如果一种制度把人作为资本增值的工具，制度的发展以人的异化为代价，通过资本侵占劳动来实现，这样的制度不仅让生产力的发展没有出路，自身更没有出路。中国制度保证"国家建设是全体人民共同的事业，国家发展过程也是全体人民共享成果的过程"①。身处这样制度环境中的中国人民，共同享有人生出彩的机会，共同享有梦想成真的机会，共同享有同祖国和时代一起成长与进步的机会，人民群众的积极性、主动性、创造性就会被充分调动起来。这一制度逻辑让一切社会活力竞相迸发，让一切创造社会财富的源泉充分涌流，必将推动社会生产力的极大解放与发展。

当然，中国制度还在继续发展完善中，但坚持这样的制度逻辑，中国制度一定会像邓小平所预言的："我们的制度将一天天完善起来，它将吸收我们可以从世界各国吸收的进步因素，成为世界上最好的制度。"②

（原载《人民日报》2018 年 11 月 16 日，收入本书时略有改动）

---

① 《习近平关于全面建成小康社会论述摘编》，中央文献出版社，2016，第 149 页。
② 《邓小平文选》第 2 卷，人民出版社，1994，第 337 页。

走出零和思维的战略误区

恩格斯有句名言："不管自然科学家采取什么样的态度，他们还是得受哲学的支配。"① 问题只在于，他们是愿意受错误的哲学支配，还是愿意受正确的哲学支配。当今世界，一些国家政策内顾倾向加重，保护主义抬头，逆全球化潮流而动。深挖这些行为的思维根源不难发现，频频挑起国际经贸摩擦的背后，是零和思维在作怪。因此，要认清这些行为的荒唐与不负责任，首先要剖析清楚零和思维的荒谬与不合时宜。

一 开放发展是客观规律，零和思维
短视封闭、害人害己

"零和"本是一个博弈学概念，是指在博弈过程中一方得到的正是对方失去的，得与失相加是零。这反映在思维上就是零和思维。零和思维看似有经济学模型的支持，实质上是一种建立在错误哲学基础上的形而上学思维方式，在理论上是荒谬的，在实践中是有害的。

首先，博弈论关于"零和"的模型，只是对抗性博弈在绝对封闭状态下的一种理论情景。在人类社会实践中，从来没有也不会有

---

① 《马克思恩格斯全集》第20卷，人民出版社，1971，第552页。

绝对零和的现象。"失之东隅，收之桑榆"，是人类社会生活的一种常态；"萝卜白菜，各有所爱"，是对人类社会利益偏好多样性的形象描述；西方谚语"棋盘外总是有东西的"说的也是同样的意思。只要系统是开放的、历史是前进的，零和就不可能成为现实。事实上，人类社会正是一个开放的大系统，人类社会实践正是一个不断进步的永无止境的过程。

其次，零和思维是建立在人性恶的哲学判断基础上的。因为预设人性是恶的，就武断地认为所有人的人性都是恶的，在社会交往中你得到的就是我失去的，所以必须把所有的利益都攥在自己手中，"自己好处通吃，别人只能完败"。现实生活中可以看到人性有恶的一面，但也可以举出更多人性为善的事实。人之为人，不在于究竟是人性本善还是人性本恶，而在于面对善与恶的纠缠时，可以做出顺应客观规律、彰显人性光辉的正确选择。以一己之心度他人之腹，以一时之偏蔽恒常之正，把一种哲学假设当作客观事实和立论基础，这在理论上体现为无知，在实践中表现为偏执。试想有哪一个人、哪一个组织愿意和敢与秉持这种思维的人和组织打交道？如果零和思维大行其道，在社会交往中动辄如临大敌、邻人遗斧，人类社会就不可能进步，世界也不会向前发展。但事实上，人类文明进步的脚步从来没有停止，这是因为人虽然免不了被人性中恶的一面诱惑一时，但抑恶扬善、抱团成群始终是"学以成人"的主旋律，是人类社会文明发展的主基调。

最后，更重要的是，零和思维本质上是一种孤立、静止、片面的形而上学思维。零和思维之所以会为了一棵树而甘愿失掉一片森林，是因为形而上学思维看不到社会实践中的合作、变化、发展，完全无视开放进步的客观规律。对于秉持零和思维的人来说，只有眼前的、当下的利益才是真实可靠的，其他的都不存在、都不作数。这种形而上学思维容易导致两种倾向：一是悲观，对未来没有也不敢有信心，总担心已经得到的东西会失去；二是保守，对变化发展怀有深深的恐惧，总担心别人超过自己。事实上，人作为社会性的存在，不是在封闭状态中自生自灭，而是在不断走向开放的过程中证明和实现自己的存在。虽然眼前的蛋糕可能就那么多，但是放开眼界，会发现外面还有更多的蛋糕；虽然当下的蛋糕可能就那么大，但是长远来看，会发现将来会做出更大的蛋糕。零和思维自我封闭、拒绝合作，奉行你输我赢、赢者通吃的老一套逻辑，采取尔虞我诈、以邻为壑的老一套办法，结果必然是封上别人的门也堵住自己的路，侵蚀自己发展的根基也损害人类的未来，最终害人害己。

二　互利共赢是时代潮流，零和思维故步自封、不合时宜

把零和思维运用到现代国际交往中，非常不合时宜。随着人类社会进入马克思所讲的世界历史时代，经济全球化使各个民族、各个国家通过国际市场的普遍交往在生产和消费等方面越来越连成一体，世界各国之间的交流合作几乎遍及各个领域。这种广泛交流合作带来的互利共赢使世界经济增长获得强劲动力，使世界政治格局也相对稳定下来。第二次世界大战以来，全球有 13 个经济体实现 25 年以上的高速增长，其共同特征就是采取开放政策，各展其长，各得其所。当整个世界的人都在分享开放合作的红利，都在互利共赢中憧憬美好生活的时候，一些国家、一些人重新祭起了零和思维的招魔幡，岂不是大煞风景？

世界潮流，浩浩荡荡，顺之则昌，逆之则亡。经济全球化是社会生产力发展的客观要求和科技进步的必然结果，不是哪些人、哪些国家人为造出来的。习近平同志指出："世界经济的大海，你要还是不要，都在那儿，是回避不了的。想人为切断各国经济的资金流、技术流、产品流、产业流、人员流，让世界经济的大海退回到一个一个孤立的小湖泊、小河流，是不可能的，也是不符合历史潮流的。"[①] 如果罔顾时代潮流与社会期待，身体已进入 21

---

① 《习近平谈治国理政》第 2 卷，外文出版社，2017，第 478 页。

世纪，而脑袋还停留在过去，停留在殖民扩张的旧时代里，停留在零和博弈的老框框内，就会自食其果，搬起石头砸自己的脚。第二次世界大战的惨痛教训告诉人们，赢者通吃、零和博弈不是人类发展之路。

互利共赢，就是自己发展得好、生活得舒适，也要让别人发展得好、生活得舒适。甚至在一定意义上，别人发展得好、生活得舒适是自己发展好、生活舒适的前提。习近平同志指出，中国人民不会犯"红眼病"，不会抱怨他人从中国发展中得到了巨大机遇和丰厚回报，"中国人民张开双臂欢迎各国人民搭乘中国发展的'快车''便车'"。从这一点上来看，世界特别是一些西方发达国家真应该向中国学习，向中国看齐。

国际交往中的得与失，往往很难直观地体现出来。姑且不说政治领域的收益不可能用数字量化出来，就是经济领域的得失也很难进行简单的数字量化。比如，美国对中国挑起贸易战的借口是两国之间贸易逆差太大，美国企业和消费者吃亏了。单从中美两国贸易额来看确乎如此，但事实恰恰相反。一台苹果7手机售价最低为649美元，但属于中国的加工成本仅占不到1%；中国对美国出口一套450美元的西服，中美获得的利润分别为5%和84%。中国经济在开放发展、自由贸易中获得了长足发展，但这种发展所形成的庞大消费市场、完整产业链、熟练劳动者储备，也为包括美国在内的世界各国提供了发展机会。目前，中国是美国苹果公司和通用汽车公司的最大消费市场。2017年，美国通用汽车公司在全球亏损109.8亿元人民币，但从在华两家合资企业赚取了133.3亿元利润。美国高通公司在中国市场的销售额占其总营收的58%，没有中国市场，高通的半壁江山就没有了。零和思维下的美国把"高关税之镖"射向中国，但最终会悲伤地发现，真正刺痛的是美国企业和美国民众。

习近平同志讲："搞保护主义如同把自己关进黑屋子，看似躲过了风吹雨打，但也隔绝了阳光和空气。打贸易战的结果只能是两败俱伤。"① 可谓一语中的，切中了零和思维的要害。国际货币基金组织预计，美国与其他国家进行贸易战所造成的损失，可能会令全球经济增速连续三年降低0.5%，全球GDP将因此损失约4300亿美元。经济合作与发展组织也发出警告称，如果中美欧的关税成本提高10%，将拉低1.4%的全球GDP增速。经济学上有个比喻，一个醉汉横冲直撞闯进瓷器店，在拿走他想要的东西的同时，把其他瓷器也打了个稀里哗啦，全然不管自己拿到的那点东西与被损坏的东西相比只是九牛一毛。现在的美国就好比那个醉汉，更可悲的是，自己想要的东西不见得能拿到，因为在打碎其他瓷器的同时，自己想要的东西也难以幸免。

三　构建人类命运共同体是发展方向，零和思维画地为牢、没有出路

世界发展很快，但世界的发展并非尽善尽美，也存在很多问题，如发展失衡、治理困境、数字鸿沟、公平赤字等。有问题不可怕，可怕的是不敢直面问题，找不到解决问题的思路，更可怕的是无视真问题，纠缠假问题，找错了解决问题的思路，这会引发更大的问题。

当今世界日益成为一个"地球村"，人类利益高度融合，彼此相互依存，事实上已经成为你中有我、我中有你的命运共同体。"是"很重要，"想要是"更加重要。世界不仅要在事实上成为命运共同体，更要在人们的思想观念中成为命运共同体。中国倡导构建人类命运共同体正是基于这样的认识。世界不仅是"你的""我的""他的"，更是"我们的"。人类有共同的利益，也有共同的问题。这些利益只有共同合作才能获得，这些问题也只有共同应对才能化解。如粮食安全、资源短缺、气候变化、网络攻击、人口爆炸、环境污

---

① 《习近平主席在出席世界经济论坛2017年年会和访问联合国日内瓦总部时的演讲》，人民出版社，2017，第9页。

染、疾病流行、跨国犯罪等，这些问题的出现及其造成的影响是全球性的，其有效解决也有赖于世界各国的通力合作。

"积力之所举，则无不胜也；众智之所为，则无不成也。"构建人类命运共同体需要同舟共济的实践自觉，即在追求本国利益时兼顾他国合理关切，在谋求本国发展中促进各国共同发展，形成增长联动效应，建立更加平等均衡的新型全球发展伙伴关系，增进人类共同利益，共同建设一个更加美好的地球家园。

在国际关系中，零和思维之所以沉渣泛起，主要原因在于一些西方发达国家对新兴市场经济国家快速发展心存抵触甚至畏惧，认为这些国家动了其"奶酪"。由于长期依仗绝对优势地位推行霸权主义，西方一些人把不义之举当作理所当然，把明日黄花想象成长青之树。于是，在偏执的历史记忆诱使下，零和思维陷入自我实现的恶性循环。强权绝非正义，也不见得是真"强"。历史上也许管用过，但现在不灵了，将来更行不通。世界命运应由各国共同掌握，国际规则应由各国共同书写，全球事务应由各国共同治理，发展成果应由各国共同分享。随着世界经济深度融合和发展中国家实力不断上升，优化全球经济治理体系，实现在公平正义基础上的互利共赢，方是人间正道。不能通吃就"砸锅"，一言不合就"退群"，这是没有出路的。

建设一个更加美好的世界，是我们这个时代的愿景，也是我们这个时代的使命。给我们自己和我们的后人创造一个持久和平、普遍安全、共同繁荣、开放包容、清洁美丽的世界，需要各国坚持互利共赢、同舟共济推动构建人类命运共同体，而不能让零和思维蒙蔽了心智，以致故步自封、画地为牢、倒行逆施。太平洋足够大，完全容得下周边各国和平发展；地球更大，完全可以让世界70多亿人画出最新最美的图画。多一些命运共同体意识，多一些战略眼光，零和思维及其危害就会少一些。

（原载《人民日报》2018年9月6日，收入本书时略有改动）

坚持底线思维的实践辩证法

党的十八大以来，习近平总书记多次强调要善于运用"底线思维"的方法，这是马克思主义思想方法和工作方法的一个具体体现，也是中国共产党人治国理政的一个重要的战略策略和紧要的领导艺术。2019年1月21日，在省部级主要领导干部坚持底线思维着力防范化解重大风险专题研讨班上，习近平总书记更进一步指出："坚持底线思维，增强忧患意识，提高防控能力，着力防范化解重大风险，保持经济持续健康发展和社会大局稳定。"①把忧患意识与战略定力有机统一起来，以充沛顽强的斗争精神彰显使命担当，凡事从坏处准备，努力争取最好的结果，有备无患、遇事不慌，牢牢把握主动权，这是坚持底线思维的实践辩证法。

一　增强忧患意识，要在最坏的可能性上
建立我们的政策

习近平总书记指出："我们党是生于忧患、成长于忧患、壮大于忧患的政党。"②忧患就是在"治平之事"中看到"不测之忧"，在高

---

① 《习近平：提高防控能力着力防范化解重大风险》，中国新闻网，http://www.chinanews.com/gn/2019/01 - 21/8735219.shtml，最后访问日期：2019年6月24日。

② 《十九届中央国安委首会，习近平压实责任》，新华网，http://www.xinhuanet.com/politics/2018 - 04/18/c_1122704142.htm，最后访问日期：2019年6月24日。

歌猛进时不忘风险雷区。1945年，毛泽东在中国共产党第七次全国代表大会上做结论报告时，一口气列举了党可能遭遇的十七条困难，提出"要在最坏的可能性上建立我们的政策"，尤其是党的高级负责干部更要有"对付非常的困难，对付非常的不利情况"的精神准备。①邓小平讲改革和开放的时候也强调："我们要把工作的基点放在出现较大的风险上，准备好对策。这样，即使出现了大的风险，天也不会塌下来。"②居安思危，未雨绸缪，把形势想得更复杂一点，把挑战看得更严峻一些，做好应对最坏局面的准备，这就是坚持底线思维的入手处。

事实上，今天面临的风险并不是想象出来的，而是客观存在、迎面而来、不可回避也回避不了的。这些风险，既包括国内的经济、政治、意识形态、社会风险以及来自自然界的风险，也包括国际经济、政治、军事风险等。比如，用几十年时间走完发达国家几百年工业化历程，让我们在取得辉煌成就的同时，也遭遇到巨大的挑战。西方国家用几百年缓慢释放消化的经济发展问题、社会转型问题、环境生态问题，我们必须在短时间内面对经受化解，其难度之大、风险之危不言而喻。又比如，一些国家面对中国的发展进步与繁荣复兴不适应、不理解、不接受，就以各种方式围堵遏制中国的发展，国际和周边安全环境更趋复杂、更加艰难。我们不认同"修昔底德陷阱"之类的说法，但当别人偏执地信奉并故意拖着中国走向陷阱的时候，我们也很难独善其身，甚至会因此而招来无妄之灾，承受本不应该有的成本与代价。再比如，随着中国日益走近世界舞台中央，从"赶上时代"走向"引领时代"，迎来了从站起来、富起来到强起来的伟大飞跃，一些好大喜功的心态和行为开始潜滋暗长。安于现状、盲目乐观，躺在过去的功劳簿上志得意满的有之；掩盖矛盾、回避问题，像鸵鸟一样把头埋到沙堆中的亦有之。有道是船到中流浪更急、人到半山路更陡，如果不能经受住"四大考验"、克

---

① 《毛泽东文集》第3卷，人民出版社，1996，第388、392页。
② 《邓小平文选》第3卷，人民出版社，1993，第267页。

服"四种危险"，中国不仅不可能百尺竿头更进一步，已有的发展成果也不可能保住。

而且，当下中国社会各种矛盾风险源和各类矛盾风险点相互交织、相互作用，甚至有形成风险综合体的可能。如果防范不及、应对不力、处理不当，就会传导、叠加、演变、升级，使小的风险发展成大的风险，局部的风险发展成系统的风险，国际上的风险演变为国内的风险，经济、社会、文化、生态领域的风险转化为政治风险，最终危及党的执政地位、危及国家安全，中国的现代化和中华民族伟大复兴进程就可能被迫中断。

"明者防祸于未萌，智者图患于将来。"坚持底线思维，就要如履薄冰，要举轻若重，要防微杜渐，不让小风险演化为大风险，不让个别风险演化为综合性风险，不让局部风险演化为区域性或系统性风险，不让经济风险演化为社会政治风险，不让国际风险演化为国内风险。绝不能鹦鹉学舌、邯郸学步，在防范和应对重大风险上犯战略性、颠覆性错误。

二　保持战略定力，在应对风险中保持自信、坚定、从容

把困难想得充分一些，把风险估计得严重一些，并不是说要自己吓自己，更不能因之而真的吓倒自己。各种风险我们都要防控，但重点是防控那些可能迟滞或中断中华民族伟大复兴进程的全局性风险。害怕风险或躲避风险，意欲完全消除风险或消除全部风险，不是马克思主义的态度。对风险的判断与把握既要有强烈的忧患意识，也要有坚定的战略定力，这是坚持底线思维最基本的要求。

战略定力的"定"在于不惊慌失措。良药苦口，针砭刺骨，一个世界上最大的发展中经济体转型，吐故纳新，怎么可能没有阵痛，怎么可能没有代价？从发展起来前到发展起来后，从高速转向中高速，从快速发展转向高质量发展，从经济新常态到供给侧结构性改

革，从处置"僵尸企业"到稳定房地产市场，刺破脓肿当然会有阵痛，但这是走向健康的开始。这种摆到面前的风险固然会引发社会一时的不适应，会让我们很疼，但并不可怕，应该警惕的反倒是病急乱投医的左右摇摆或得过且过、饮鸩止渴所导致的潜在的更大风险。

战略定力的"定"在于"乱云飞渡仍从容"，不掉入别人故意设下的陷阱。中国的发展要紧紧抓住战略机遇期，也要全力呵护战略机遇期。但战略机遇期从来不是别人赐予的，在别人的地基上不可能建起我们自己的广厦千万间。2018年以来中美之间的所谓贸易战，其实质不是对规则的遵守与不遵守，而是心胸狭隘的遏制与顺应时代发展之间的博弈。在这一过程中我们当然要付出代价，甚至要付出我们尚未预见到的代价。但一个志在复兴的民族不可能永远做别人的低端打工者，一个走向富强的大国绝不会没有国之重器。对于美国挑起的贸易战，中国不想"打"，但我们不得不"打"，我们也不怕"打"。这样的"打"不仅不会打掉战略机遇期，反而会让当代中国的战略机遇期拥有更加坚实、更加平等、更加自信的基础。从一定意义上讲，一个凝聚起13亿多中国人民众志成城意志的时期，一个唤醒13亿多中国人民自力更生意识的时期，是更为珍贵、更加可靠、更有希望的战略机遇期。更何况当今世界正处于百年未有之大变局，发达国家与发达国家、发达国家与发展中国家、东方与西方，不同文明、不同宗教之间多样化的利益诉求、多样化的价值诉求、多样化的行为模式等，客观上形成巨大的战略回旋空间，让我们可以有效地管控风险，并化风险为机遇，创造出新的战略机遇期。

战略定力的"定"在于不急于求成。从富起来走向强起来，从大国迈向强国，全面建成社会主义现代化强国乃至实现中华民族伟大复兴，从来不会立竿见影，也不要幻想一蹴而就。社会主义初级阶段是当代中国的最大国情、最大实际。在相当长时期内，初级阶段的社会主义还必须同生产力更发达的资本主义长期合作和斗争，还必须认真学习和借鉴资本主义创造的有益文明成果，甚至必须面对被人们用西方发达国家的长处来比较我国社会主义发展中的不足并加以指责的现实。但只要我们紧密团结在以习近平同志为核心的党中央周围，沿着认准的方向、走对的道路、做好的事情义无反顾走下去、做下去，把党的十八大以来形成的良好态势发展下去，把党的十九大以来制定的路线方针政策坚定不移地贯彻落实下去，现在这一切看似唬人的风险就会消弭于无形，新的伟大的奇迹就会不断产生。

三　发扬斗争精神，打好化险为夷、转危为机的战略主动战

坚持底线思维，首先要把底线搞清楚。不知道底线，不认同底线，也就谈不上坚守底线。随着对共产党执政规律、社会主义建设规律、人类社会发展规律的认识越来越深入，我们对中国社会各个领域的底线认知也越来越明确：在道路方向上，不能犯颠覆性错误，既不走封闭僵化的老路，也不走改旗易帜的邪路；在经济建设方面，要把防控金融风险放到更加重要的位置，绝不能发生系统性风险；在科技领域，要矢志不移自主创新，着力增强自主创新能力，国之重器必须牢牢掌握在自己手中；在生态环境保护方面，要实行最严格的生态环境保护制度，守住生态保护红线；在大国外交方面，走和平发展道路，但不能放弃我们的正当权益，不能牺牲国家核心利益；等等。

坚持底线思维，要紧处是把这些底线守住，这些底线是绝不能触碰、践踏和逾越的。但是，这些底线并不是现实中固定不变的一条或几条分界线，而是不同认识、不同价值、不同利益、不同力量、不同行为相互作用的结果。不同的价值追求当然会有各自的选择，信奉所谓"普世价值"的群体怎么可能认同社会主义核心价值观？不同的利益归属自然会有各自的偏好，靠资本自我循环制造泡沫而逐利的群体怎么可能真心实意支持实体经济的发展？已经习惯了在

不公平不正义规则下赢者通吃的霸权大国，怎能甘心被分走本不只属于他们却自以为是他们的那杯羹？在这样的背景下，单纯保守地就底线守底线是不可能守住的。

军事学上讲，进攻是最好的防御。坚持底线思维，斗争是最有效的手段。无论是防范风险的先手还是应对和化解风险挑战的高招，说到底都是斗争之举。要想真正守住底线、守好底线，我们必须时刻进行具有许多新的历史特点的伟大斗争，坚决与一切削弱、歪曲、否定党的领导和我国社会主义制度的言行做斗争，与一切损害人民利益、脱离群众的行为做斗争，与一切阻碍历史进步的顽瘴痼疾及其行为做斗争，与一切分裂祖国、破坏民族团结和社会和谐稳定的行为做斗争，与一切在政治、经济、文化、社会等领域和自然界出现的困难和挑战做斗争。只有这样，才能牢牢把握治国理政的领导权和主动权，既打好防范和抵御风险的有准备之战，又打好化险为夷、转危为机的战略主动战。

这样的斗争要敢于碰硬、敢于动硬、敢于针锋相对，不在困难面前低头，不在挑战面前退缩，不拿原则做交易，不在任何压力下吞下损害中华民族根本利益的苦果，所以要始终保持共产党人敢于斗争的风骨、气节、操守、胆魄，以"踏平坎坷成大道，斗罢艰险又出发"的顽强意志应对好每一场重大风险挑战。这样的斗争既包括硬实力的斗争，也包括软实力的较量，不是为斗争而斗争，而是在斗争中争取团结，在斗争中谋求合作，在斗争中争取共赢，在斗争中实现我们的目标，在斗争中站上道义和战略制高点，所以更需要加强斗争历练、增强斗争本领、提高斗争艺术、优化斗争策略。

四　增强使命担当，在守住底线的
基础上争取最好的结果

守住底线已然不容易，但对中国共产党人来说仅仅守住底线又是远远不够的。从最坏处着眼、从最坏处准备，是要朝好的方向努力，是要争取最好的结果。底线思维不失底线，意在更好。

习近平总书记在讲改革的时候说过一句话："改革推进到今天，比认识更重要的是决心，比方法更关键的是担当。"① 把这句话用到坚持底线思维上同样一语中的、切中肯綮。底线思维是一种科学的思想方法和工作方法，但要真正掌握住、运用好这一方法，把这一方法发扬光大，离不开中国共产党人对增强使命担当的自觉。

习近平总书记讲："我的执政理念，概括起来说就是：为人民服务，担当起该担当的责任。"② 把人民对美好生活的向往作为奋斗目标，坚持以人民为中心的发展思想，让人民群众有更多获得感，这是对人民幸福的担当；将改革开放进行到底，全面建成富强民主文明和谐美丽的社会主义现代化强国，实现中华民族伟大复兴中国梦，这是对民族命运的担当；打铁必须自身硬，以自我革命的精神全面从严治党，实现中国共产党的革命性锻造，这是对管党治党的担当；积极参与全球治理体系变革和建设，推动构建人类命运共同体，为世界贡献中国智慧、中国方案、中国力量，这是对美好世界的担当。

正因为这样的担当，眼睛始终盯着底线。直面风险、直面挑战、直面矛盾，不麻木不仁、不讳疾忌医、不得过且过。近而言之，切实落实保安全、护稳定各项措施，下大气力解决好人民群众切身利益问题，全面做好就业、教育、社会保障、医药卫生、食品安全、安全生产、社会治安、住房市场调控等各方面工作，不断增加人民群众获得感、幸福感、安全感。远而言之，把政治、意识形态、经济、科技、社会、外部环境、党的建设等各个领域统筹起来，常观大势、常思大局，科学预见形势发展走势和隐藏在其中的风险挑战，做到未雨绸缪。

还是因为这样的担当，心中始终想着更好。不需扬鞭自奋蹄，不仅守住底线不出事，更要精益求精干大事；不仅接过接力棒，更

---

① 转引自中共贵州省委理论学习中心组《将全面深化改革进行到底》，《求是》2018 年第 23 期。

② 《习近平关于全面从严治党论述摘编》，中央文献出版社，2016，第 61 页。

要跑出好成绩。在国家建设上，提出"两个一百年"奋斗目标，提升"两步走"战略部署，把基本实现社会主义现代化作为第一步走的目标提前到 2035 年，到 2050 年全面建成富强民主文明和谐美丽的社会主义现代化强国，成为综合国力和国际影响力领先的国家；在执政党建设上提出"大就要有大的样子"，致力于为中国人民谋幸福、为中华民族谋复兴、为人类谋和平与发展。

这样的目标、这样的要求，非有大担当不能如此；这样的思维、这样的作为，非有大觉悟不能如此。而党的十八大以来，以习近平同志为主要代表的中国共产党人正是以这样的担当与觉悟，很好地提高底线思维等治国理政的能力，带领中国人民披荆斩棘、攻坚克难走向新时代的。

（原载《学习时报》2019 年 1 月 23 日，收入本书时略有改动）

制度哲学的学术自觉与时代担当

制度哲学从哲学视角、用哲学方法研究制度的可能性、必要性、价值生成与意义评估、人性假设与工具异化等"元问题"，追问、反思"直到先天未画前"是其鲜明的研究特色。制度哲学又基于实践的理论建构，"不离日用常行内"。以强烈的问题意识、鲜明的问题导向直面当代中国改革发展乃至民族复兴的大问题、真问题，为制度创新提供哲学支持、为中国特色社会主义道路（以下简称"中国道路"）进行哲学辩护、对中国方案做出哲学阐释，是制度哲学的学术自觉与时代担当。

一 为制度创新提供哲学支持

"制度创新"是当下中国最受欢迎的话语、最受鼓励的行为。从一定意义上讲，当今中国社会的改革就是制度创新。制度创新是对既有制度进行变革，用新制度取代旧制度。这就向制度哲学提出了一个必须回答的问题：制度变与不变何以发生？这一问题又可以具体化为以下三个问题。

第一，变与不变。一方面，稳定是制度的本质属性。制度之所以能发挥作用，就在于其良好的稳定性能为社会主体形成明确预期，朝令夕改、朝三暮四是制度大忌。另一方面，制度又必须随时创新，因为经济社会不断发展变化，反映经济社会关系的制度就需要相应创新。如何在实现制度定型过程中让制度保持活力与弹性？如何在制度创新过程中保持制度的连续性、稳定性？回答这些问题，制度哲学不能缺席。更进一步看，制度创新不可能在制度真空中进行，制度本身也是一个系统。反映在实践中，就是在改革中遇到的制度创新与法律的关系问题。无视法律的制度创新会动摇自身的权威基础，但制度创新又要冲破制约。所以，如何依法改革、让改革于法有据是制度哲学关注的课题。

第二，变与不变依据何在？制度创新旨在让制度与社会生产力及相应的生产关系、上层建筑更相适应，进而促进社会生产力发展。从历史长过程看，这一依据显然有正当性。但制度创新的现实表现往往是通过制度变革实现利益调整，通常会造成不同社会主体的利益有损有益。按照制度研究中"集体行动的逻辑"，小群体、小集团在推动制度变革方面的愿望与力量往往强于大群体、大集团；理论中的全体社会民众在实践中往往不具有组织性或者因组织难度与组织成本过大而集体行动能力欠缺。在制度创新实践中，确实存在既有上层建筑中的体制惯性与新的经济基础中的不健康因素"结盟"，结果导致经济基础与上层建筑发生不利于生产力发展和社会整体利益的变化的情况。可见，如何实现有利于社会最广大人民利益的制度创新，是制度哲学面向实践的基本追问之一。当然，中国已经提出了自己的最优解。这就是通过强化中国共产党这一领导核心的组织能力，不断推进现实社会中的制度创新，使其真正代表反映最广大人民的根本利益。

第三，变的是什么，不变的又是什么？今日中国进入了全面深化改革的阶段，制度创新将更加频繁深入。中国的改革是社会主义制度的自我完善与发展，而不是全盘否定，也不是另起炉灶，更不是连根拔起。比如，在市场经济背景下，国有企业改革势在必行，但国有企业改革不能简单地私有化，一味地改变国有企业的所有制性质而不去搞内部的管理运行机制创新，未见得能解决国有企业中存在的真问题，却会真的动摇社会主义的经济基础。毋庸置疑，政治体制改革要扎实推进，但发展社会主义民主政治绝不意味着要取消中国共产党的领导，绝不意味着要放弃人民代表大会制度。

在制度哲学中，制度与体制既相互联系又各有侧重。制度更侧重于理念与价值。一项制度之所以被赋予基本的地位，不在于其内容有多关键，而在于其所体现的理念与价值有多核心。这些价值与理念要体现出来并在实践中得以施行，关键要靠体制来保障。所以，体制是制度及其理念与价值的展开与具体化。由于同一个理念可能会由多种方式体现，同一种价值也能用不同的手段来保证，体制的形式就会多样化，服务于同一制度价值的体制的内容也可以有多种。从这个意义上讲，制度创新变的是体制，不变的是制度尤其是制度本身的价值与理念。

二　为中国道路进行哲学辩护

中国道路创造的经济奇迹、铸就的发展辉煌、实现的治理绩效，已充分证明中国道路是不需要辩护的。但"中国道路为什么能如此"是需要做出说明的，尤其是制度作为中国道路的核心要素其优势何在，更需要把蕴含其中的哲学道理讲清楚。中国制度与西方社会制度有巨大差异，对此中国用"特色"宣示于世。这就给制度哲学提出了又一个必须回答的问题：制度的特殊性何以必要、何以管用？

可能有人会说，制度最大的特点就是一视同仁，正所谓"制度面前人人平等"，把大家都认可的制度，把其他国家、其他社会已经做得很好的制度拿来为我所用岂不省事，何需大费周章，自我探索？此语看似与我们的常识相符，其实大谬。在制度哲学研究中有一个核心理念，即"制度非中性原则"，指任何制度都有它的优势策略与偏好群体，同一制度对不同的群体、不同的行为模式、不同的社会阶段会产生不同乃至大相径庭的绩效。一个国家、一个社会、一个群体更需要什么、更重视什么、更珍惜什么、更希望什么，直接决定着这个国家、这个社会、这个群体对制度模式的偏好与选择。

对于当代中国来说，制度模式选择不能简单地人云亦云、照抄照搬，而应与其价值追求、社会理想、奋斗目标、伟大梦想紧密联系在一起。中国道路背后的中国制度是在中国历史传承、文化传统、经济社会发展的基础上长期发展、渐进改进、内生性演化的结果。形象地说，制度是"生长"起来的，不能简单地"嫁接"，更不能"移植"。博弈论中有一个理论：后来者要想赶超先行者，差异化策略是唯一的选择。中国对西方制度进行"移植"与"克隆"，在一段时间内可能会有小的进展，但在历史长跨度中难有大的作为，甚至还可能被"路径锁定"。中国只有突破与超越西方现有制度范式才能真正地后来居上。

社会主义市场经济制度与西方市场经济制度有大为不同的运行机理。制度哲学研究认为，任何制度都有对制度主体的人性假设，不同的假设导致不同的制度形态。西方市场经济制度的人性假设是"经济人"。由于自私自利是经济人的本性，所以西方市场经济让政府走开，认为政府干预越少越好。而中国的社会主义市场经济在使市场在资源配置中起决定性作用的同时，又要更好地发挥政府的作用，这是因为在不否认"经济人"假设的基础上又引入了"信仰人"假设。中国共产党人通过政府作用与市场作用有机结合来实践自己的信仰，为社会主义市场经济发展做贡献、做奉献，"全心全意为人民服务"，"随时准备为党和人民牺牲一切"，当然会让社会主义市场经济散发出信仰的光辉。从这个意义上，我们甚至可以说中国的社会主义市场经济是西方市场经济的升级版。

中国的民主制度同样如此。协商民主之所以被称为"民主制度的中国创造"，关键就在于它抓住了民主的实质、丰富了民主的形式。判定一个国家的人民是否享有民主权利，既要看人民在选举时是否有投票的权利，又要看人民在日常政治生活中是否有持续参与的权利；既要看人民有没有进行民主选举的权利，又要看人民有没有进行民主决策、民主管理、民主监督的权利。现代政治学研究表明，不仅投票中的策略运用会改变民主的本意，而且民主投票本身就存在自相矛盾的规则困境。在这样的背景下，仅仅依靠选举票数很难真正赢得社会公众的认同。美国总统特朗普是通过民主投票当选的，但反对他当选的美国人似乎更多，这种矛盾现象反映的正是选举民主的困境。因此，实质民主未必仅仅体现在"一人一票"直选上，通过广泛的民主协商，集思广益、民主决策，让选举民主建立在全社会意愿和要求的最大公约数的基础上，民主的结果就会更有民意、更得民心。

三　对中国方案做出哲学阐释

历史辩证法告诉我们，自称"特色"不见得是区域性的，标榜"普世"倒可能装的是私货。解决好民族性问题，才有更强能力去解决世界性问题；把中国实践总结好，才有更强能力为解决世界性问题提供思路和办法。这是由特殊性到普遍性的发展规律。习近平总书记所强调的"中国共产党人和中国人民完全有信心为人类对更好社会制度的探索提供中国方案"①，传递的正是这样一种自信与自觉。这就提出了制度哲学必须回答的第三个问题：既然制度的现实形态总是以特殊性呈现，制度的普遍性何以可能、何以实现？

反对西方"普世价值"，是抵制西方一些国家把自己区域性的东西包装成普适通用的做法，而不是抵制普遍性的存在。人类社会作为一个整体，人类作为一个命运共同体，必然有共同的追求、共同的价值，包括共同的制度。

首先是看得见的制度。比如，中国特色社会主义制度虽有"特色"二字，但其眼光是世界的、情怀是人类的、思维是整体的。"特色"面对的是普遍性问题：如何在经济全球化的背景下、在竞争日趋激烈的环境中实现国家富强、民族振兴、人民幸福与和平发展？"特色"回应的是共同的期待：如何让广大人民群众过上更加幸福、

① 习近平：《在庆祝中国共产党成立 95 周年大会上的讲话》，人民出版社，2016，第 14 页。

更有尊严的生活？"特色"体现的是一般性规律：在既定的生产力框架下如何让制度更加适应生产力的发展要求并推动生产力向更高水平发展？这样的社会制度虽被冠以"特色"的称谓，其实对中国之外的其他国家也是管用的，至少有很强的借鉴意义。"一带一路"倡议、构建人类命运共同体理念，就是这样一些制度设计。更重要的是看不见的制度。制度哲学认为思想、价值、思维、世界观等这些看不见的要素往往比看得见的制度条文更有力量，是制度更为重要的组成部分。制度经济学也有类似的认识，即把意识形态作为制度。如果说写在纸上的制度影响人和社会的行为，那么，写在头脑里的制度影响的是人心和社会观念。管住了"心"，也就从根本上管住了"行"。

在制度哲学的视野中，中国方案不是某一种具体的制度体制模式，也绝不主张用一种模式来改造整个世界或对人类生活进行"格式化"。中国方案也不是看不见摸不着的形而上玄思，不是一种说得通做不到的空想。从根本上讲，中国方案是一种新世界观、新价值观和新方法论，是把世界作为一个整体、把人类作为一个整体而进行的道路设计与道理建构。当今天的世界面对越来越严峻的环境问题时，"天人合一"的理念为人类修复自己的家园送上一剂良药；当今天的世界因为各种各样的利益纠纷与冲突而可能擦枪走火时，"和而不同"的模式应该说是实现各得其所的正确选择；当众多国家沉湎于社会发展方式的"唯一解"时，让"生生不息"告诉世界还有别样的可能、别样的精彩是很有必要的。每个国家、每个民族的自由发展是一切国家、一切民族自由发展的前提。历史并没有终结，人类社会并不是只有一条现成的路，还有很多新路有待我们去开辟。人类的价值从来不是单一的，五彩缤纷的价值争奇斗艳、共存共生才是人类社会本来和应有的价值图景。很多时候改变了世界观也就改变了世界。

有人会问，中国制度越来越成功，它会不会取代西方制度模式呢？有的西方学者业已得出肯定的判断。但我们的回答是，在可预见的相当长时期内，中国制度模式与西方制度模式之间不存在谁终结谁的问题。从某种意义上讲，中国制度的成功，不是在消除西方制度模式，而是在提升两种制度模式之间相互竞争的水平。至于更长时间跨度下会是什么结果，我们不妨借用邓小平同志的一句话："也许下一代人比我们更聪明些，会找到实际解决的办法。"①

当然，制度哲学对这些重大现实问题的支持、辩护与阐释有理论的分析与说明，但更多的是提出新问题，是一系列继续追问与不断反思。这正是制度哲学的理论品格所在。曾有哲人讲，提出一个问题往往比解决一个问题更重要。马克思也曾明确宣称："主要的困难不是答案，而是问题。"② 不断面对真问题、不断找出真问题、不断提出真问题，同样是制度哲学的学术自觉与时代担当。

（原载《人民日报》2017 年 7 月 10 日，收入本书时略有改动）

---

① 《邓小平文选》第 3 卷，人民出版社，1993，第 87 页。
② 《马克思恩格斯全集》第 1 卷，人民出版社，1995，第 203 页。

构建新时代的战略哲学

习近平总书记指出："战略问题是一个政党、一个国家的根本性问题。"① 真正搞清楚战略和运用好战略，不仅要研究它的基本内涵、具体形态、内在规律等传统战略学的内容，还要在更高层面、更广视野中探讨、审视、反思战略与时代演进、国家发展、世界变化以及人的全面发展、社会全面进步等的关系，做出哲学判断与哲学阐释。从战略到战略学再到战略哲学，是战略学理逻辑的自然展开，也是战略实践逻辑的客观要求。构建新时代战略哲学，旨在为当代中国的战略构建、战略合作、战略创新提供哲学支持、贡献哲学智慧、涵养哲学功夫。

一　把握战略本质：为战略构建
提供哲学支持

透过复杂变化的战略现象把握战略本质，讲清楚时代与战略的关系，为战略构建提供哲学支持，是战略哲学认识论的主要任务。

战略是一种历史现象，也是一种历史实践。人类社会对战略的认识与运用可以上溯到中国春秋战国时期、西方古希腊罗马时期。但从本质上讲，战略更是一个时代课题、一种时代实践，是对其所

---

① 《习近平谈治国理政》第 2 卷，外文出版社，2017，第 10 页。

处时代重大问题系统研判和谋划应对的集中体现。"战略"这一概念本身就被深深烙上了时代的印记。在人类社会早期相当长的一段时间里，进行战争并通过战争获取利益是一个国家、一个社会最为重大、最为根本的事项。以"战"为"略"，因"战"制"略"，塑造了战略的最初形态，也确立了战略的最初含义。

随着社会的发展、时代的演进，政治和治国之道的内容越来越广泛，战略的话语与形态也在不断丰富发展。从战略到大战略，再到国家战略、国际战略，这些变化的背后是时代主题的变化。从战争到和平、从对抗到合作、从传统到现代，时代主题发生变化，战略的内容与形式也相应发生变化。说到底，一个国家、一个社会的战略构建是对时代主题的回应和解答。对时代脉搏把握得越准确、越深刻，战略构建就越科学、越管用。

中国特色社会主义进入新时代，实现社会主义现代化愈发凸显为时代的最强音，新时代的战略构建自然要围绕它展开。党的十九大以来，我们党明确把坚持和发展中国特色社会主义、全面建成社会主义现代化强国、实现中华民族伟大复兴中国梦作为新时代的战略目标提了出来，并围绕这一战略目标统筹推进"五位一体"总体布局，协调推进"四个全面"战略布局，做出"两步走"战略安排，这正是对时代主题的深刻洞察与自觉顺应。

时代转换影响战略目标的选择与战略布局的内涵。此前，我国提出的"三步走"战略目标是到本世纪中叶基本实现现代化，而党的十九大将这一目标的实现提前到 2035 年，到 2050 年则提出一个更高的目标：全面建成社会主义现代化强国。从基本实现现代化到全面建成社会主义现代化强国，是新时代让中国有了这样的底气，让一个更为宏伟的战略目标成为可能。也正是在新时代，"四个全面"战略布局紧紧围绕社会主义现代化展开，通过全面建成小康社会为全面建成社会主义现代化强国奠定坚实基础；通过全面深化改革，完善和发展中国特色社会主义制度，推进国家治理体系与治理能力现代化；通过全面依法治国，建设一个现代化的社会主义法治国家，为全面建成社会主义现代化强国提供法治保障；通过全面从严治党，打造领导社会主义现代化建设、领导中华民族伟大复兴的主心骨、定盘星。

时代的变化也产生出新的战略体系与战略遵循。把一个文明大国的伟大复兴与实现现代化有机统一起来，让一个世界上最大的发展中国家弯道超车实现现代化，这样的战略构建前无古人。新时代中国实现现代化的战略当然不能也不会照抄照搬西方现代化模式，但也绝不会拒绝人类社会在走向现代化过程中得出的规律性认识与总结出的有益经验。如何才能既充分学习借鉴西方现代化过程中那些体现现代化一般规律的做法又坚决摒弃那些披上"普适"外衣的区域化举措，真正彰显中国社会数十年来走向现代化进程中"特色"选择背后对普遍性规律的科学反映？战略构建要有战略遵循。这就是习近平新时代中国特色社会主义思想。从制定战略目标、确立战略遵循到构建战略布局、谋划战略步骤，科学的战略构建不仅要赶上时代，还要引领时代，不仅要遵循战略运行规律，还要遵循社会发展规律，不仅要回答构建什么样的战略、如何构建战略的问题，还要回答为什么要构建这样的战略、这样的战略何以可能的问题。这一切都需要战略哲学的引领与支持。

二　塑造战略价值：为战略合作贡献哲学智慧

大国的复兴不可能独善其身，中国全面实现现代化一定要有良好的国际环境。推动战略合作、赢得战略认同是新时代中国战略实践的必选项。但是，实现战略合作并不容易。从人类社会战略演进的历史实践看，战略对抗、征服、遏制近乎常态，而战略合作尤其是国际范围内的、长时间段的战略合作则不多见。新时代中国倡导的战略合作何以可能，需要从战略哲学层面做出有说服力的回答，用战略哲学的价值观为新时代的战略塑造魂魄。

　　战略不是一些具体行为模式与行动方案的简单组合，战略方案背后矗立的是世界观和价值观，不同的世界观和价值观造就不同的战略选择。习近平总书记指出："要跟上时代前进步伐，就不能身体已进入21世纪，而脑袋还停留在过去，停留在殖民扩张的旧时代里，停留在冷战思维、零和博弈老框框内。"[①] 这正是告诉世界，对于战略及战略间的关系，人类社会应该有全新的理解也可以有全新的理解。

　　拿经济全球化来说，不同的世界观、价值观造就不同的经济全球化。为什么传统西方资本主义主导的经济全球化越来越难以为继，甚至连昔日的主导者、得利者都开始退缩收手？就是因为那种把世界分成中心与外围、主宰与依附，进而涸泽而渔、焚林而猎的发展模式必然是饮鸩止渴、引火烧身。相反，如果经济全球化能及时反映国际经济发展格局新变化，不断增强代表性和包容性，让大国与小国、穷国与富国、不同社会阶层与社会群体的发展更加平衡，各国及其人民就没有理由反对了。这也正是中国"一带一路"倡议能得到100多个国家和国际组织认同、支持和参与的原因所在。战略博弈客观存在，但博弈可以走向正和博弈，而不必然是此消彼长。所以最近两年来，一些曾经公开反对"一带一路"倡议的西方大国也开始研究如何在"一带一路"中找到发展机遇以实现他们的利益。从这个意义上说，"一带一路"已经成为21世纪经济全球化的新样态，以此为标识的一种全球范围内的战略合作已然成型并不断扩大。

　　再拿大国关系来说，从中美相互尊重、互利共赢的合作伙伴关系到中俄全面战略协作伙伴关系，中国提出的新型大国关系摒弃了传统大国关系模式，不冲突、不对抗，用客观理性看待彼此战略意图，把宣示、捍卫核心利益与同情理解、合作包容、灵活协商有机统一，坚持做伙伴不做对手，在各取所需中、在差异化追求中实现国际治理的战略合作，一种新时代崭新的国际关系样态开始滋长并

---

　　① 《习近平谈治国理政》，外文出版社，2014，第273页。

光大。

这种战略合作的价值观，来自对时代特征的深刻把握。随着世界多极化、经济全球化、社会信息化、文化多样化深入发展，各国相互联系和依存日益加深，国际力量对比更趋平衡，以合作取代对抗成为人心所向。这种战略合作的价值观，也来自对中华文明智慧的深刻感悟。"大道之行也，天下为公""和羹之美，在于合异""和实生物，同则不继""以武止戈，止戈为武"，对这些理念的创造性转化与创新性发展为新时代战略合作提供了深厚底蕴。这种战略合作的价值观，还来自中国自觉为人类做出更大贡献的责任意识。乐于让世界搭乘中国发展"快车""便车"的大国担当，努力让世界各国人民的梦想"各美其美，美美与共"的天下情怀，是这种战略合作的现实支撑。

新时代的战略哲学不仅要致力于构建这样的战略价值观，还要致力于构建支撑这一价值观的新世界观，这就是已经越来越为世界所认同和接受的以人类命运共同体为核心理念的世界观。这种世界观将会造就一个什么样的世界？将对世界战略的发展演化产生什么样的影响？其从理念构想到现实行动的理论逻辑与实践逻辑是什么？应该如何在与其他世界观的比较中形成竞争优势？对这些问题的回应与解答，需要经验理性的洞察，更需要哲学智慧的启迪。

三　提升战略能力：为战略创新涵养哲学功夫

战略创新是战略实践的最高层面，也是现代战略发展最鲜明的特征。战略构建要更加科学管用，战略合作要更好实现，需要不断创新战略。研究新时代中国的战略创新何以实现，需要什么样的能力要求、外在条件，如何提升战略能力、增强战略本领，是战略哲学工夫论的着力点。

首先，要培育战略意识。战略意识是孕育战略的土壤，是催生战略的内生动力。没有战略意识不可能有战略的构建，更不用说战略创新。一个战略意识缺失的社会是不设防的社会也是难有作为的社会。战略意识不是抽象地强调要重视战略，而是把对战略的重视体现在敏锐的战略洞察、清醒的战略评估、理性的战略预期、积极的战略筹划、果断的战略决策、务实的战略安排、坚定的战略实施等方面；体现在审时度势、推进实践时，能自觉地从战略高度思考问题、解决问题，善于高瞻远瞩、统揽全局，科学把握住事物发展的总体趋势和方向，善于以小见大、见微知著，透过纷繁复杂的表面现象把握事物的本质和发展的内在规律；等等。培育战略意识是一个润物细无声的过程，是一个在战略实践中不断熏陶历练的过程。

其次，要强化战略思维。战略思维是战略能力最直接的体现，其高下优劣直接决定战略的高下优劣。战略思维本质上是一种哲学思维，是对战略辩证法的运用。其中，矛盾、变化是战略思维最基本的思维基点，矛盾指向的是战略主体，变化描述的是战略过程。在战略思维中把握住这两个基点，才能正确处理当前与长远、局部与全局、现象与本质的关系，既抓住重点又统筹兼顾，既立足当前又放眼长远，既不忽略现象又能把握本质；正确处理得与失、利与弊、进与退、取与舍的关系，既看到得失、利弊、进退、取舍对立的一面而是非分明，又看到它们彼此间相互转化的一面而随机应变；正确处理时间与空间、应然与实然、意图与能力、目标与资源、朋友与对手的关系，既实事求是、脚踏实地，不违背客观规律，又敢于突破、善于创新，不拘泥于陈规旧俗。这样的战略思维能力，同样需要长时间的战略实践来历练。

最后，要锤炼战略定力。战略定力也是一种战略能力，主要表现为一种态度、一种意志、一种境界。它是对所做事情、所采取策略、所坚持信念、所追求目标的一种自信、坚定和从容。新时代的中国与世界正处于千年未有之大变局中，利益关系错综复杂，不同战略选择之间的利益得失往往表现得伯仲难分、各有千秋，可谓"乱花渐欲迷人眼"。在这种情况下，保持战略定力殊为不易却又至关重要。古人云："治大国，若烹小鲜。"大国治理、大国外交、大国复兴的战略贵在稳定性、延续性，切不可朝三暮四、朝令夕改。如果没有足够的战略定力，就容易心理上患得患失、行动上犹豫不决、战略上摇摆不定，就容易随波逐流、进退失据，乃至犯颠覆性错误而不可收拾。当然，保持战略定力并不意味着一成不变，更不意味着麻木不仁，而是要在变与不变、坚守与回应中把握好一个"度"。对这个"度"的拿捏、取舍，显示的是战略哲学工夫论的深浅，因而也是对战略哲学工夫论的实践检验。

（原载《人民日报》2018 年 5 月 14 日，收入本书时略有改动）

治国理政的哲学境界

不论是治国理政的理论还是治国理政的实践，都一定要有也一定会有哲学矗立其后。哲学观念的好与坏主导着治国理政的成与败，哲学境界的高与低决定着治国理政的优与劣。

哲学观念的好与坏只是一种通俗的说法，在严格意义上是指哲学客观存在的"精致"与"粗俗"之分、"唯物"与"唯心"之别、"辩证法"与"形而上学"之异乃至"科学"与"非科学"的不同。所以，尽管不宜简单地用一两句话或一两个论断对某种哲学盖棺论定，但对既定的哲学主体来说，何为正确的哲学观，把什么样的哲学视为好的哲学一定是有明确立场宣示和价值导向的。中国共产党就旗帜鲜明地把马克思主义哲学作为自己的思想理论武器，坚定不移地用马克思主义哲学引领治国理政的理论和实践创新，关于这一点毋庸多言。真正需要关注的是在哲学观选定之后，我们能否深刻理解和领悟这一哲学观，能否正确有效地运用这一哲学观，能否让这一哲学观的立场、观点、方法，精髓、价值、力量全面而不偏颇、切实而不空洞、充分而不肢解地体现在现实的思想理论创造和实践创造中。这检验的是哲学的境界，显示的也是哲学的境界。

党的十八大以来，中国共产党在治国理政的理论创新方面取得了重大突破，在治国理政的实践创新方面取得了辉煌绩效。在这"重大突破"与"辉煌绩效"的背后是对马克思主义哲学的深刻领悟、科学运用与自觉创新，这"重大突破"与"辉煌绩效"也正是治国理政哲学境界的现实外化。梳理、观察、分析中国共产党治国理政的理论逻辑与实践逻辑所体现出来的哲学境界，不仅对于深入学习贯彻习近平总书记系列重要讲话精神和党中央治国理政新理念新思想新战略意义重大，而且对于更加自觉地顺应和推进当代中国治国理政大趋势意义重大，对于更好地坚持和发展马克思主义哲学，构建当代中国马克思主义哲学的崭新形态，具有同样重大的意义。

一 把人民至上作为治国理政的 核心要义

治国理政需要专业化的管理与运行，但这不是治国理政的全部，甚至不是治国理政的主要矛盾和矛盾的主要方面。"依靠谁，为了谁"，是治国理政首先要面对并且贯穿始终的大问题。在不同的社会中对这一问题的回答及回答方式是很不相同的：或"明修栈道，暗度陈仓"，或"顾左右而言他"，或根本不讨论这一问题（其实回避回答本身也已经是一种回答）。中国共产党对这一问题的回答历来旗帜鲜明并一以贯之，这就是"人民至上"。

人民群众不仅是物质财富的创造者，也是精神财富的创造者，更是社会变革的决定性力量，这是历史唯物主义最基本的观点。马克思恩格斯在《神圣家族》中明确提出，"历史活动是群众的事业"，决定历史发展的是"行动着的群众"。① 始终站在人民大众立场上，一切为了人民、一切相信人民、一切依靠人民，诚心诚意为人民谋利益，这是中国共产党坚持马克思主义立场的根本要求。从毛泽东的"人民，只有人民，才是创造世界历史的动力"②，到习近平的"人民立场是马克思主义政党的根本政治立场，人民是历史进步的真正动力，群众是真正的英雄，人民利益是我们党一切工作的根本出发点和落脚点。中南海要始终直通人民群众，我们要始终把

① 《马克思恩格斯全集》第 2 卷，人民出版社，1957，第 104 页。
② 《毛泽东选集》第 3 卷，人民出版社，1991，第 1031 页。

人民群众放在心中脑中"①，中国共产党是这样认识的，也是这样实践的。

　　当然，"人民至上"这一治国理政的核心要义在不同的历史时期和不同的社会发展阶段，会有不同的表述方式和实现形式。党的十八大以来，中国共产党将其凝练为"以人民为中心"，并以此统领治国理政的各个方面。习近平提出，经济社会发展要"着力践行以人民为中心的发展思想"②；党的文艺工作、新闻舆论工作要"坚持以人民为中心的创作导向"③；"网信事业要发展，必须贯彻以人民为中心的发展思想"④；"我国哲学社会科学要有所作为，就必须坚持以人民为中心的研究导向"⑤；等等。在中国，"以人民为中心"不是抽象的、玄奥的概念，不是纯粹的思想实验，而是经济社会发展、政治文化建设乃至外交国防各个环节的基本遵循与现实形态。

（一）在回应人民的期待，不断增强人民群众获得感方面体现以人民为中心

　　"人民对美好生活的向往，就是我们的奋斗目标。"⑥中国共产党治国理政从改善人民生活、增进人民福祉切入，要让人民群众"有更好的教育、更稳定的工作、更满意的收入、更可靠的社会保障、更高水平的医疗卫生服务、更舒适的居住条件、更优美的环境"⑦。在"7·26"讲话中，习近平又加上了一个"更"："更丰富

---

① 《中共中央政治局召开民主生活会　中共中央总书记习近平主持会议并发表重要讲话》，人民网，http://cpc.people.com.cn/n1/2016/1228/c64094-28981579.html，最后访问日期：2019年6月28日。
② 习近平：《在省部级主要领导干部学习贯彻党的十八届五中全会精神专题研讨班上的讲话》，人民出版社，2016，第24页。
③ 习近平：《在文艺工作座谈会上的讲话》，人民出版社，2015，第13页。
④ 习近平：《在网络安全和信息化工作座谈会上的讲话》，人民出版社，2016，第5页。
⑤ 习近平：《在哲学社会科学工作座谈会上的讲话》，人民出版社，2016，第12页。
⑥ 《习近平关于全面建成小康社会论述摘编》，中央文献出版社，2016，第129页。
⑦ 《习近平谈治国理政》，外文出版社，2014，第4页。

的精神文化生活。"所有这些给予人民群众的都是实实在在的获得感，但是这些还远远不够。对中国共产党来说，治国理政不仅要增加人民群众的绝对获得感，更要增加人民群众的相对获得感；不仅要有物质层面的获得感，更要有精神层面的获得感。

马克思在《雇佣劳动与资本》中讲："一座房子不管怎样小，在周围的房屋都是这样小的时候，它是能满足社会对住房的一切要求的。但是，一旦在这座小房子近旁耸立起一座宫殿，这座小房子就缩成茅舍模样了。这时，狭小的房子证明它的居住者不能讲究或者只能有很低的要求；并且，不管小房子的规模怎样随着文明的进步而扩大起来，只要近旁的宫殿以同样的或更大的程度扩大起来，那座较小房子的居住者就会在那四壁之内越发觉得不舒适，越发不满意，越发感到受压抑。"① 并且他指出产生这种心理感觉的原因是："我们的需要和享受是由社会产生的；因此，我们在衡量需要和享受时是以社会为尺度，而不是以满足它们的物品为尺度的。因为我们的需要和享受具有社会性质，所以它们具有相对的性质。"② 对于政治上是国家主人的中国广大人民群众来说，如果他们的"小房子"与一些社会群体的"宫殿"相比差距太大，这样的获得感就很难让人满意，这样的治国理政就很难说是"以人民为中心"。

所以，中国共产党把全面消除贫困作为实现第一个百年奋斗目标的前置性要求，守住底线，补上短板，全面小康一个都不能少；把共享发展作为新发展理念最重要的内容，使发展成果更多更公平惠及全体人民，力争让共同富裕这一本质要求更加充分地体现在现实生活中。解决好人民群众最关心、最直接、最现实的利益问题，不断让人民群众得到实实在在的利益，人民群众的积极性、主动性、创造性就会被很好地调动起来。

----

① 《马克思恩格斯选集》第 1 卷，人民出版社，2012，第 345 页。
② 《马克思恩格斯选集》第 1 卷，人民出版社，2012，第 345 页。

（二）以人民为中心的"人民至上"，不仅是为人民治国理政，更要能让人民治国理政

人民"共享"归根结底来自人民"共建"。通过一系列制度安排与政策设计，让人民群众当家作主的权利得到更充分的保障是中国共产党治国理政的头等大事。党的十八大以来，在坚持和完善人民代表大会制度的基础上，积极有效地推进社会主义协商民主就是其中最具有代表性的一项制度创新。

一个国家人民的民主权利，不仅表现在选举时有投票的权利，更体现在日常政治生活中有持续参与的权利，有民主决策、民主管理、民主监督的权利。协商民主填补了选举民主之外的权利空白，有效解决了现代民主制度中的"权利跛脚"现象。近现代政治学研究表明，不仅投票中的策略运用会改变民主的本意，民主投票本身就有自相矛盾的规则困境。① 在这样的背景下，仅仅依靠选举票数很难赢得社会群体的真正认同与接受。这种政治现象在现代西方社会已然出现。民主未必仅仅体现在"一人一票"的直选上，在选举民主的同时，辅之以协商民主，通过集思广益、民主决策，让选举民主建立在找到全社会意愿和要求的最大公约数的基础上，民主的结果就会更有民意、更得民心。中国共产党这一治国理政的实践表明，选举民主是民主的重要形式，却不是唯一形式，通过选举以外的制度和方式让人民参与国家生活和社会生活的管理也是十分重要的。真正的民主不仅需要完整的制度程序，而且需要完整的参与实践。社会主义协商民主制度让"人民当家作主"可以通过实实在在的行为体现在国家政治生活和社会生活的全过程。

---

① 关于这一点，可参见18世纪孔多塞的"投票悖论"与20世纪的"阿罗不可能定理"，两者都有严格而清晰的数学证明。K. J. Arrow, Kenneth Joseph, "Social Choice and Individual Value," Cowles Foundation of Yale University, 1970。

（三）通过全面从严治党，把中国共产党打造成人民群众改造历史的锐利武器

党的十八大以来，中国共产党治国方略中最亮丽的莫过于全面从严治党。可能有人认为这是中国共产党自身建设的事情，与以人民为中心没有关系或至少关系不大，其实不然。全面从严治党直接的目的当然是让中国共产党更先进、更优秀、更强大，但是建设一个世界上最强大的政党，归根结底是为了让人民群众有更管用、更好用的工具来创造历史、改变世界。人民群众通过中国共产党让自己真实拥有了创造历史的现实力量。毛泽东在中国共产党七大上提出："群众是从实践中来选择他们的领导工具、他们的领导者。被选的人，如果自以为了不得，不是自觉地作工具，而以为'我是何等人物'！那就错了。我们党要使人民胜利，就要当工具，自觉地当工具。……这是唯物主义的历史观。"①

因此，中国共产党不是把人民群众当作自己的工具，而是自觉地认定自己是人民群众在特定的历史时期完成特定的历史任务所需要的工具。中国共产党把自己定位为"先锋队"本身就是一种对工具身份的自觉担当。正因为是工具，"党除了工人阶级和最广大人民群众的利益，没有自己特殊的利益"，"随时准备为党和人民牺牲一切"（《中国共产党章程》）。有了这样一个名副其实的政党，有了这样一个党领导下的国家和政府，人民群众就更有力量、有途径、有手段在与市场、资本等外在力量的博弈中占据主动地位，按自己的意志塑造市场、驾驭资本，让市场与资本"为我所用"，而不是"反客为主"。

二　以创新为魂激发治国理政的澎湃动力

以改变世界为己任的马克思主义哲学在实现人类社会哲学的重

---

① 《毛泽东文集》第 3 卷，人民出版社，1996，第 373 ~ 374 页。

大历史转向的同时，也塑造出了改变世界的哲学品格，这集中体现在马克思主义哲学的辩证法中。这一品格在当代中国共产党人治国理政的过程中突出表现为"创新"。党的十八大以来，中国共产党把创新作为"一个民族进步的灵魂""一个国家兴旺发达的不竭动力""中华民族最深沉的民族禀赋"[①] 而大力倡导、大力践行，治国理政的道路、理论、制度都在不断创新。

道路在创新。经过百余年的抗争、90 多年的奋斗、60 多年的探索、30 多年的改革，在"草鞋没样，边打边像"[②] 的实践中，中国特色社会主义道路越来越清晰。从社会主义市场经济到"五位一体"总体布局，从"四个全面"战略布局到"四个伟大"战略要求，从中国式的现代化到国家治理体系和治理能力现代化，从引领经济新常态到践行新发展理念，从蹄疾步稳的改革节奏到稳中求进的工作总基调，以习近平同志为代表的新一代中国共产党人在这条道路上不断谱写出新的篇章。

理论在创新。在 90 多年来马克思主义中国化两次历史性飞跃的基础上，习近平总书记的系列重要讲话精神和党中央治国理政新理念新思想新战略在深刻思考并回答什么是中华民族的伟大复兴、如何实现中华民族伟大复兴这一根本问题的同时，对中国共产党应该有什么样的担当、中国的国家治理应该走什么样的路、中国与世界应该是什么样的关系等时代提出的重大理论与现实问题做出了更进一步的科学回答，作为马克思主义中国化最新成果、中国特色社会主义理论体系最新发展、当代中国最鲜活的马克思主义，实现了再一次伟大的历史性飞跃。

制度在创新。围绕完善和发展中国特色社会主义制度，推进国家治理体系和治理能力现代化这一总目标，把顶层设计和"摸着石头过河"相结合，通过既改革不适应实践要求的制度和体制机制，又不断构建新的制度和体制机制，在重要领域和关键环节上取得决

① 《习近平谈治国理政》，外文出版社，2014，第 59 页。
② 《毛泽东文集》第 3 卷，人民出版社，1996，第 284 页。

定性成果，使各方面制度和体制机制更加科学、更加完善、更加成熟、更加定型。

（一）对创新的高度自觉与充分自信

坚持和发展中国特色社会主义事业，进而实现中华民族伟大复兴中国梦本来就是一条崭新的道路。一方面，当代中国的伟大社会变革，"不是简单延续我国历史文化的母版，不是简单套用马克思主义经典作家设想的模板，不是其他国家社会主义实践的再版，也不是国外现代化发展的翻版"①，这意味着必须以全新的理论推进全新的实践，走前人没有走过的路。另一方面，就算已经找到了这样一条正确的道路，也就是我们正在走的中国特色社会主义道路，正像恩格斯当年所讲的，"我认为，所谓'社会主义社会'不是一种一成不变的东西，而应当和任何其他社会制度一样，把它看成是经常变化和改革的社会"②，中国共产党的治国理政仍然需要不断创新。

中国共产党当然要充分肯定这些年来革命建设改革所取得的一切成果，对其给予多高的评价都不为过。但是，面对实现中华民族伟大复兴中国梦，面对人民群众对过上更好生活的新期待，面对中国共产党人的伟大理想，这一切只能是继续奋起前行的台阶，不能成为包袱，更不能成为羁绊。"因为辩证法在对现存事物的肯定的理解中同时包含对现存事物的否定的理解，即对现存事物的必然灭亡的理解；辩证法对每一种既成的形式都是从不断的运动中，因而也是从它的暂时性方面去理解；辩证法不崇拜任何东西，按其本质来说，它是批判的和革命的。"③ 马克思这句话正是当代中国共产党人勇于创新的精神面貌的现实写照。

而且，当代中国共产党人对自己的理论与实践创新也有自信的资格。过去有个比方：中国改革开放 30 年走过了西方 300 年的历

---

① 习近平《在哲学社会科学工作座谈会上的讲话》，人民出版社，2016，第 21 页。
② 《马克思恩格斯选集》第 4 卷，人民出版社，2012，第 601 页。
③ 《马克思恩格斯选集》第 2 卷，人民出版社，2012，第 94 页。

程。这个话还可以接着说下来：党的十八大以来这 5 年也相当于走过了过去 40 年的历程。正因为这 5 年来解决了许多长期想解决而没有解决的难题，办成了许多过去想办而没有办成的大事，所以党和国家事业发生了历史性变革，中国发展站到了新的历史起点上，中国特色社会主义进入了新的发展阶段。对于在这伟大实践中产生出来的伟大思想理论创新，没有丝毫理由妄自菲薄。1959 年，毛泽东讲过一句意味深长的话："不如马克思，不是马克思主义者；等于马克思，不是马克思主义者；只有超过马克思，才是真正的马克思主义者。"① 在此前的党的八大二次会议上，毛泽东曾经形象地把马克思称为共产党人的上帝，作为一个坚定的马克思主义者，他对理论导师的感情是毋庸置疑的。"我们做的超过了马克思，列宁说的做的都超过了马克思，如帝国主义论。马克思没有做十月革命，列宁做了；马克思没有做中国这样大的革命，我们的实践超过了马克思。实践当中是要出道理的。马克思革命没有革成功，我们革成功了。这种革命的实践，反映在意识形态上，就是理论。"②

（二）　通过进行伟大斗争来为创新开辟道路

创新是一种"破坏性的创造"，是在否定中前进，必然会引发既有状态维护者的反对与阻碍。中国共产党治国理政的创新更是如此，既有利益格局、既有行为模式、既有思想观念、既有价值标准等，都会力求维持现状。要想为创新"杀出一条血路"，不能沉迷于田园牧歌，不要幻想一团和气，而要随时准备进行具有许多新的历史特点的伟大斗争。

"必须准备进行具有许多新的历史特点的伟大斗争"③，这是习近平主持起草党的十八大报告时，主张写进去的一句意蕴极为丰富、

① 转引自王任重《实事求是的典范——纪念毛泽东诞辰 85 周年》，《中国青年》1978 年第 4 期。
② 《建国以来毛泽东文稿》第 7 卷，中央文献出版社，1992，第 206 页。
③ 《十八大以来重要文献选编》（上卷），中央文献出版社，2014，第 11 页。

意义极为重大的话。五年来，这句话越来越成为中国社会的共识，成为中国的一种精神状态，成为中国共产党治国理政创新的重要保障。中国不渲染斗争，但不回避斗争。准备好斗争，或许就没有斗争；不准备斗争，斗争必将找上门来。这就是辩证法。当然，中国进入发展起来以后的阶段，进入从大国迈向强国的阶段，斗争会呈现一系列新的特点。正像邓小平当年指出的，"发展起来以后的问题不比不发展时少"①，甚至可能更复杂、更棘手。进行这些斗争或许会流血或许不会流血，不流血的斗争可能更严酷；这些斗争或许是公开的或许是不公开的，不公开的斗争可能更艰巨。进行治国理政的创新必须实现这"惊险的一跃"。

（三）自我革命为创新准备条件

在相当长一段时间里，"革命"一词在中国被有意无意地回避了，其实大可不必。革命就其本源意义来讲是革故鼎新，是辞旧迎新；其方法论的特点是根本性的变化、深层次的变动，是完全彻底的改变；其价值指向是向好、向新、向善，正所谓"苟日新，日日新，又日新"。在哲学的层面上，"革命""改革""创新"相当于同语反复，其价值指向与实践归宿是完全一致的。党的十八大以来，习近平不止在一个场合、不止一次谈到"革命"。从"革命理想高于天"到"不忘革命初心"再到"大力弘扬将革命进行到底精神"，革命的情怀溢于言表。革命当然是为了最终改造客观世界，但改造客观世界首先要改造主观世界。所以，对于今日的中国共产党来说，革命最关键的是自我革命，革命精神最突出的是自我革命的精神。

在60多年的长期执政，特别是近40年改革开放的过程中，中国共产党的一些成员甚至包括一些高级领导干部已经有意无意地被各种利益集团"围猎"，蜕化成代表既得利益的人，开始背离初心、背叛信仰；他们的一些行为、一些做法已经开始严重阻碍中国朝着

---

① 《邓小平年谱（一九七五——一九九七）》（下卷），中央文献出版社，2004，第1364页。

更加持续健康、公平正义、文明进步的社会前进；他们设计主导的一些体制机制已经开始蜕化为小圈子、小群体利益的避风港。革命者首先要自我革命。中国共产党的伟大不在于不犯错误，而在于从不讳疾忌医，能一次次拿起手术刀来革除自身的病症、解决自身的问题。中国共产党不仅勇于对近现代以来西方社会制度、社会发展模式进行彻底的革命，勇于对既有保守僵化教条的制度体制及发展模式进行坚决的革命，还勇于对在发展中国特色社会主义事业过程中出现的那些我们自己这数十年来亲手推动的、亲自实践的、曾经管用也好用但现在越来越不能用也不应该用的制度体制及发展模式进行义无反顾的革命，在不断革命的过程中推动治国理政的创新。

"对实践的唯物主义者即共产主义者来说，全部问题都在于使现存世界革命化，实际地反对并改变现存的事物。"① 当代中国共产党人用"创新"实践着共产主义者这一永恒的哲学使命并赋予它崭新的时代形态。

三　用不忘初心守护治国理政的
精神家园

治国理政必须"变"，要与时俱进，要因事而异；治国理政又"不能变"，要保证确定性，要保持连续性。当代中国共产党人以创新为魂激发治国理政的澎湃动力，变的是机制，是模式；用不忘初心守护治国理政的精神家园，不变的是价值，是规律。如果一味追求现代化到最后连中国近百年奋斗的发展道路和宗旨信仰都否定了，这还是期望中的现代化吗？如果在走向世界的过程中丧失了自我，消融了国家和民族的主体性，这样的发展还有什么意义？"中国是一个大国，决不能在根本性问题上出现颠覆性错误，一旦出现就无法挽回、无法弥补。"② 什么是颠覆性的错误？就是在治国理政的过程

① 《马克思恩格斯选集》第 1 卷，人民出版社，2012，第 155 页。
② 习近平：《在全国党校工作会议上的讲话》，人民出版社，2016，第 14 页。

中忘记了初心，丢掉了精神家园，失去了根与魂。

（一）不忘中国共产党的初心

"不忘初心"，是习近平在庆祝中国共产党成立95周年大会讲话中提出来的一个重要命题。何为一个政党的初心？就是政党的信仰、主义、宗旨、立场，就是对从哪里来、到哪里去、要做什么、为谁而做等治国理政基本问题的自觉与坚守。"党的最高理想和最终目标是实现共产主义"①，是"全心全意为人民服务，不惜牺牲个人的一切，为实现共产主义奋斗终身"②，《中国共产党章程》中的这些要求就是对中国共产党初心最科学、最准确的概括。

作为一个成立近百年、执政近70年的政党，走的路远了，走的时间长了，难免会发生这样或那样的变化，但是初心不能忘，初衷不能丢。这是一个政党区别于其他政党最本质的地方。如果中国共产党不信仰共产主义，还是共产党吗？如果中国共产党不坚持马克思主义，还是马克思主义政党吗？中国共产党的执政来自宪法的赋权，更来自历史和人民的选择。历史和人民为什么选择中国共产党？是因为对中国共产党信仰主义宗旨的信任与期待。这个逻辑不能反过来说，反过来说就大错特错。我们讲中国共产党是伟大的政党，这伟大来自信仰主义宗旨的伟大；我们要建设世界上最强大的政党，这强大同样来自信仰主义宗旨的强大。习近平在"7·26"讲话中明确提出"四个伟大"，这既是对中国共产党初心的切实回归，又是对中国共产党初心的坚定宣示。不要曲解"四个伟大"的政治意蕴，对中国共产党来说，这"四个伟大"绝非华丽的头衔，而是沉甸甸的责任。一个勇于伟大的政党是能让人民信赖的政党，一个敢于伟大的政党是能带领人民创造奇迹的政党。做到"四个伟大"需要的是担当，是付出，甚至可能是牺牲，非真正有共产主义觉悟者不能如此，也不愿意如此。

---

① 《十八大以来重要文献选编》（上卷），中央文献出版社，2014，第115页。
② 《十二大以来重要文献选编》（上卷），人民出版社，1986，第69页。

背离初心，忘记初衷，政党就会名存实亡，甚至连名字都保存不下来。当年的苏联共产党就是前车之鉴。一个政党的衰落，往往从理想信念的丧失或缺失开始；反过来，一个政党的崛起，就在于信仰的"坚"和主义的"真"所产生的强大正能量。党的十八大以来，中国共产党之所以能赢得国内的信赖支持、海外的尊重钦佩，就是因为看到了中国共产党的初心在回归、在彰显、在光大。

（二）不忘中华民族和中国社会的初心

政党有初心，一个民族、一个社会也有初心。中华文化就是中华民族和中国社会的初心。文化是一个社会、一个民族数百年乃至上千年的思想积淀，是对其生产生活方式的精神升华，是对其意义价值的历史辩护。从身份认同上看，文化是这个民族、这个社会有别于其他民族、其他社会的"基因身份证"；从心理归属上看，文化又是一个民族、一个社会的"精神家园"，在这里可以找到精神的安定与祥和。每一种文化都与其他文化不尽相同，这种不一样让一个民族在世界民族之林保持精神独立性，标注出"这一个"。

随着现代社会的发展，整个世界趋同的态势越来越明显。但是经济技术的趋同不能消解国家民族的"精神独立"。一个民族、一个国家、一个社会必须在精神层面上对如何认识问题、分析问题、评价问题、解决问题有自己独立的不受他者主宰与左右的思维、价值与方法。用自己独特的思维方式认识世界，用自己独特的价值立场评价世界，用自己独特的方法路径应对世界，所有这一切来自文化初心。守住文化初心，就守住了精神家园，就不会在精神层面上人云亦云，就会更有战略定力，就会更加自信。习近平多次讲："体现一个国家综合实力最核心的、最高层的，还是文化软实力，这事关一个民族精气神的凝聚。我们要坚持道路自信、理论自信、制度自信，最根本的还有一个文化自信。"[1]

---

[1]　转引自钱文忠《从优秀传统文化中寻找精气神》，《人民日报》2014年3月17日。

我们讲的文化初心当然是有具体内容的中华优秀传统文化，但更主要的是"跨越时空、超越国度、富有永恒魅力、具有当代价值的文化精神"①。坚守文化初心不是停留于对中华优秀传统文化中具体文化内容的简单重复，而是对其中所蕴含的文化精神的阐幽发微，要通过创造性转化、创新性发展实现中华文化从"过去完成时"走向"现在进行时"。

（三）重视治国理政的"化育"与"生长"之功

守望初心不是故步自封，不是因循守旧，而是为了更好地前进。不忘本来才能走向未来，守住精神原点才有真发展。这种前进与发展不是生搬硬套，不是机械拼接，不是突如其来，而是潜移默化的"化育"与日积月累的"生长"。

中国共产党治国理政当然要善于把人类文明的一切成果，包括现代西方的文明成果坦坦荡荡、大大方方地"拿来"，不断学习他人的好东西。但是，拿来之后要"化育"，把他人的好东西化成我们自己的东西。中国特色社会主义之所以不只是在名称上把"中国特色"加在社会主义前面，也不是在实践层面把"中国特色"与"社会主义"简单焊接在一起，就在于这是根植于中华文化沃土的、在中华文化渗润滋养中"化育"出来的全新理论与全新实践。当通过政治革命把马克思主义的种子、社会主义的种子播种下去之后，这种子就在中华文化的沃土中生根发芽，并且成长为中国化的马克思主义、中国特色社会主义。这就是尽管世界社会主义只有 500 年的历史，习近平却讲中国特色社会主义道路"是在对中华民族 5000 多年悠久文明的传承中走出来的"② 之深意所在。能把中国特色社会主义道路上溯 5000 年，让它不仅成为一条政治发展道路，还成为一条文明发展道路，实赖于中华文化的"化育"之功。

国家治理体系同样要在国情的土壤中"生长"出来才有生命力。

---

① 《习近平谈治国理政》，外文出版社，2014，第 161 页。
② 《习近平谈治国理政》，外文出版社，2014，第 39~40 页。

治国理政当然要有一套科学有效、系统规范的治理体系。但是一个国家选择什么样的治理体系，是由这个国家的历史传承、文化传统、经济社会发展水平决定的，要在国家历史传承、文化传统、经济社会发展的基础上长期发展、渐进改进、内生性演化。简而言之，就是"生长"。要"生长"形成一套相对完备的制度体系需要很长的历史时期。中国共产党人讲，巩固和发展社会主义制度要几代人、十几代人甚至几十代人的持续努力。换算成时间概念，这意味着成百上千年的"生长"。一个有作为、负责任的政党设计、培育和发展国家治理体系，必须注重历史和现实、理论和实践、形式和内容有机统一，甘于打基础、善于打基础。不要指望像搭积木似的搭出一栋治理体系的"摩天大楼"，也不能想象突然就搬来一座治理体系上的"飞来峰"。

站立在960万平方公里的广袤土地上，沐浴着马克思主义这一人类社会最伟大信仰的光辉，吸吮着中华民族漫长奋斗积累的文化养分，中国共产党人治国理政具有无比广阔的舞台，具有无比坚定的政治自信，具有无比深厚的历史底蕴，具有无比强大的前进定力。

四　贡献中国方案传递治国理政的天下情怀

习近平总书记在"7·26"讲话中指出："中国特色社会主义是改革开放以来党的全部理论和实践的主题。"自从中国共产党在十二大上提出"建设有中国特色的社会主义"这一科学论断后，以后的历次党代会报告题目中都要写入"中国特色社会主义"，今年的十九大也不会例外。在西方国家纷纷用所谓"普世价值"来抢占竞争制高点的时候，中国共产党人反其道而行之，坚持"特色"并一以贯之，"咬定青山不放松"。在这强大的战略定力背后，是对历史经验教训的总结，也是对马克思主义哲学方法论的自觉遵循。毛泽东当年讲中国是特别愿意向外国学习的，君主立宪制、议会制、多党制、总统制等都学过、试过，但总是老师欺负学生，社会依旧一盘散沙，积贫积弱。后来找到了马克思主义，找到了社会主义，让中国站了起来，但由于经验不足并受苏联模式的影响，走了一些弯路。只有走上中国特色社会主义道路才真正走上了成功的道路。这一道路的秘诀就是把马克思主义的普遍原理与中国实际紧密结合，把社会主义的科学构想与中国国情紧密结合，形成自己的特色并将之发扬光大。"中国特色"不仅让一个饱受外族欺侮的国家站了起来、富了起来，而且现在已经开始进入从大国迈向强国的新征程；不仅让占世界近五分之一人口的社会民众已经总体达到小康水平，而且即将实现全面小康，并开始向全面现代化迈进。当西方社会陷入发展经济步履蹒跚、治理社会力不从心的困境时，"中国特色"让中国社会"风景这边独好"。

作为马克思主义者，中国共产党深知中华民族的伟大复兴不能独善其身，建设社会主义、实现共产主义更是一项世界性的事业，在坚持"中国特色"的同时从来没有放弃过世界眼光，没有淡化过全球意识，而是始终把中国国家治理与全球治理放在一起进行谋划，在担负起优化改善全球治理责任的同时实现对国家的更好治理。这一点突出体现在对待经济全球化的立场与态度上。近些年来，一些西方发达国家去经济全球化、反经济全球化的动作频频，在这样的背景下中国举起了捍卫、推动与改善经济全球化的大旗。经济全球化是伴随着资本主义社会的扩张走向世界的。马克思恩格斯在《共产党宣言》中就曾讲过："不断扩大产品销路的需要，驱使资产阶级奔走于全球各地。它必须到处落户，到处开发，到处建立联系。"[①]19世纪中叶中国遭受的西方列强侵略其实也是早期经济全球化的一种形式，在这个意义上甚至可以说中国本来还是经济全球化的牺牲品。但是不管是什么形式的经济全球化，它毕竟开启了世界历史的进程，是历史进步的客观现象。作为马克思主义者，中国共产党人

---

① 《马克思恩格斯选集》第1卷，人民出版社，2012，第404页。

清醒地认识到，推动人类社会文明进步的力量只有在世界历史的意义上才可能真正存在，更加美好的人类社会发展状态也只有在世界历史的意义上才可能真正实现。所以，习近平不仅在各种国际场合，从 G20 杭州峰会到亚太经合组织领导人会议，再到世界经济论坛上均倡导推动经济全球化，更通过提出"一带一路"倡议、创建自由贸易区、建设亚洲基础设施投资银行等推进全球经济治理的举措，在事实上构建起了 21 世纪经济全球化的新样态。

经济全球化是一种伴随社会生产力的发展而出现的客观经济社会现象，它究竟是造福人类还是危害世界，取决于对经济全球化理念的选择与制度的设计。当代中国倡导推动的经济全球化之所以有别于传统的经济全球化、优越于传统的经济全球化，是因为支持经济全球化背后的价值理念不同。传统的经济全球化是把世界作为大国和资本的"跑马场"，运行模式是零和博弈甚至负和博弈，经济全球化的结果是穷国越穷富国越富。所谓世界是平的，对于跨国公司、跨国资本来说确实是平的，一马平川，横行直撞，但对于发展中国家及其民众的权利来说恐怕难有平等可言，更多的时候是"为他人作嫁衣裳"甚至可能是"人为刀俎我为鱼肉"。而中国则以一种天下情怀来构建 21 世纪经济全球化，其核心价值理念是习近平提出的人类命运共同体。21 世纪经济全球化把世界作为一个你中有我、我中有你的命运共同体，让所有人荣辱与共，不论大国小国，不论发达还是欠发达，在国际经济合作中权利平等、机会平等、规则平等，在共赢、共商、共建、共享中，让世界各国人民梦想成真。

历史的吊诡之处在于，标榜"普世"的背后贩卖的是只有利于少数人、少数国家的私货，坦言"特色"的反倒着眼于全人类、全社会的共同问题与普遍诉求。不要因为使用了"特色"这个词，就认为"中国特色"只是一种区域性的解决方案。无论从理论逻辑还是实践逻辑上讲，"中国特色"名为"特色"，但眼光是世界的，情怀是人类的，思维是整体的。"特色"思考的是如何在经济全球化的背景下、在竞争日趋激烈的环境中实现国家富强、民族振兴、和平发展这一普遍问题；"特色"回应的是如何让一个社会中更多的人过上更加幸福、更有尊严的生活这一共同期待；"特色"体现的是在既定的生产力框架下如何让制度更加适应生产力的发展并推动生产力向更高水平发展这——般性规律。中国的实践对中国之外的其他国家也是有效的，是有借鉴意义的。所以，习近平讲："中国共产党人和中国人民完全有信心为人类对更好社会制度的探索提供中国方案。"① 对于发展中国家来说，走向现代化并不是只有西方发达国家走过的"独木桥"，"中国方案"提供了一条极其可靠而又现实的途径；对于一些发达国家来说，要想走出自己造就的国际乱局、国内困境、经济全球化两难境地，"中国方案"不失为一剂良药，还不苦口。

从"中国特色"到"中国方案"，解决好民族性问题，就有更强能力去解决世界性问题；把中国实践总结好，就有更强能力为解决世界性问题提供思路和办法。这是由特殊性到普遍性的发展规律。"中国方案"不是某种具体的制度体制模式，也绝不主张用一种模式来改造整个世界，来对人类生活进行格式化。"中国方案"是一种新世界观、新价值观和新方法论，是把世界作为一个整体，把人类作为一个整体而进行的道路设计与制度建构。中国共产党人是唯物主义者，但并不否认在很多时候改变了世界观也就改变了世界。从人类命运共同体的你中有我、我中有你，到"一带一路"的"百花园""顺风车"，再到文明多样性的"美人之美，美美与共"，以及全球治理体制的"并育而不相害""并行而不相悖"，等等。当这些理念越来越为世界所接纳、所认同、所践履时②，世界将会呈现出一种崭新的面貌，中华民族伟大复兴也就有了一个良好的外部环境。

---

① 习近平：《在庆祝中国共产党成立 95 周年大会上的讲话》，人民出版社，2016，第 14 页。
② 事实上这已经是活生生的现实，而不再只是一种设想和愿望。2017 年 2 月 10 日，"构建人类命运共同体"理念首次在联合国社会发展委员会第 55 届会议上被写入联合国决议，随后若干联合国决议皆使用这一提法。2017 年 9 月 11 日，第 71 届联大又把"共商、共建、共享"作为原则写入"联合国与全球经济治理"决议。此外，中国提出的"大众创业、万众创新"也进入联合国关于纪念"世界创新日"的决议。中国理念走向世界的内容越来越多，频率越来越快。

五　结语：知行合一开辟新境界

马克思曾经展望过一个时代："那时哲学不仅在内部通过自己的内容，而且在外部通过自己的表现，同自己时代的现实世界接触并相互作用。"① 而当代中国正在进入这样一个时代，当代中国共产党人正在用自己的作为拥抱这一时代，使得马克思主义哲学更加显示出作为"面对世界的一般哲学"、作为"当代世界的哲学"② 这一时代的精神上的精华。

马克思主义哲学这一锐利思想武器之所以在中国共产党革命、建设、改革以及治国理政的实践中越用越顺手、越来越锐利，就在于中国共产党人紧紧抓住了马克思主义哲学实事求是与解放思想的精髓，并将其贯穿革命、建设、改革以及治国理政实践的全过程。但是马克思主义哲学在发展，中国共产党掌握运用马克思主义哲学的能力与本领、水平与境界也在提高。深入观察分析党的十八大以来以习近平同志为代表的新一代中国共产党人的治国理政，我们可以看到在实事求是与解放思想这一精髓贯穿始终的同时，有一种新的特征、新的要求、新的精神尤为突出并且统领着治国理政的理论与实践创新，这就是"知行合一"。

把人民至上作为治国理政的核心要义，坚持以人民为中心的发展思想，自觉做人民群众的工具，为增强人民创造历史的力量而全面从严治党，把历史唯物主义关于人民主体思想落实在治国理政实践中，体现的是对马克思主义哲学历史观的知行合一；以创新为魂激发治国理政的澎湃动力，不断推进道路、理论、战略、制度创新，在创新发展中实现自我超越，不断自我革命，在改造客观世界的同时改造主观世界，体现的是对马克思主义哲学辩证法的知行合一；用不忘初心守护治国理政的精神家园，守住中国共产党的初心，守

---

① 《马克思恩格斯全集》第 1 卷，人民出版社，1995，第 220 页。
② 《马克思恩格斯全集》第 1 卷，人民出版社，1995，第 220 页。

住中华民族和中国社会的初心，不割裂历史，不摒弃传统，坚定
"四个自信"，体现的是对马克思主义哲学价值论的知行合一；在坚
持中国特色的同时积极贡献中国方案，在实现中华民族伟大复兴的
同时推动世界和谐繁荣进步，创造性地回答国家治理中的普遍性与
特殊性的关系，体现的是对马克思主义哲学方法论的知行合一。

知行合一是中国哲学的基本命题，也是中国哲学的基本功夫。
80 年前毛泽东在创作马克思主义哲学中国化最重要的成果之一《实
践论》的时候，就将其副标题命名为"论认识和实践的关系——知
和行的关系"。知行合一对于以实践为基本品格的马克思主义哲学的
意义尤其重大。在一定意义上，马克思主义哲学的精髓实事求是与
解放思想也存在一个知行合一的问题。在现实生活中我们经常能听
到"实事求是为什么这么难""解放思想阻力怎么这么大"的慨叹，
其原因就在于知行未能合一。

党的十八大以来，以习近平同志为代表的中国共产党人坚持运
用马克思主义哲学引领治国理政最鲜明的特征就是知行合一。"我们
说了不是白说，说了就必须做到。""说到的就要做到，承诺的就要
兑现，中央政治局同志从我本人做起。"① "知"是真知，一切从实
际出发，理论联系实际，在实际中检验和发展真理；"行"是真行，
坚持问题导向，坚持以我们正在做的事情为中心，踏石留印，抓铁
有痕，以钉钉子的精神把事业一步步推向前进。以知之深推动行之
笃，用行之实促进知之更新、更深。

化历史必然为实践自觉，变理论应然为行为实然。知行合一，
不仅开辟了当代中国治国理政的新境界，而且开创了当代中国马克
思主义哲学的新境界。

（原载《哲学研究》2017 年第 10 期，收入本书时
略有改动）

---

① 《习近平关于党风廉政建设和反腐败斗争论述摘编》，中国方正出版社，2015，第
68、71 页。

伟大复兴的定海神针 ————

坚持党的领导的"中国道理"

坚持中国共产党领导是中国特色社会主义最本质的特征，是中国特色社会主义最大的制度优势。党的十八大以来，以习近平同志为核心的党中央高度重视加强党的领导，在党的政治领导、思想领导和组织领导方面都有重大的举措和制度设计出台。但是，在现实中有些人不理解当代中国坚持党的领导的理论逻辑、历史逻辑和实践逻辑，不理解坚持党的领导对于中国社会改革发展建设的必然性、必要性、重要性，不理解党的领导弱化、软化、虚化带来的危害的严重性，对党中央加强党的领导存在各种各样认识上的偏差。

在隆重纪念中国共产党建党 95 周年的时刻，关注和探讨关于党的领导这一问题，意义非常重大。理直气壮地把加强和改进党的领导的"中国道理"讲清楚，凝聚起社会各界共同为中华民族伟大复兴而奋斗的最大公约数，这也是对中国共产党建党 95 周年最好的纪念之一。

一 没有共产党的领导，就没有中国特色社会主义

纵观中外政党的历史，从一定程度上可以说，没有领导，就没有政党。放弃了领导，就是自我缴械，就是自毁长城，甚至会让政党土崩瓦解。这样的教训，在世界政党史上可以说比比皆是。

但是，强调坚持党的领导，绝不是为坚持党的领导而坚持党的领导，而是要通过党的领导来实现政党的信仰，完成政党的使命，光大政党的事业。什么是政党的信仰？为共产主义奋斗终生。什么是政党的使命？实现中华民族伟大复兴中国梦。什么是政党的事业？坚持和发展中国特色社会主义。所以，强调坚持党的领导，不是因为迷恋执政地位，而是因为没有中国共产党的领导，中国特色社会主义就会走形变样，甚至名存实亡。

为什么能做这个判断？这就需要把中国特色社会主义的本质要求和中国共产党的政治属性结合起来。什么是中国特色社会主义？对此，可以有不同层面、不同侧面和不同角度的理解，但最根本地来讲，至少要包括人民当家作主、解放和发展社会生产力、实现共同富裕等内容。如果在一个社会中人民不能当家作主，那肯定不是中国特色社会主义社会；如果社会生产力不能被解放、被发展，就像邓小平曾经说过的，"贫穷不是社会主义"[1]；如果一个社会严重两极分化，"朱门酒肉臭，路有冻死骨"，离中国特色社会主义也是越来越远而不是越来越近。

无论是人民当家作主、解放和发展社会生产力还是实现共同富裕，这些都是中国特色社会主义中最核心、最本质的要求。这几条没了，就没有了中国特色社会主义。那么这些要求怎么才能化理念为现实？通过中国共产党的领导来实现。没有共产党的领导，这一切就会变成空话、空想。

比如，面对市场经济背景下资本及其生产方式的强势，只有组织起来的人民群众，才有资格、有能力运用资本驾驭资本，维护和捍卫自己的权利，追求自己的利益。如果没有中国共产党的领导，一盘散沙的"土豆"如何抗衡集中起来的资本对资源的控制？又比如，为什么中国过去30多年能造就举世震惊的经济奇迹、发展奇迹？这更离不开中国共产党领导中国人民心往一处想、劲往

[1]　《邓小平文选》第3卷，人民出版社，1993，第225页。

一处使，不争论、不扯皮、不折腾，集中精力搞经济建设。再比如，虽然中国目前客观存在社会贫富差距拉大的现象，但这是社会发展阶段的局限、生产力水平的制约、市场经济的惯性导致的阶段性现象，而不像西方社会把99%和1%的对立视为理所当然、不可避免、本不应解决。把共同富裕写在旗帜上并努力付诸行动，世界上除了中国共产党还有哪个政党有这样的情怀、这样的承诺、这样的担当？

这就是理论逻辑：没有中国共产党的领导，就没有中国特色社会主义。这一点就像我们当年讲的，没有共产党就没有新中国。对此我们要大讲特讲。

从历史逻辑来看同样如此。有了中国共产党的领导，中国才能避免一切不必要的消极"制衡"，避免不必要的摩擦、掣肘，集中力量办大事；有了中国共产党的领导，人民群众的积极性才被极大地激发出来，在改变自身命运的同时，改变中国也改变了世界。当一些国家为一条高铁是否上马陷入数年乃至十数年争论不休的时候，中国的高铁已经从无到有，贯通全国甚至走出国门。这是连西方国家也不得不承认的事实。

更进一步看，十八大后党中央特别强调党的领导，还是实践逻辑使然。一个社会在不同的发展阶段，采取不同的发展模式和执政模式，是由发展阶段、历史条件和任务属性决定的。我们都知道，中国特色社会主义是一项全新的事业、开放的事业，没有钦定的正版，没有成型的模板，只能在实践中逐渐定版。于是世界包括中国就有一些人把对他们有利的模式和他们希望的模式包装成所谓的成熟经验、"普世价值"甚至历史规律，来影响、改造中国特色社会主义实践，来争夺对中国特色社会主义的实际领导权。在这样的背景下，如果没有坚强有力的中国共产党的领导，不能保持住战略定力，把领导权拱手相让，中国特色社会主义就会名存实亡，走到邪路上去。

二　党的领导弱化不得、虚化不得

对于十八大后加强党的领导，有一种错误的解读是认为中国政治风向变了。似乎只要强调组织和领导，就是政治风向朝某个方向转了，而强调自由和民主，则是政治风向又朝另外一个方向转了。其实，组织领导和自由民主，是社会发展进步的车之两轮、鸟之两翼，不可或缺。只是在社会发展的不同阶段，会有因地制宜、因时就势的侧重。今天中国在强调组织和领导的同时，绝对没有忽视党内民主和社会民主，没有忽视人的自由全面发展。这个事实是一定要讲清楚的。

什么是党的领导？《中国共产党章程》明确提出："党的领导主要是政治、思想和组织的领导。"我们现在强调党的领导，很重要的原因是党的领导在不同侧面、不同层面、不同内容上被弱化、淡化和虚化了。

比如，在政治领导方面，大是大非似乎无足轻重了，原则被漠视，方向被质疑，立场说不清。一些人觉得现在搞市场经济，企业要按照市场的原则来运营，遵循市场规律，经理会、董事会都已经定了的事情，"党的领导"还掺和什么呢？美其名曰让市场发挥"决定性"作用，党的领导在不知不觉中被弱化。与此类似，有些业务部门认为业务工作就要由专家来管理，坚持党的领导就是外行领导内行，于是借口遵循业务规律，把党的领导搁置在一边。甚至还有种观念，认为业务工作是在干实事，有效益，党务工作就是要耍嘴皮子，搞搞活动，不干事，不仅没效益还白花钱。这本身就是长期以来党的领导被虚化和弱化造成的错误观念。党务工作，说到底是做人的工作。一个部门、企业能不能形成良好的精神状态，党的领导作用是关键。不能因为做事的工作容易立竿见影就高估，做人的工作潜移默化就否定。我们常说干事业需要有人才。才是能力，人是什么？就是政治品格、政治方向、政治立场。人和才结合起来，事业才能发展壮大。从前几轮中央巡视组发现的问题看，一些国有企业吃里爬外、利益输送、资产流失等问题触目惊心。有的企业形式上还是国家的企业，事实上变成了少数利益群体的"唐僧肉"，甚至把产权改革转换经营机制变成了向外国人交"投名状"。为什么？弱化了党的政治领导，方向立场出了大问题。

又比如，在思想领导方面，对中央重大方针和战略部署的片面理解乃至曲解，也是导致党的领导弱化和虚化的原因。依法治国，建设社会主义法治国家，是我们的目标，不可动摇，全面依法治国是我们的重大战略部署。于是有人就讲，既然依法治国，那什么都让法律说了算，何必要多此一举再来个党的领导，甚至还炮制出"党大还是法大"的伪命题来混淆视听。法治需要前进方向，党的领导是法治的政治保证，决定中国社会法治建设的目标、价值与形态，决定中国特色社会主义法治道路的前进方向。

再比如，在组织领导方面，强调行政管理，忽视组织领导。中国共产党是执政党，依照法律管理国家事务是当然的权利，但在这个过程中，往往习惯性地用行政管理代替党的组织领导。有些基层组织对中央精神不传达不贯彻，把党建工作置之脑后，当作可有可无的附属品，不管不问或者走走形式。一些党的基层组织本身就不健全，有的长时间没有书记，有的支部委员从来就没有配齐过，很多党员都不知道"三会一课"是什么意思，甚至很多党员长期没有过党的组织生活。

党的领导弱化不得、虚化不得。汲取这些年来的经验教训，不论哪里的工作出问题、哪里的事业受挫折，一定是因为那里的党的领导被弱化、被虚化。毋庸讳言，加强党的领导，党要管党很重要，这是前提。正是过去一段时间在管党治党方面失之于宽、失之于软，导致党组织和党员本身在先进和优秀方面打了折扣，没有让人民群众在实际生活中感受到更多的党的领导的正能量，这也客观上加剧了党的领导被虚化和弱化的态势。党的十八大之后，党中央全面从严治党，从狠抓作风问题做起，从雷霆万钧反腐败发力，就是要

"打铁还需自身硬"，为加强党的领导做政治、思想、组织上的准备。

三　以人民为中心

要在实践中把加强党的领导真正落到实处，需要在理论上把一些深层次的问题讲清楚。

首先，讲讲领导与执政的关系。

可能是由于执政时间比较长了，一些基层党组织和党员干部，往往把执政和领导混为一谈。对于执政党来说，很多时候党的领导固然就是通过执政体现出来的，执政和领导在形式上有很多相似之处，行为上有很多交叉之处，但执政和领导从价值导向到运行机理都是不同的。执政是通过国家机器来行使权力，有法律在背后保驾护航，党的领导则是通过政治引领、思想感召、组织带动来动员社会、号召群众、要求党员。所以，政党最根本的力量还是体现在领导上，有了国家机器如虎添翼，没有国家机器一样能号令社会、凝聚人心。

其次，讲讲党内民主与社会民主的关系。

加强党的领导，特别是现阶段重点在坚持党中央的集中统一领导，强调政治意识、大局意识、核心意识、看齐意识。一些人就以为不要党内民主了。

党内民主与社会民主在运行基础上有根本的不同。社会民主建立在不同利益充分表达并能充分体现的基础上，不同的利益群体代表自己利益、追求自己利益的过程就是民主的过程。而政党作为一个政治组织，与社会联合体是不一样的。作为政党，必须要有共同的利益、明确的目标、统一的价值观。进一步说，就是一个政党应该也只能有一个统一的利益诉求。具体到中国共产党来说，最广大人民群众的利益是中国共产党人最重要也最根本的利益，舍此没有其他利益。因此，按照理论逻辑，中国共产党的党内民主不是建立在代表不同利益的基础上，而是建立在对不同利益的反映与理解上。所以，党内民主是为了增强党的战斗力而不是削弱党的战斗力，是为了在充满活力的基础上实现党的更高层面的团结与统一，而不是放弃党的团结与统一。推进党内民主一定要以维护党中央权威、巩固全党团结与统一、保证全党令行禁止为前提。不能以推进党内民主为名，在党内培育并形成所谓的不同阶层与群体的利益代表。

党内不应该有不同利益，尤其是不应该有既得利益群体，但是，不应该有、不允许有不等于事实上没有。事实上已经有这样的苗头，山头主义、团团伙伙、"我的地盘我做主"、党的集中统一领导变成"九龙治水"等现象就是表现。这些现象背后必然是不同利益的体现，无一不弱化了党的领导、模糊了党的目标和方向、影响了政党的统一性。这是中央全面从严治党，讲规矩、讲纪律的重要原因。

最后，讲讲领导能力与领导方法的问题。

有的同志讲，加强党的领导首先要通过好的工作方法提高党的领导能力。此话不假。前一段时间习近平总书记要求重温毛泽东当年的《党委会的工作方法》一文，也正是基于这样的考虑。95年来，中国共产党积累了丰富的领导经验和领导办法，把这些好经验好方法学到手并运用好，党的领导就会如虎添翼。这些好经验好方法从何而来？任何高超领导艺术背后都是对领导规律的科学遵循。中国共产党的领导规律、执政规律内容丰富，但最大、最核心、最根本的是把人民放到最高位置，就是习近平总书记经常讲的以人民为中心。党的十八大以来，习近平总书记反复强调要以人民为中心，发展要以人民为中心，哲学社会科学研究、文艺创作、互联网发展、攻坚扶贫等，都要以人民为中心，着眼于人民群众的幸福感和获得感。这是我们的立场、我们的宗旨、我们一切工作的价值与意义所在。有道是"先立其大"，有了以人民为中心这一"大"，领导能力、领导水平的提高就是一件自然的事情了。

（原载《南风窗》2016年第14期，收入本书时略有改动）

论中国共产党的一以贯之

　　一个政党要想在社会历史发展的长河中做出能载入史册的贡献，一以贯之应为最基本的实践品格。作为马克思主义政党，中国共产党坚持信仰理想一以贯之，在建党之初就把共产主义远大理想写在自己的旗帜上；作为中国人民和中华民族先锋队，中国共产党坚持为中国人民谋幸福、为中华民族谋复兴的初心与使命坚定不渝。习近平总书记在 2018 年 1 月 5 日新进中央委员会的委员、候补委员和省部级主要领导干部学习贯彻习近平新时代中国特色社会主义思想和党的十九大精神研讨班的讲话中，对新时代中国共产党的一以贯之进行了科学深入的阐述：坚持和发展中国特色社会主义要一以贯之，推进党的建设新的伟大工程要一以贯之，增强忧患意识、防范风险挑战要一以贯之。

一　一以贯之坚持和发展
中国特色社会主义

　　中国特色社会主义是改革开放以来党的全部理论和实践的主题。自从邓小平在 1982 年十二大开幕词中提出"走自己的道路，建设有中国特色的社会主义"以来，"中国特色社会主义"就成为历次党的代表大会的主题词。这一点我们从历次党代会报告的题目中就可以看得很清楚。

十三大：沿着有中国特色的社会主义道路前进

十四大：加快改革开放和现代化建设步伐，夺取有中国特色社会主义事业的更大胜利

十五大：高举邓小平理论伟大旗帜，把建设有中国特色社会主义事业全面推向二十一世纪

十六大：全面建设小康社会，开创中国特色社会主义事业新局面

十七大：高举中国特色社会主义伟大旗帜，为夺取全面建设小康社会新胜利而奋斗

十八大：坚定不移沿着中国特色社会主义道路前进，为全面建成小康社会而奋斗

十九大：决胜全面建成小康社会，夺取新时代中国特色社会主义伟大胜利

习近平总书记指出："坚持和发展中国特色社会主义是一篇大文章，邓小平同志为它确定了基本思路和基本原则，以江泽民同志为核心的党的第三代中央领导集体、以胡锦涛同志为总书记的党中央在这篇大文章上都写下了精彩的篇章。现在，我们这一代共产党人的任务，就是继续把这篇大文章写下去。"[①] 写好这篇大文章最基本的要求就是要坚持一以贯之。

（一）一以贯之首先是对历史逻辑的一以贯之

中国特色社会主义是从改革开放 40 年的伟大实践中得来的，是从中华人民共和国成立近 70 年的持续探索中得来的，是从我们党领导人民进行伟大社会革命 97 年的实践中得来的，是从近代以来中华民族由衰到盛 170 多年的历史进程中得来的，是从中华文明 5000 多年的传承发展中得来的。因此，中国特色社会主义深深打着中国的印记，深深扎根于中国的土壤中。"中国国情"不是一句空话，也不是一句托词。马克思曾经讲："人们自己创造自己的历史，但是他们

---

① 《习近平谈治国理政》，外文出版社，2014，第 23 页。

并不是随心所欲地创造，并不是在他们自己选定的条件下创造，而是在直接碰到的、既定的、从过去承继下来的条件下创造。"① 恩格斯也说过："我们自己创造着我们的历史，但是第一，我们是在十分确定的前提和条件下创造的。"② 社会发展不可能避开这些因素和这些因素所带来的既定状态，国情就是这样一种因素。一个国家的历史文化、经济状况、发展程度都是不可选的、既定的，甚至是特定的。比如我国，人口多、底子薄、生产力不发达就是已经持续很多年并且还将持续更多年的国情，维护国家安全、民族团结、人民利益更是长期的任务与压力。尽管随着中国特色社会主义进入新时代，我国社会主要矛盾已经转化为人民日益增长的美好生活需要和不平衡不充分的发展之间的矛盾，但正像党的十九大报告所指出的，我国仍处于并将长期处于社会主义初级阶段的基本国情没有变，我国是世界最大发展中国家的国际地位没有变。未来中国的发展也好，建设也罢，都需要在目前这样一个客观的背景和环境下往前走。恩格斯在《自然辩证法》中曾讲过："从历史的观点来看，这件事也许有某种意义：我们只能在我们时代的条件下去认识，而且这些条件达到什么程度，我们就认识到什么程度。"③

（二）一以贯之还体现在对实践逻辑的一以贯之

以党的十一届三中全会为标志，党领导人民进行社会主义建设，主要分为改革开放前和改革开放后两个历史时期。这是两个既相互联系又有重大区别的时期，但本质上都是党领导人民进行社会主义建设的实践探索。既不能用改革开放后的历史时期否定改革开放前的历史时期，也不能用改革开放前的历史时期否定改革开放后的历史时期。改革开放前的社会主义实践探索为改革开放后的社会主义实践探索积累了条件，改革开放后的社会主义实践探索则是对前一

---

① 《马克思恩格斯全集》第11卷，人民出版社，1995，第131~132页。
② 《马克思恩格斯选集》第4卷，人民出版社，2012，第604页。
③ 《马克思恩格斯全集》第26卷，人民出版社，2014，第568页。

个时期的坚持、改革、发展。对改革开放前的社会主义实践探索，要坚持实事求是的思想路线，坚持真理，修正错误，发扬经验，吸取教训，在这个基础上把党和人民的事业继续推向前进。

（三）一以贯之更主要的是对理论逻辑的一以贯之

中国特色社会主义一定要坚持科学社会主义基本原则。具体体现为：在中国共产党领导下，立足基本国情，以经济建设为中心，坚持四项基本原则，坚持改革开放，解放和发展社会生产力，建设社会主义市场经济、社会主义民主政治、社会主义先进文化、社会主义和谐社会、社会主义生态文明，促进人的全面发展，逐步实现全体人民共同富裕，建设富强民主文明和谐美丽的社会主义现代化强国；坚持人民代表大会制度的根本政治制度，中国共产党领导的多党合作和政治协商制度、民族区域自治制度以及基层群众自治制度等基本政治制度，中国特色社会主义法律体系，公有制为主体、多种所有制经济共同发展的基本经济制度；等等。习近平总书记指出：“这些都是在新的历史条件下体现科学社会主义基本原则的内容，如果丢掉了这些，那就不成其为社会主义了。”①

坚持一以贯之绝对不是因循守旧，越是改革创新越能真正坚持一以贯之。40年来，中国共产党就是这样做的，中国社会就是这样走过来的。也正是我们坚定不移地坚持和发展中国特色社会主义，近代以来久经磨难的中华民族实现了从站起来、富起来到强起来的历史性飞跃，曾经一穷二白的中国摆脱贫困、告别温饱、实现总体小康，现在已经到了全面建成小康社会的决胜阶段。特别是在党的十八大以来这五年，党中央科学把握当今世界和当代中国的发展大势，顺应实践要求和人民愿望，推出一系列重大战略举措，出台一系列重大方针政策，推进一系列重大工作，解决了许多长期想解决而没有解决的难题，办成了许多过去想办而没有办成的大事，党和国家事业取得了历史性成就，发生了历史性变革，中国特色社会主

---

① 《十八大以来重要文献选编》（上卷），中央文献出版社，2014，第110页。

义进入了新时代。在这一新时代，我们要进行伟大斗争、建设伟大工程、推进伟大事业、实现伟大梦想。

比如，经过40年的快速赶超，今日中国已经进入当年邓小平同志所讲的"发展起来以后"的时期。在这一时期，中国以经济建设为中心没有改变，但"中心"要与"全面"并驾齐驱，发展重心从狭义的经济发展拓展到了政治、文化、社会、生态全方位的发展。体现在人民群众的期待上就是随着人民群众经济生活的显著改善，对美好生活的向往更加强烈，人民群众的需要呈现多样化、多层次、多方面的特点，期盼有更好的教育、更稳定的工作、更满意的收入、更可靠的社会保障、更高水平的医疗卫生服务、更舒适的居住条件、更优美的环境、更丰富的精神文化生活。新时代的中国特色社会主义要在继续推动经济发展的同时，更好解决我国社会出现的各种新问题，更好实现各项事业全面发展，更好推动人的全面发展、社会全面进步。

又比如，经过40年的高歌猛进，中国开始了从追随大国到引领大国的角色转变，从大国向强国迈进的发展阶段跃迁。中国不再是简单地跟在西方大国后面亦步亦趋的欠发达国家，不再是市场经济与国际惯例的学徒，而是作为极具活力的发展中大国为世界经济领跑，为世界格局整容。中国与世界的关系，特别是行为模式和心理心态也正在和将要发生巨大的历史性转换。中国特色社会主义道路不再只是中国社会的一条成功之路，不再只是"个案""孤例"，而是意味着社会主义在现实社会中可以焕发出强大的生机活力并不断开辟和发展新境界，意味着发展中国家走向现代化又多了一条极其可靠而又现实的途径。中国特色社会主义不仅在解决中国问题方面成绩骄人，在解决人类问题方面同样能贡献中国智慧、提供中国方案。

在新时代坚持一以贯之，就是要以新的精神状态和奋斗姿态把中国特色社会主义推向前进。要以更宽广的视野、更长远的眼光来思考和把握国家未来发展面临的一系列重大战略问题，不断进行理论创新；要以更坚定的立场、更科学的方法制定党和国家大政方针、发展战略和各项政策，不断进行制度创新；要勇于自我革命，勇于革故鼎新，让信念更加坚定、党性更加坚强，不断巩固党的执政基础和群众基础。中国特色社会主义这篇大文章已经谱写出了美好的篇章，在以习近平同志为核心的党中央坚强领导下，我们一定要也一定能谱写出更加美好的新篇章。

二　一以贯之推进党的建设新的伟大工程

把中国共产党的建设称为"伟大工程"是中国共产党一以贯之的认识。1939 年，毛泽东同志在《共产党人》发刊词中提出"建设一个全国范围的、广大群众性的、思想上政治上组织上完全巩固的布尔什维克化的中国共产党"的"伟大的工程"。① 后来党的十四届四中全会提出"新的伟大工程"并一直沿用至今。在党的十九大上，习近平总书记更是明确提出："实现伟大梦想，必须建设伟大工程。这个伟大工程就是我们党正在深入推进的党的建设新的伟大工程。"②

（一）坚持党的领导一以贯之

坚持党的领导既是党的建设这一伟大工程的根本要求，又是其价值指向。没有党的领导不可能建设好党，建设好党就是为了更好地实现党的领导。党的十九大更进一步强调要坚持党对一切工作的领导，坚持和加强党的全面领导。一个"一切工作"、一个"全面"，都是在重申、强调党的领导要贯穿体现于党和国家事业的全过程、各方面，从广度到深度，全方位、全层面，无空白、无薄弱，始终总揽全局、协调各方，真正做到党政军民学，东西南北中，党是领导一切的。

---

① 《毛泽东选集》第 2 卷，人民出版社，1991，第 602 页。
② 习近平：《决胜全面建成小康社会　夺取新时代中国特色社会主义伟大胜利——在中国共产党第十九次全国代表大会上的报告》，人民出版社，2017，第 16 页。

突出党的政治领导。政党是政治组织，政党领导首先是政治领导。中国共产党的政治领导就是把中国共产党的初心，也就是信仰、主义、宗旨、立场体现在党的路线方针政策中。从哪里来、到哪里去、要做什么、为谁而做，对这些问题的自觉与坚守、回答与践履就是中国共产党最大的政治。提出实现中华民族伟大复兴中国梦的战略远景，确立"两个一百年"奋斗目标，统筹推进"五位一体"总体布局和协调推进"四个全面"战略布局等，就是中国共产党最鲜明的政治领导。

强化党的组织领导。对于一个近 14 亿人的大国、近 9000 万人的大党来说，如何凝聚起来形成共识，如何团结起来形成战斗力？毫无疑问要靠核心。邓小平讲："任何一个领导集体都要有一个核心，没有核心的领导是靠不住的。"① 党的组织领导当然体现为党的组织体系、党的制度法规体系卓有成效的领导，但更离不开凝聚这一体系的领导核心。有了核心，组织就有了"主心骨"，制度就有了"定盘星"。

夯实党的思想领导。中国共产党是高度重视思想建设与理论武装的马克思主义政党，通过思想建设与理论武装来实现党的思想领导是中国共产党的一大法宝。党的十九大提出，在全党开展"不忘初心、牢记使命"主题教育。这是中国共产党在中国特色社会主义进入新时代的背景下进行的又一次思想建设与理论武装的重大举措，也是加强党的思想领导的重大举措。我们要"以坚定理想信念宗旨为根基"，挺起共产党人的精神脊梁，解决好世界观、人生观、价值观这个"总开关"问题，自觉做共产主义远大理想和中国特色社会主义共同理想的坚定信仰者和忠实实践者。

（二）坚持提高党的建设质量一以贯之

中国共产党作为一个要带领中国社会实现全面现代化奋斗目标、带领中华民族实现伟大复兴的政党，一定要从政治到思想，从组织

---

① 《邓小平文选》第 3 卷，人民出版社，1993，第 310 页。

到作风，从纪律到制度都高标准、严要求，在"质量"上下功夫。"提高党的建设质量"虽然是在党的十九大上首次提出的，但贯穿了中国共产党 97 年的建党实践。其实践指向就是让中国共产党真正成为当之无愧的"主心骨"，真正成为名副其实的"众星捧月"中的"月"，真正成为无可争议的最高政治领导力量，始终成为中国特色社会主义事业的领导核心。

提高党的建设质量，概括起来其实就是建设两个"大"：建设世界上最伟大的政党，建设世界上最强大的政党。

中国共产党是一个政治组织，政治立场、政治方向、政治原则、政治道路、政治理想、政治纲领等是区别于其他政党最本质的属性，也是中国共产党先进、优秀的根本。如果不信仰共产主义，不能全心全意为人民服务，也就不是中国共产党了。要不断加强党的先进性和纯洁性建设，不忘初心，牢记使命，以坚定理想信念宗旨为根基，把中国共产党建设成为世界上最伟大的政党。"打铁必须自身硬"，领导进行伟大斗争、建设伟大工程、推进伟大事业、实现伟大梦想的政党首先得是伟大的。而伟大的政党最根本的是主义信仰宗旨的伟大，是理想信念的伟大，这就要把党的政治建设摆在首位，在自我革命中彰显伟大、实践伟大。

要不断增强党的政治领导力、思想引领力、群众组织力、社会号召力，提高党把方向、谋大局、定政策、促改革的能力和定力，增强党自我净化、自我完善、自我革新、自我提高的能力，把中国共产党建设成为世界上最强大的政党。强大的政党要有创造力、战斗力、凝聚力，这来自纪律、制度、规矩，因此要严明纪律、遵守规矩，让制度贯穿党的建设全过程。同时还要不断提高学习本领、政治领导本领、改革创新本领、科学发展本领、依法执政本领、群众工作本领、狠抓落实本领、驾驭风险本领，让政治觉悟与工作本领相得益彰，切实提高党长期执政的能力。

（三）坚持管党治党一以贯之

中国共产党全面从严治党最直接的原因，用邓小平的话讲就是

"这个党该抓了，不抓不行了"①。执政时间长了难免精神懈怠，难免滋生病患，特别是在变化的社会、开放的环境、市场经济的背景下，商品交换那一套也或多或少地进入党内政治生活和工作中，一些干部被腐败击垮，不少地方的政治生态被污染。如果再不管党治党，不用等到被别人打败，自己就会先把自己打败。

但是，中国共产党还真不能被打败。无论是中国特色社会主义事业的领导核心，还是中国人民的"主心骨"、中华民族的中流砥柱，以及统领各方治国理政稳坐中军帐的"帅"，如此众多的身份标签，无非说明党强则国强、党兴则事业兴、党好则人民好。所以，习近平总书记指出："管党治党不仅关系党的前途命运，而且关系国家和民族的前途命运，必须以更大的决心、更大的勇气、更大的气力抓紧抓好。"② 这既表明了中国共产党对全面从严治党的清醒与自觉，也宣示了中国共产党全面从严治党的决心与意志。

中国共产党敢于全面从严治党的底气来自对政党本质属性和使命担当的高度自信。作为马克思主义政党，先进、优秀是其质的规定性，是政党的本来基因，腐败及其他不良现象只不过是"宝珠蒙尘"，把灰尘擦掉，擦得越干净，宝珠越会光彩夺目。所以刮骨疗毒、雷霆万钧的反腐败不仅不会把党打垮，反而会让党更健康、更强大；严格的党内政治生活、严明的政党纪律不仅不会影响党的生机活力，反而会让党更团结、更有战斗力。

人民群众对党的十八大以来全面从严治党取得的成果给予了很高评价。但是，在全面从严治党这个问题上，我们不能有差不多了、该松口气、歇歇脚的想法，不能有打好一仗就一劳永逸的想法，不能有初见成效就见好就收的想法。尤其是在中国特色社会主义进入新的发展阶段、中华民族伟大复兴进入关键时期的当下，中国共产党要团结带领人民进行伟大斗争、推进伟大事业、实现伟大梦想，要成功应对重大挑战、抵御重大风险、克服重大阻力、解决重大矛

① 《邓小平文选》第3卷，人民出版社，1993，第314页。
② 《习近平谈治国理政》第2卷，外文出版社，2017，第63页。

盾，要在巩固"压倒性态势"的基础上夺取"压倒性胜利"，必须持之以恒、善作善成，把管党治党的螺丝拧得更紧，推动全面从严治党向纵深发展。

随着全面从严治党站上历史新起点，我们有资格也有条件百尺竿头更进一步，在纵深上下功夫，在保持上做文章，在关键环节上求突破，在基础问题上用力气，把全面从严治党的思路举措搞得更加科学、更加严密、更加有效。比如，"反腐"当然不会鸣金收兵，但随着腐败存量的不断减少，如何遏制增量的"防腐"将要摆到更加突出的位置；又比如，"不敢腐""不能腐"的好态势当然要巩固，但夯实"不想腐"的思想基础更需久久为功，事上磨炼；再比如，不仅要继续拔"烂树"、治"病树"、正"歪树"，更要正本清源，在严肃党内政治生活、营造风清气正的政治生态、涵养积极向上的党内政治文化方面多努力；等等。中国共产党已经在革命性锻造中更加坚强，也必将在全面从严治党这场伟大的自我革命中继续百炼成钢。

三　一以贯之增强忧患意识、
防范风险挑战

"备豫不虞，为国常道。"习近平总书记指出："当前，我国正处于一个大有可为的历史机遇期，发展形势总的是好的，但前进道路不可能一帆风顺，越是取得成绩的时候，越是要有如履薄冰的谨慎，越是要有居安思危的忧患，绝不能犯战略性、颠覆性错误。"① 对当代中国共产党人来说，秉持忧患意识，既是一种现实要求，又是一种责任自觉，更是一种政治境界。

今日的中国发展成绩很大、成就很多，但发展中存在的问题同样很多，甚至很严峻。目前中国经济中不稳定、不平衡、不协调、

---

① 《如何防范化解重大风险？习近平这么部署！》，求是网，http://www.qstheory.cn/zhuanqu/rdjj/2019－02/20/c_1124139051.htm，最后访问日期：2019年6月24日。

不可持续的四大结构性问题，每一个都是悬在中国经济发展头上的达摩克利斯之剑；中国社会一些行为、一些做法已经开始严重阻碍中国朝着更加持续健康、公平正义、文明进步的社会前进；一些体制机制已经开始蜕化为小圈子、小群体利益的避风港，自我固化、自我扩张。进一步看，这些年的发展在做了很多工作的同时，也忽略了很多该做的工作。比如，在注重效率，不断做大发展的蛋糕的同时，社会贫富差距也在不断加大，落实广大人民群众共享改革发展成果方面形势严峻；再比如，随着改革发展进入攻坚阶段，过去被捂住的各种老大难、烂摊子和积累遗留的大量问题都相继暴露出来，这些问题尽管可能表现为是一个侧面、一个局部、一个环节的问题，但放置于矛盾凸现期这一大背景下，它就会演化成为社会性的问题、带有全局性的问题、牵一发而动全身的问题。

再进一步看，邓小平曾讲过一句话："发展起来以后的问题不比不发展时少。"① 在没有解决温饱问题时，人民群众可能对公平正义等社会问题的感受不明显、不强烈。可是随着我们总体实现小康，人民群众的物质生活水平日益提高，对精神文化、健康安全等方面的需求开始日益增长，对于政治参与方面的要求也相应增长。但这一历史任务才刚刚破题。

更需要关注的是，近些年来，我们一些同志为过去的成就所骄傲，为眼前的成果所陶醉，小富即安，故步自封，无意识甚至不愿意正视繁荣背后的隐忧。习近平总书记曾多次引用古人一句话："天下之患，最不可为者，名为治平无事，而其实有不测之忧。坐观其变而不为之所，则恐至于不可救。"② 迎面而来的危机并不可怕，意识不到危机，不愿意正视危机，不准备应对危机才是最大的危机。

我们当然要充分肯定这些年来革命、建设、改革所取得的一切

---

① 《邓小平年谱（一九七五——一九九七）》（下卷），中央文献出版社，2004，第1364 页。

② 《〈习近平用典〉为政篇》，中国共产党新闻网，http://theory.people.com.cn/n/2015/0303/c394175－26624892－4.html，最后访问日期：2019 年 6 月 28 日。

成果，对这些成果给予多高的评价都不为过。但是面对实现中华民族伟大复兴中国梦，面对人民群众对过上更好生活的新期待，面对中国共产党人的伟大理想，所有这些成果都只能是前进中的一个小逗号。这一切只能是继续奋起前行的台阶，不能成为包袱，更不能成为羁绊。

在现实生活中，一些党员干部不是不知道上面所说的这些问题，也不是不知道确立忧患意识的必要性，但在现实中往往很难确立起忧患意识。他们总是在想，我们干了那么多的事情，发展取得的成绩也摆在那儿，不说功劳，苦劳总有一点吧；何况现在也有资格、有条件、有能力过得好一些，事实上确实已经过得很好了，纵使有偌大的问题，可预计之日也轮不到我们的头上，何苦把自己搞得那么苦？

这里就涉及"为某事而干"与"为事业而干"的区别。干一件事，事毕理当评功论好；干事业，尚未成功，自需锐意进取。对于中国共产党人来说，我们的目标不是一时一事的应付了事，而是中国特色社会主义事业的兴旺发达。某一阶段性的工作可能已经完成了，甚至完成得还很好，但对于中国特色社会主义的宏大事业来说，还只是刚刚起步。现在一些人包括党员领导干部可能已经过上相对好的生活，但在不平衡、有差距、低水平的小康现状背后还有很多的群众日子过得并不宽裕，甚至还有很多艰难、很多疾苦。如果我们还记得自己是共产党人，那么，共产党人的觉悟、共产党人的责任、共产党人的使命，所有这一切都指向要能忧患，要去忧患，要甘于忧患。

增强忧患意识，在于发扬中国共产党人一以贯之的革命精神，特别是自我革命的精神。革命者首先要自我革命，没有革命的觉悟，没有革命的意志，就不可能有革命的行动、革命的成果。党的十八大以来之所以治国理政呈现出新气象，就是因为不论是全面建成小康社会、全面深化改革，还是全面依法治国、全面从严治党，从根本上说都是中国共产党的自我革命。也正是这样的革命，让中国社会从来没有如此接近实现梦想。

把革命精神贯穿于伟大斗争。在当代中国从大国迈向强国的历史征程中，要随时准备进行具有许多新的历史特点的伟大斗争：维护国家主权的斗争，反分裂的斗争；有硝烟的军事斗争，没有硝烟的意识形态斗争；看得见的经济政治斗争，看不见的文化价值观斗争；反颠覆——与不怀好意对手的斗争，反腐败——与自身不良现象的斗争；等等。进行这些斗争或许会流血或许不会流血，不流血的斗争可能更严酷；这些斗争或许是公开的或许是不公开的，不公开的斗争可能更艰巨。面对所有这些斗争，必须要像当年的共产党人那样不犹豫、不观望、不懈怠、不软弱，勇于亮剑，敢于对阵，决不自废武功。

把革命精神贯穿于伟大工程。在新长征路上中国共产党要经受住"四大考验"，克服"四种危险"，始终保持先进和优秀，不是一件容易的事情。如果理想信念丧失、革命意志衰退，就会百病缠身，就会让不怀好意者生觊觎之心。在长期执政的过程中存在这样或那样的问题并不可怕，有问题就解决，有病就治。"小"革命洗洗澡、出出汗，"大"革命壮士断腕、刮骨疗毒。既不要讳疾忌医，也不要被病情吓倒。曾经有人对反腐败没有信心甚至不敢去反腐败。在波澜不惊中反腐败斗争的压倒性态势已经形成，这充分说明对于有革命精神的中国共产党来说，腐败不过是"明珠蒙尘"，只要勤擦拭，定会光彩灿烂。

把革命精神贯穿于伟大事业。在社会主义初级阶段的背景下实现中华民族伟大复兴，在发展中国家的基础上建设现代化，在13亿乃至更多人口的国度中实现共同富裕，在为西方主导的世界格局中实现大国的和平崛起等，所有这些都是过去从来没有过的全新的事情、全新的探索、全新的实践。让中国特色社会主义道路越走越宽广，让科学社会主义在21世纪焕发出新的蓬勃生机，要用新的理念、新的作为将革命进行到底。

清醒而知忧患，自觉而能忧患，务实而解忧患。只要我们做到既有防范风险的先手，又有应对和化解风险挑战的高招，既能打好防范和抵御风险的有准备之战，又能打好化险为夷、转危为机的战略主动战，中国特色社会主义事业必将更加辉煌，中华民族伟大复兴必将更早实现。

（原载《中共杭州市委党校学报》2018 年第 1 期，收入本书时略有改动）

论中国共产党的初心使命

"不忘初心，继续前进"，习近平总书记庆祝中国共产党成立95周年大会讲话中的这八个字，一时间成为中国社会追捧的热词。这八个字之所以引起高度的关注与热烈的讨论，不仅因为它是95年辉煌的经验总结、走向光明未来的根本遵循，更因为它是对中国共产党实践辩证法的深刻揭示，对中国共产党成功密码的鲜活阐述。

一 何为初心？信仰、主义、宗旨、
立场的一以贯之、坚定不移

初心即本来。从哪里来、到哪里去、要做什么、为谁而做，对这些问题的自觉与坚守就是一个政党的初心。对于中国共产党来说，就是它的信仰、主义、宗旨、立场。

中国共产党之所以是中国共产党，源于对马克思主义的信仰与对共产主义的不懈追求。没有了马克思主义信仰的共产党还是共产党吗？不追求共产主义的共产党还有必要存在下去吗？这些提问听起来好像有些惊世骇俗，其实就是大白话、大实话。"背离或放弃马克思主义，我们党就会失去灵魂、迷失方向。"[1] "中国共产党之所

① 习近平：《在庆祝中国共产党成立95周年大会上的讲话》，人民出版社，2016，第9页。

以叫共产党，就是因为从成立之日起我们党就把共产主义确立为远大理想。"① 习近平总书记振聋发聩的话语讲了一个根本道理：一个政党的衰落，往往从理想信念的丧失或缺失开始；反过来，一个政党的崛起，就在于信仰的"坚"、主义的"真"所产生的强大正能量。

中国共产党之所以有力量，中国共产党之所以能作为，在于从一开始就把人民写在党的旗帜上："人民立场是中国共产党的根本政治立场，是马克思主义政党区别于其他政党的显著标志。"② 习近平总书记指出："我们讲宗旨，讲了很多话，但说到底还是为人民服务这句话。我们党就是为人民服务的。"③ 中国共产党牢牢记住"除了工人阶级和最广大人民群众的利益，没有自己特殊的利益"，中国共产党人"随时准备为党和人民牺牲一切"。不要把中国共产党的执政当作党的利益，这是以小人之心度君子之腹。对中国共产党来说，执政是担当、是责任、是奉献，是执政为民，不是执政为私。

共产主义成为现实社会状态确实还有很长的路要走，只有在社会主义社会充分发展和高度发达的基础上才能实现，而社会主义制度的发展和完善是一个长期的历史过程。但这正是理想之为理想的魅力所在，正是信念之为信念的价值所在。习近平总书记讲："理想因其远大而为理想，信念因其执着而为信念。"④ 踮起脚就能够得着的不是理想，朝三暮四有奶便是娘也不是信念。满足于眼前蝇头小利而欣欣然，被别人骂上几句就六神无主，这不是一个已经在干大事而且还要干更大的事的政党应该有的精神状态。

---

① 习近平：《在庆祝中国共产党成立 95 周年大会上的讲话》，人民出版社，2016，第 10 页。
② 习近平：《在庆祝中国共产党成立 95 周年大会上的讲话》，人民出版社，2016，第 18 页。
③ 习近平：《做焦裕禄式的县委书记》，中央文献出版社，2015，第 24 页。
④ 习近平：《在庆祝中国共产党成立 95 周年大会上的讲话》，人民出版社，2016，第 11 页。

不要因为走的时间久了、走的道路远了就忘记为什么出发。忘记初心，不可避免会被历史淘汰。对这一点，中国共产党有足够的警觉。

二 怎样前进？理论、实践、道路、战略的与时俱进、创新发展

守本不是故步自封，不是无所作为，而是为了更好地前进。顺应历史大势，赶上时代步伐，完成使命担当，中国共产党的理论、实践、道路、战略自然会也当然要与时俱进、创新发展。这集中体现在党的十八大以来党中央治国理政新理念新思想新战略中。

理论在创新。习近平总书记的系列重要讲话以宏大的战略眼光勾勒出 21 世纪中国和 21 世纪社会主义的前途命运，以科学的理论逻辑回答了新一代马克思主义者面对的时代课题与实践挑战，实现了马克思主义在 21 世纪中国的新飞跃。

实践在创新。以新发展理念引领经济发展新常态，以供给侧结构性改革注入发展新动力，崇尚创新、注重协调、倡导绿色、厚植开放、推进共享，中国社会的发展方式在转变、发展结构在调整、发展质量和效益在提升。

道路在创新。经过百余年的抗争、90 多年的奋斗、60 多年的探索、30 多年的实践，中国特色社会主义道路让我们有资格自信、有底气自信。这是一条开放的道路、一条充满创新的道路。从社会主义市场经济到"五位一体"总体布局，从中国式的现代化到国家治理体系和治理能力现代化，每一代中国共产党人都在这条道路上谱写出了新的篇章。

战略在创新。"四个全面"战略新布局——全面建成小康社会、全面深化改革、全面依法治国、全面从严治党，相互支撑、相互促进，既描绘了美好蓝图，又规划了路线图和时间表，让中国特色社

会主义在"全面"中高歌猛进。

这一系列变革与创新不亚于一场又一场深刻的革命，不仅深深地改变了一个拥有五千年文明的古国，极大地改变了近百年来的世界政治经济格局，更让一个迈向百年的政党充满活力、充满生机、充满创造力。因循守旧、墨守成规而不思进取的政党是没有前途的，中国共产党对这一点同样有深刻的认知。

三 以我们正在做的事情为中心，该变则变，不能变则坚决不变

守有守的必须，变有变的必然。那么什么是中国共产党必须变的，什么是中国共产党不能变的？什么时候中国共产党可以变，什么时候中国共产党不能变？不要陷于抽象的哲学思辨，而要以我们正在做的事情为中心，该变则变，不该变则坚决不变。

随着中国共产党治国理政进入新的境界，中国特色社会主义事业高歌猛进：中国作为极具活力的发展中大国为世界经济领跑，开始了从追随大国到引领大国的角色转变；发展重心从狭义的经济发展拓展到了政治、文化、社会、生态全方位的发展，开始了从发展到全面发展的模式跨越，从大国向强国迈进的发展阶段跃迁。

发展方位发生了重大变化，中国共产党的行为模式怎么能不发生重大变化？比如，在大踏步跨越、快速崛起的进程中化解守成大国的焦虑；在维护中国国家核心利益的同时消除国际社会的疑虑；把人类命运共同体的理念化为现实，建设各国共享的"百花园"。但是，中国共产党带领中国人民实现中华民族伟大复兴中国梦没有变，中国共产党让中国人民有更多幸福感与获得感的承诺没有变，中国共产党为人类对更好社会制度的探索提供中国方案的使命与担当没有变。既然这一切都没有变，我们怎能忘记当年举手宣过的誓言，怎能背离一代又一代志士仁人开辟的道路？在这一点上，就要像毛

泽东当年讲的，"我们要顽固一些"①。

　　不忘初心是"本"，继续前进是"纲"，守本举纲，中国共产党就会从胜利走向胜利。这就是中国共产党的实践辩证法。

　　　　　　　　　　（原载《文汇报》2016 年 7 月 4 日，收入本书时略有改动）

---

① 《毛泽东文集》第 2 卷，人民出版社，1993，第 179 页。

论中国共产党的革命精神

习近平总书记在学习贯彻党的十九大精神研讨班开班式上发表重要讲话时指出："我们是革命者，不要丧失了革命精神。"[①] 革命精神是中国共产党先进优秀的看家法宝、攻坚克难的力量源泉、走向胜利的政治优势。要实现党和国家兴旺发达、长治久安，中国共产党人就必须保持革命精神、革命斗志，就一定要不忘初心、牢记使命、永远奋斗，通过彻底的自我革命坚定不移地把伟大社会革命继续推进下去。

一 革命精神来自对马克思主义革命观的深刻认知

习近平总书记对革命精神的重视是一以贯之的。党的十八大以来，从"革命理想高于天"到"不忘革命初心"再到"以自我革命的精神推进改革"，革命的觉悟、情怀、意志溢于言表。特别是2016年年底在全国政协新年茶话会上，更是明确提出"大力弘扬将革命进行到底精神"，而这一要求在2018年的"1·5"重要讲话中再次被予以重申与宣示。习近平总书记对革命精神的重视与强调，集中

---

① 《"答卷人"习近平的这些话语重心长》，央视网，http://news.cctv.com/2018/01/06/ARTlhTykFpHqtiTZZb7MMmnT180106.shtml，最后访问日期：2019年6月24日。

体现了中国共产党人对马克思主义革命观的深刻认识、科学遵循与自觉践履。

　　一段时间以来，中国有些人把革命简单地等同于曾经发生过的暴力革命、革命战争、革命运动等，并且认为革命已经远去、革命不再需要。这种认识是极其错误的。虽然上述形态毫无疑问是革命的形态，甚至还是革命最直接、最现实、最管用的形态，但不能说是革命的全部内容，更不能说是革命的本质形态。关于革命的本质，马克思在《1848 年至 1858 年的法兰西阶级斗争》一文中，做了极为简明而又科学深刻的论断，这就是"革命是历史的火车头"①。后来马克思又称革命是"社会进步和政治进步的强大发动机"②。

　　马克思主义认为，一个社会的生产力发展同它的现存的生产关系之间日益增长的不相适应，总是要通过尖锐的矛盾、危机、痉挛表现出来。这种矛盾、危机、痉挛只有通过革命才能解决。解决了，社会就发展进步了，历史就前进了。所以，在人类社会发展的历史长河中，革命直接表现为政权的阶级更替，表现为社会制度的兴亡存废，但深藏其后更为根本的是表现为社会生产力的解放与发展。毛泽东同志曾经指出，革命的目的就是解放生产力。生产力是最革命的因素。生产力发展了，总是要革命的。邓小平之所以说改革"是革命"，"是中国的第二次革命"，也是因为"改革的性质同过去的革命一样，也是为了扫除发展社会生产力的障碍，使中国摆脱贫穷落后的状态。从这个意义上说，改革也可以叫革命性的变革"。③

　　社会矛盾不会消失，革命自然不可避免也不会消失。所以，对革命不存在喜欢不喜欢、愿意不愿意的问题，革命是历史的必然，是"必然性的物质力量"④。1851 年恩格斯给马克思写的信中说："革命是一种与其说受平时决定社会发展的法则支配，不如说在更大

---

① 《马克思恩格斯选集》第 1 卷，人民出版社，2012，第 527 页。
② 《马克思恩格斯全集》第 8 卷，人民出版社，1961，第 38 页。
③ 《邓小平文选》第 3 卷，人民出版社，1993，第 370、113、135 页。
④ 《马克思恩格斯全集》第 48 卷，人民出版社，2007，第 194 页。

程度上受物理定律支配的纯自然现象"①，"制度改变的方式总是新的要求逐渐产生，旧的东西瓦解等等"，建立新的制度"总要经过真正的革命"②。

正是因为有对革命的科学认知，马克思恩格斯在《共产党宣言》中旗帜鲜明地指出："共产党人不屑于隐瞒自己的观点和意图。"③共产党人就是革命者，要革命，就要有一个革命党。中国共产党带领中国人民打碎旧世界夺取政权的革命当然已经结束了，带领中国人民建设新世界的革命却依然在进行中，并且要继续进行下去。从身份上说，中国共产党已经是领导中国人民长期执政的党，但就其本质来说仍然是带领中国人民建设新世界的革命党，是具有革命精神的执政党。

新中国成立后，毛泽东同志要求全党保持"过去革命战争时期的那么一股劲，那么一股革命热情，那么一种拼命精神，把革命工作做到底"④。在改革开放过程中，邓小平同志特别提出："革命精神是非常宝贵的，没有革命精神就没有革命行动。"⑤坚持和发展新时代中国特色社会主义，我们一定要按照习近平总书记的重要指示，用旺盛的革命精神来进行自我革命，并推进伟大社会革命。

二　保持革命精神就要一以贯之
推进伟大社会革命

从鸦片战争时期，中国就开始了慷慨悲歌的社会革命运动，但只有中国共产党成立后，中国革命才进入一个崭新的阶段，中国的社会革命才走上正确的道路。这场革命已经进行了97年，还将继续进行下去。历史和现实都告诉我们，一场社会革命要取得最终胜利，

①　《马克思恩格斯全集》第27卷，人民出版社，1972，第210页。
②　《马克思恩格斯全集》第1卷，人民出版社，1956，第315页。
③　《马克思恩格斯选集》第1卷，人民出版社，2012，第435页。
④　《毛泽东文集》第7卷，人民出版社，1999，第285页。
⑤　《邓小平文选》第2卷，人民出版社，1994，第146页。

往往需要经历漫长的历史过程。

当代中国这场伟大的社会革命经过了三个历史阶段。

第一阶段是新民主主义革命阶段。在这一阶段，中国共产党团结带领全国人民找到了一条农村包围城市、武装夺取政权的正确革命道路，经过 28 年浴血奋战，推翻压在中国人民身上的帝国主义、封建主义、官僚资本主义三座大山，实现了民族独立、人民解放、国家统一、社会稳定。这一革命彻底结束了旧中国半殖民地半封建社会的历史，彻底结束了旧中国一盘散沙的局面，彻底废除了列强强加给中国的不平等条约和帝国主义在中国的一切特权，实现了中国从几千年封建专制制度向人民民主专政的伟大飞跃。

第二阶段是社会主义革命阶段。新中国成立后，中国共产党团结带领全国人民意气风发地投身中国历史上从来不曾有过的热气腾腾的社会主义建设，在不长的时间里，建立起独立的、比较完整的工业体系和国民经济体系，积累起在中国这样一个社会生产力相对落后的东方大国进行社会主义建设的重要经验，确立起社会主义基本制度，成功实现了中国历史上最深刻、最伟大的社会变革，为当代中国的发展进步奠定了根本政治前提和制度基础，为中国发展富强、中国人民生活富裕奠定了坚实基础，实现了中华民族由不断衰落到根本扭转命运、持续走向繁荣富强的伟大飞跃。

第三阶段是改革开放阶段。从 20 世纪 70 年代末起，中国共产党团结带领全国人民进行改革开放新的伟大革命，破除阻碍国家和民族发展的一切思想和体制障碍，使中国大踏步赶上时代。这一伟大革命开辟了中国特色社会主义道路，形成了中国特色社会主义理论体系，确立了中国特色社会主义制度，繁荣了中国特色社会主义文化，极大激发广大人民群众的创造性，极大解放和发展社会生产力，极大增强社会发展活力，人民生活显著改善，综合国力显著增强，国际地位显著提高，实现了中国人民从站起来到富起来、强起来的伟大飞跃。

今天，中国特色社会主义进入了新时代。这是中国共产党领导全国人民进行伟大社会革命的成果，也是进行伟大社会革命的继续，必须一以贯之进行下去。这一时代，中国开始了从追随大国到引领大国的角色转变，从快速发展到全面发展的模式跨越，从大国向强国迈进的发展阶段跃迁。特别是社会主要矛盾的转化，意味着中国社会发展从宏观到微观、从战略到战术、从观念到制度都发生了根本性、革命性的变化，我们决不能因为胜利而骄傲，决不能因为成就而懈怠，决不能因为困难而退缩，要从推动人的全面发展和社会全面进步的高度进行战略筹划，从推进共享发展和实现共同富裕的高度做出应对之策，以更加旺盛的革命精神开启新时代的新革命。通过革命精神深化社会革命，用社会革命淬炼革命精神。

三　保持革命精神还要勇于进行彻底的自我革命

习近平总书记指出："勇于自我革命，是我们党最鲜明的品格，也是我们党最大的优势。"[①] 中国共产党的伟大不在于不犯错误，而在于从不讳疾忌医，敢于直面问题，勇于自我革命，具有极强的自我修复能力。中国共产党为什么能够在现代中国各种政治力量的反复较量中脱颖而出？为什么能够始终走在时代前列，成为中国人民和中华民族的主心骨？根本原因就在于始终保持承认并改正错误的勇气，一次次拿起手术刀来革除自身的病症、解决自身的问题。

中国共产党用 97 年的筚路蓝缕、风雨沧桑、高歌猛进坚守了自我革命的初心、彰显了自我革命的品格、实践了自我革命的誓言。

在建党初期对党员和党的一些组织"思想不纯"以及"左"倾、右倾错误进行自我革命，在长征途中对党和军队中存在的"左"倾冒险主义、分裂逃跑主义进行自我革命，在延安时期对党内存在的主观主义、教条主义、经验主义进行自我革命，到新中国成立后

---

① 《新知新觉：勇于自我革命是我们党最鲜明的品格》，中国共产党新闻网，http://dangjian. people. com. cn/n1/2019/0508/c117092 - 31073252. html，最后访问日期：2019 年 6 月 24 日。

又开展了反贪污反浪费反官僚主义等一系列自我革命。也正是在这样的自我革命中，中国共产党一次次转危为安、化危为机，带领中国人民从胜利走向胜利。新时期的改革开放是中国共产党人对自身在社会主义建设过程中形成的一些僵化、教条、片面、不成熟的思想认识、行为习惯与制度模式进行的自我革命，摒弃以阶级斗争为纲，转向以经济建设为中心，摒弃计划经济，实行社会主义市场经济。也正是这一次深刻的自我革命，中国共产党踏上了带领中国人民发展中国特色社会主义的伟大征程，也让中国共产党当之无愧地成为中国特色社会主义的领导核心。

全面从严治党更是中国共产党人的自我革命。党的十八大以来，以习近平同志为核心的党中央全面从严治党，以刀刃向内的勇气向党内顽瘴痼疾开刀，体现的正是中国共产党自我革命的决心和意志。从八项规定转作风到雷霆万钧反腐败，从扎紧制度的笼子到高扬理想信念，从严格党内政治生活到加强党内监督，从洗澡出汗、壮士断腕到刮骨疗毒、凤凰涅槃，中国共产党切实解决了党在作风、思想、组织、纪律等方面存在的问题，实现了政党面貌的大革新、政党形象的大提升、政党制度的大完善、政党能力的大提高。

进入新时代，决胜全面建成小康社会的攻坚任务、全面建设社会主义现代化强国的奋斗目标、实现中华民族伟大复兴的历史使命，对我们党提出了前所未有的新要求。"四大考验"、"四种危险"以及影响党的先进性、弱化党的纯洁性的各种因素更是具有很强的危险性和破坏性。要想不被挑战打倒，要想永葆生机活力，一定要勇于进行彻底的自我革命。这种自我革命来自中国共产党的自觉与自警，同样来自中国共产党的自信与自豪。习近平总书记指出："我们党之所以有自我革命的勇气，是因为我们党除了国家、民族、人民的利益，没有任何自己的特殊利益。"[1] 党的十九大之所以能也之所

<hr>

[1] 《党必须发扬自我革命精神——三论学习贯彻习近平总书记在省部级专题研讨班上重要讲话》，共产党员网，http://news.12371.cn/2017/02/16/ARTI1487180234-391466.shtml，最后访问日期：2019 年 6 月 24 日。

以敢提出"坚决防止党内形成利益集团"这一斩钉截铁的论断，同样基于中国共产党的政治新觉醒。一个世界上最伟大、最强大的政党，当然不应该犯这种颠覆性的错误，也不允许犯这种颠覆性的错误。中国共产党已经在革命性锻造中更加坚强，我们要在全面从严治党这场伟大的自我革命中继续百炼成钢。

（原载《光明日报》2018 年 3 月 1 日，收入本书时略有改动）

论中国共产党的政治忠诚

对于中国共产党人来说，忠于党、忠于人民、忠于马克思主义信仰，是最基本的党性要求。深刻认识忠诚的政治意蕴，科学把握忠诚的丰富内涵，切实做到忠诚的知行合一，是新时代中国共产党人党性的充分体现，是不忘初心、牢记使命的核心要求，也是攻坚克难、永远奋斗的强大精神力量。

一　政治忠诚的时代意蕴

"党内所有的政治问题，归根到底就是对党是否忠诚。"[①] 习近平总书记的这一重要论断深刻阐述了中国共产党人忠诚的政治属性与政治意义。没有了对党忠诚，坚持党的政治领导，夯实政治根基，涵养政治生态，防范政治风险，永葆政治本色，提高政治能力等，都会成为空话。忠诚是中国共产党人的政治品质、政治要求、政治试金石。

加强党的政治建设，把党的政治建设落到实处，讲忠诚是第一位的。中国共产党的先进性和纯洁性是建立在忠诚基础上的，中国共产党员的先进优秀同样是建立在忠诚基础上的。中国共产党人追求的共产主义最高理想，只有在社会主义社会充分发展和高度发达

---

① 《中国共产党人的忠诚观》，中国共产党新闻网，http://theory.people.com.cn/n1/2019/0510/c40531-31076818.html，最后访问日期：2019 年 6 月 24 日。

的基础上才能实现。而巩固和发展社会主义制度，尚需要一个很长的历史阶段，需要我们几代人、十几代人甚至几十代人坚持不懈地努力奋斗。没有忠诚，就不可能为信仰、为理想虔诚而执着、至信而深厚；没有忠诚，就不可能对人民、对事业情真而意切、坚定而担当。

列宁说，"徒有其名的党员，就是白给，我们也不要"①，讲的就是共产党人必须真正地、表里如一地忠诚于党的政治信仰、政治立场、政治理想。2015 年 7 月 1 日，习近平总书记在给国家测绘地理信息局第一大地测量队六位老队员、老党员的回信中强调，忠于党、忠于人民、无私奉献，是共产党人的优秀品质。党的事业、人民的事业，是靠千千万万党员的忠诚奉献而不断铸就的。有了这样的政治品质，就能做政治上的明白人，不断增强"四个意识"，始终坚定"四个自信"，真正做到"两个维护"，自觉在思想上、政治上、行动上同以习近平同志为核心的党中央保持高度一致。

忠诚是党员干部的政治"试金石"。党员领导干部讲政治，在政治立场、政治方向、政治原则、政治道路上同党中央保持高度一致，必须是发自内心、坚定不移的，任何时候、任何情况下都要站得稳、靠得住。判断一个人是不是真正的共产党人，不能只看他是不是有共产党员这个政治身份，而要看他的所言所行、所作所为、所好所恶是不是真正表里如一，是不是真正忠于信仰、忠于国家、忠于人民、忠于组织。现在有一些党员干部虽然组织上入了党，但思想上并没入党，与党不同心，与党不同行。尤其是在大是大非面前，在危机风险考验面前，在个人利益和诉求得不到满足的时候，就会搞政治投机，搞"口头忠诚""伪忠诚"。还有一些党员干部过着"双面人生"，说一套做一套，台上一套台下一套，人前一套背后一套，批评别人是一套面对自己又是一套，把忠诚老实当作面具，以掩盖信仰上的荒芜和对钱权的贪念。古人讲，"忠也者，一其心之谓也"，

① 《列宁全集》第 37 卷，人民出版社，2017，第 217 页。

"诚者，真实无妄之谓"。党员干部要"亦余心之所善兮，虽九死其犹未悔"，始终保持政治信仰不变、政治立场不移、政治方向不偏，这样才是对党绝对忠诚，也才能做到对党绝对忠诚。

中国特色社会主义进入新时代，世界处于百年未有之大变局中，我们取得的成就、创造的条件、迎来的机遇前所未有，我们面临的风险挑战、困难阻碍也愈加凸显，"四大考验"是长期的、复杂的，"四种危险"是尖锐的、严峻的。面对复杂形势、艰巨任务和严峻考验，党员干部对党忠诚、与党同心，站稳立场、保持定力，比以往任何时候都更加重要。唯有如此，才能赓续红色基因、不断砥砺前行，谱写好新时代中国特色社会主义新篇章，书写出实现中华民族伟大复兴的大文章。

二　政治忠诚的丰富内涵

新时代中国共产党人的忠诚内涵是十分丰富的。忠于信仰、忠于国家、忠于人民、忠于组织这四个方面既各有侧重，又高度统一，是一个有机整体，共同体现为忠诚于党。中国共产党人对党忠诚，必然是忠于信仰、忠于国家、忠于人民、忠于组织的；中国共产党人做到了忠于信仰、忠于国家、忠于人民、忠于组织，对党忠诚自然就在其中了。

中国共产党是一个有信仰的政党，中国共产党人是忠于自己信仰的觉悟者。毛泽东同志提出"主义譬如一面旗帜"[1]，就是讲信仰的。只有旗帜竖起来，才会应者云集，知道向哪里去靠拢。邓小平同志特别强调："为什么我们过去能在非常困难的情况下奋斗出来，战胜千难万险使革命胜利呢？就是因为我们有理想，有马克思主义信念，有共产主义信念。"[2] 所以，"对马克思主义的信仰，是中国

---

① 《毛泽东年谱》（上卷），中央文献出版社，1993，第71页。
② 《邓小平文选》第3卷，人民出版社，1993，第110页。

革命胜利的一种精神动力"①。在随时准备进行许多具有新的历史特点的伟大斗争的新的历史时期，习近平总书记更是明确指出："对马克思主义的信仰，对社会主义和共产主义的信念，是共产党人的政治灵魂，是共产党人经受住任何考验的精神支柱。"②

中国共产党是爱国主义精神最坚定的弘扬者和实践者，始终把实现中华民族伟大复兴作为自己的历史使命。90多年来，中国共产党团结带领全国各族人民进行的革命、建设、改革实践，是爱国主义的伟大实践，写下了中华民族爱国主义精神的辉煌篇章。忠于国家就要有深厚的家国情怀，"位卑未敢忘忧国""苟利国家生死以，岂因祸福避趋之""先天下之忧而忧，后天下之乐而乐"。忠于国家就要以身许国、以身报国，把自己融入国家富强民族复兴的伟大事业中。不论树的影子有多长，根永远扎在土里；不论身在何处，都要始终把祖国和人民放在心里，把国家富强、民族振兴、人民幸福作为努力志向，自觉使个人奋斗成功的果实结在爱国主义这棵常青树上。

忠于人民，贯穿于中国共产党人治国理政全过程。"人民对美好生活的向往，就是我们的奋斗目标。"③ 在十八届中央政治局常委同中外记者见面时习近平总书记讲了这句话，时隔五年，在十九届中央政治局常委同中外记者见面时习近平总书记又强调了这句话。忠于人民，根本就是坚守"人民至上"这一马克思主义的立场；不忘初心，首先就是不忘"为人民谋幸福"这一中国共产党人的初心。党的十八大以来，习近平总书记明确提出"坚持以人民为中心的发展思想"，要求要把增进人民福祉、促进人的全面发展、朝着共同富裕方向稳步前进作为经济发展的出发点和落脚点，让人民群众"有更好的教育、更稳定的工作、更满意的收入、更可靠的社会保障、更高水平的医疗卫生服务、更舒适的居住条件、更优美的环境、更

①　《习近平谈治国理政》第2卷，外文出版社，2017，第4页。
②　《习近平谈治国理政》第2卷，外文出版社，2017，第326页。
③　《习近平谈治国理政》，外文出版社，2014，第4页。

丰富的精神文化生活"①，让人民群众有幸福感、获得感、安全感
等，所有这一切都是忠于人民的具体体现。

习近平总书记指出：　"党的力量来自组织，组织能使力量倍
增。"② 马克思主义政党只有组织起来，把千千万万的政党成员拧成
一股绳，把千千万万政党成员的智慧汇聚到一起，把千千万万政党
成员的意志指向同一方向，才会化成集体的行动，产生 $1+1>2$ 的
效果，才会形成建设新世界、开辟新事业的巨大物质力量。

严守政治纪律和政治规矩，忠于组织。在过去一段时间，不忠
于组织，在重大原则问题和大是大非面前立场摇摆、态度暧昧者大
有人在。一些党员干部口头上拥护中央，暗地里却对中央决定说三
道四，甚至公开发表同中央精神相违背的言论，阳奉阴违、当面一
套背后一套；有的对中央决定不是坚决执行，而是态度模棱两可、
行动拖沓懈怠，处处为自己留"余地"；还有一些领导干部对中央的
决策和部署做选择、搞变通、打折扣，不是认真研究落实，而是一
门心思找"对策"；等等。忠于组织，就要强化党的意识，牢记自己
的第一身份是共产党员，第一职责是为党工作，任何时候都与党同
心同德，热爱党、拥护党、永远跟党走。

三　政治忠诚的实践要求

忠诚，不是空对空的口号，而是真抓实干的具体行动。"世界上
的事情都是干出来的，不干，半点马克思主义都没有。"③ 心中有
党、对党忠诚，就必须把对组织、对人民的感恩之情，转化为奉献
社会、服务群众的实际行动，转化为勇创佳绩、拼搏进取的工作劲
头，在奉献中生动地体现共产党人的忠诚精神。

忠诚的根基是觉悟。习近平总书记在十八届中央纪委七次全会

---

①　《习近平谈治国理政》第 2 卷，外文出版社，2017，第 40、61 页。
②　《习近平关于严明党的纪律和规矩论述摘编》，中央文献出版社，2016，第 36 页。
③　《改革开放三十年重要文献选编》（下卷），人民出版社，2008，第 1688 页。

上强调："面对公和私、义和利、是和非、正和邪、苦和乐的矛盾，是选择前者还是后者，靠的就是觉悟，最终检验的是对党和人民的忠诚。党的领导干部必须讲觉悟、有觉悟。觉悟了，觉悟高了，就能找到自己行为的准星。"① 共产党员是否有觉悟，觉悟是高还是低，不能靠自我标榜，不能自以为是，关键要看其行为是否符合党的宗旨。共产党员日常的每一件工作、每一种行为既是觉悟的体现，又是对觉悟的养护。对共产党员来说，觉悟绝不仅仅是想清楚一些"好道理"，更是做对了一些"实事情"。比如，在社会对房地产市场投资投机越来越习以为常的情况下，能坚定地做出"房子是用来住的，不是用来炒的"的决策，这就是觉悟；又比如，面对反腐败过程中出现的巨大压力与挑战，能豪迈地说出"没有免罪的'丹书铁券'，也没有'铁帽子王'"②，这还是觉悟；再比如，在全面建成小康社会过程中满怀深情地反复要求"一个都不能少"，这更是觉悟。每一个共产党员特别是领导干部要能自觉地向党中央看齐，通过党性修养和党内生活锻炼不断提高觉悟，通过工作实践和斗争磨砺不断坚定觉悟。

忠诚要害在"绝对"两个字，这是对忠诚品质的考量，也是检验忠诚度的标准。习近平总书记指出："对党绝对忠诚要害在'绝对'两个字，就是唯一的、彻底的、无条件的、不掺任何杂质的、没有任何水分的忠诚。"③ 身为党员，只想要"共产党员"这个身份而不想也不去做"共产主义者"，不信仰马克思主义，不愿意为共产主义奋斗终身，甚至公开质疑嘲弄政党的宗旨主义纲领，还美其名曰"解放思想"，这样的党员根本不可能对党忠诚。身为党员，不守纪律、不讲规矩，把组织当成来去自由的"大车店"、各取所需的"大卖场"、自行其是的"私人俱乐部"，甚至拉帮结派、团团伙伙，

---

① 《习近平在十八届中央纪委七次全会上发表重要讲话》，中华人民共和国中央政府网，http://www.gov.cn/xinwen/2017－01/06/content_5157361.htm，最后访问日期：2019年6月25日。
② 《习近平关于严明党的纪律和规矩论述摘编》，中央文献出版社，2016，第87页。
③ 《十八大以来重要文献选编》（中卷），中央文献出版社，2016，第197页。

搞"独立王国"，这样的党员何谈对党忠诚。身为党员，不能用党的理论武装头脑，对党的路线方针政策合意的执行，不合意的就不理睬，甚至还以"闯红灯""打擂台""夹私货"为荣，这样的党员与对党忠诚的差距不止十万八千里。党员领导干部讲忠诚，就要经常在这三个方面对对表，哪些方面做到了，哪些方面没有做到；哪些方面做得好，哪些方面做得不好。对表的时候既要定性，又要定量；既要看一时一事，又要看常态持久；既要看表现出来的行为，又要看背后的动机觉悟。

更重要的是，要在"四个伟大"的实践中证明忠诚。当下，中国共产党正在统揽进行伟大斗争、伟大工程、伟大事业、伟大梦想的实践。我们要发扬将斗争进行到底的精神，切实增强斗争意识，不断提高斗争本领，勇于斗争、善于斗争，用夺取伟大斗争的新胜利证明忠诚。我们要居安思危，要保持创业初期那种励精图治的精神状态，要节俭内敛、敬终如始，要严以治吏、防腐戒奢，要顺乎潮流、顺应民心，以彻底的自我革命精神彰显忠诚。我们要更加自觉地增强道路自信、理论自信、制度自信、文化自信，既不走封闭僵化的老路，也不走改旗易帜的邪路，用新时代中国特色社会主义新辉煌证明忠诚。

（原载《光明日报》2019 年 5 月 10 日，收入本书时略有改动）

论中国共产党的战略定力

——十八大以来党中央治国理政实践的战略哲学考量

  战略关注的都是大问题。在一定意义上，"战略"可以与"大"画等号。因此，战略定力不仅是"战略"的定力，指对战略有定力，更是"战略性"的定力，指在一些大问题、大原则、大判断上具有战略意义、达到战略高度、蕴含战略思维的定力。"战略定力"是一个实践概念，始于认知成于实践，既强调"理上觉悟"更注重"事上磨炼"，反映的是对所做事情、所坚持信念、所追求目标的自信、坚定、从容，因此"表现为一种态度、一种意志、一种境界"[①]。能否在"乱花渐欲迷人眼"的历史大变局中，做到"乱云飞渡仍从容"，显示的是战略定力，考验的也是战略定力。

  党的十八大以来，以习近平同志为核心的党中央直面大考验，担当大使命，引领大时代，统揽"四个伟大"实践，治国理政实现了历史性变革、取得了历史性成就，也在这一过程中充分展现出当代中国共产党人在政治、理论、政策、处变等方面的战略定力。以十八大以来党中央治国理政的实践为观察样本，从战略哲学的视角进行理论分析与考察，对于我们深刻领会习近平总书记关于战略定力的重要论述，深入贯彻习近平总书记关于战略定力的重要部署，

[①] 辛鸣：《构建新时代的战略哲学》，《人民日报》2018年5月14日。

更进一步涵养历练中国共产党的战略定力是很有意义的。

一　政治定力

政治定力是战略定力的灵魂。中国共产党是一个政治组织，政治组织就要讲政治。习近平总书记曾经严肃告诫全党："共产党不讲政治还叫共产党吗？"① 正所谓"纲举目张""先立其大"，政治这个"纲"举起来、这个"大"立住了，其他一切方面就都有了基础，有了"主心骨"。党的十八大以来，以习近平同志为核心的党中央在加强党的领导、严肃党内政治生活、强化党内监督、正风肃纪反腐等方面采取的一系列重大举措，着眼点正是从政治上建设党；党的十九大明确把党的政治建设纳入党的建设总体布局，强调"把党的政治建设摆在首位"②，讲的也是这个道理。党的政治建设搞好了，政治定力就有了前提与基础并且能不断增强，党就能做到在道路、方向、立场等重大原则问题上坚定不移。

1. 革命理想高于天，在理想信念上有定力

一个政党与其他政党最根本的区别在于主义信仰和理想信念。习近平总书记在庆祝中国共产党成立 95 周年大会上指出："中国共产党之所以叫共产党，就是因为从成立之日起我们党就把共产主义确立为远大理想。"③ 坚定理想信念，坚守共产党人精神追求，始终是共产党人安身立命的根本。2012 年 11 月 17 日，习近平总书记在十八届中共中央政治局第一次集体学习时特别强调："对马克思主义的信仰，对社会主义和共产主义的信念，是共产党人的政治灵魂，是共产党人经受住任何考验的精神支柱。"④

中国共产党人认识到，不要冀望一夜之间梦想成真，更不要因

---

① 《习近平关于全面从严治党论述摘编》，中央文献出版社，2016，第 80 页。
② 习近平：《决胜全面建成小康社会 夺取新时代中国特色社会主义伟大胜利——在中国共产党第十九次全国代表大会上的报告》，人民出版社，2017，第 26 页。
③ 《习近平谈治国理政》第 2 卷，外文出版社，2017，第 34 页。
④ 《习近平谈治国理政》第 2 卷，外文出版社，2017，第 326 页。

为一时挫折半途而废。理想之所以为理想是因其远大，信念之所以称得上信念是因其执着。一百多年来的世界社会主义实践的曲折历程表明，马克思主义政党一旦放弃了马克思主义信仰，动摇了对社会主义和共产主义的信念，就会名存实亡，甚至连名字都保留不下来，最终土崩瓦解、曲终人散。而共产党人如果没有信仰、没有理想，或信仰、理想不坚定，精神上就会"缺钙"，就会得"软骨病"，就必然导致政治上变质、经济上贪婪、道德上堕落、生活上腐化。中国共产党之所以能够经受一次次挫折而又一次次奋起，归根到底是因为有远大理想和崇高追求，并且对这一理想始终不渝，对这一追求义无反顾。

从中国共产党成立直到现在 90 多年来，国内外总有一些势力企图让中国共产党改旗易帜、改名换姓，其要害就是企图让中国共产党丢掉对马克思主义的信仰，丢掉对社会主义、共产主义的信念。而中国共产党党内有些人却没有看清这里面暗藏的玄机，认为：西方"普世价值"经过了几百年，为什么不能认同？西方的政治话语为什么不能借用？接受了也不会有什么大的损失，为什么非要与人家拧着来？面对这些奇谈怪论，究竟是当"开明绅士"，"爱惜羽毛"，还是做"勇猛战士"，"敢于亮剑"，其实就是对理想信念是否有定力的试金石。2013 年 6 月 28 日，习近平总书记在全国组织工作会议上指出，"检验一个干部理想信念坚定不坚定"，"主要看干部是否能在重大政治考验面前有政治定力"。①

曾经有段时间在中国社会甚至中国共产党内讲马克思主义、讲共产主义讲得不多了，即使讲也往往含糊其词、语焉不详。这是政治上的糊涂甚至政治上的错误。保持理想信念上的战略定力固然在于心中有数，但也还要经常讲、多多讲，对于我们坚持的东西就要大讲特讲。2015 年 12 月 11 日，在全国党校工作会议上，习近平总书记要求"党校要旗帜鲜明、大张旗鼓讲马克思主义、讲中国特色

---

① 《习近平关于全面从严治党论述摘编》，中央文献出版社，2016，第 60 页。

社会主义、讲共产主义，旗帜鲜明、大张旗鼓讲党的性质、讲党的宗旨、讲党的传统、讲党的作风"①，也是从一个方面显示中国共产党对理想信念的定力。习近平总书记还特别讲："中央批准中央党校成立马克思主义学院，就是坚持党校姓'马'姓'共'之举。"② 这是为了让中国共产党的中高级干部在时代洪流中成为坚守共产党人精神追求的中流砥柱。

2. 以人民为中心，在坚守立场上有定力

人民立场是中国共产党的根本政治立场，是马克思主义政党区别于其他政党的显著标志。中国共产党与人民风雨同舟、生死与共，始终保持血肉联系，是战胜一切困难和风险的根本保证。中国共产党走得再远、走到再光辉的未来，也不能忘记为什么出发。坚守立场，根本就是坚守"人民至上"这一马克思主义的立场；不忘初心，首先就是不忘"为人民谋幸福"这一中国共产党人的初心。"人民对美好生活的向往，就是我们的奋斗目标。"③在十八届中央政治局常委同中外记者见面时习近平总书记讲了这句话，时隔五年，在十九届中央政治局常委同中外记者见面时习近平总书记又强调了这句话。

为把这一立场坚持好并切实体现在经济社会生活中，习近平总书记在党的十八届五中全会上明确提出"坚持以人民为中心的发展思想"，要求要把增进人民福祉、促进人的全面发展、朝着共同富裕方向稳步前进作为经济发展的出发点和落脚点。十八大以来，党以保障和改善民生为重点，抓住人民最关心最直接最现实的利益问题，发展各项社会事业，加大收入分配调节力度，强调全面小康一个都不能少，使改革发展成果更多更公平惠及全体人民等，都是对这一思想的具体落实，对这一立场的坚定坚持。

2016 年 1 月 18 日，习近平总书记在省部级主要领导干部学习贯

---

① 《习近平谈治国理政》第 2 卷，外文出版社，2017，第 326 页。
② 《习近平谈治国理政》第 2 卷，外文出版社，2017，第 326 ~ 327 页。
③ 《习近平谈治国理政》，外文出版社，2014，第 4 页。

彻党的十八届五中全会精神专题研讨班讲话中指出："以人民为中心的发展思想，不是一个抽象的、玄奥的概念，不能只停留在口头上、止步于思想环节，而要体现在经济社会发展各个环节。"① 2015 年 2 月 27 日，在中央全面深化改革领导小组第十次会议上，习近平总书记更是明确提出"让人民群众有更多获得感"② 的要求。中国的发展不能是"数字游戏"或"速度游戏"，检验我们一切工作的成效，最终都要看人民是否真正得到了实惠，人民生活是否真正得到了改善，人民权益是否真正得到了保障，是否在幼有所育、学有所教、劳有所得、病有所医、老有所养、住有所居、弱有所扶上持续取得新进展，是否在民主、法治、公平、正义、安全、环境等方面有收获。

3. 走人间正道，在旗帜道路上有定力

举什么旗、走什么路最考验战略定力。2014 年 5 月 4 日，习近平总书记在北京大学师生座谈会上指出："我们要保持战略定力和坚定信念，坚定不移走自己的路，朝着自己的目标前进。"③

在旗帜道路上有定力就是对中国特色社会主义道路高度自信。中国特色社会主义道路是中国共产党和中国人民历尽千辛万苦、付出巨大代价走出来的一条伟大道路，既有坚实的实践基础，"是在改革开放 30 多年的伟大实践中走出来的，是在中华人民共和国成立 60 多年的持续探索中走出来的，是在对近代以来 170 多年中华民族发展历程的深刻总结中走出来的"，又有深厚的文明之根，"是在对中华民族 5000 多年悠久文明的传承中走出来的"④；既坚守着科学社会主义的基本原则，"中国特色社会主义是社会主义而不是其他什么主义，科学社会主义基本原则不能丢，丢了就不是社会主义"⑤，又彰显着实事求是的实践品格，"以我国改革开放和现代化建设的实际问

① 《习近平谈治国理政》第 2 卷，外文出版社，2017，第 213～214 页。
② 《习近平谈治国理政》第 2 卷，外文出版社，2017，第 102 页。
③ 《十八大以来重要文献选编》（中卷），中央文献出版社，2016，第 4 页。
④ 《习近平谈治国理政》，外文出版社，2014，第 39～40 页。
⑤ 《十八大以来重要文献选编》（中卷），中央文献出版社，2016，第 22 页。

题、以我们正在做的事情为中心，着眼于马克思主义理论的运用，着眼于对实际问题的理论思考，着眼于新的实践和新的发展"①。这是中国社会实现社会主义现代化的必由之路，是创造中国人民美好生活的必由之路。改革开放40年来所创造的发展奇迹与辉煌成就更是证明了这一点。为此，习近平总书记自信地讲："历史没有终结，也不可能被终结。中国特色社会主义是不是好，要看事实，要看中国人民的判断，而不是看那些戴着有色眼镜的人的主观臆断。中国共产党人和中国人民完全有信心为人类对更好社会制度的探索提供中国方案。"②

一切向前走，都不能忘记走过的路。在旗帜道路上有定力还体现在坚持和发展中国特色社会主义是一脉相承、一以贯之的。不仅40年来的中国特色社会主义发展是一以贯之的，20世纪50年代以来中国共产党人进行的社会主义实践探索，当然是中国特色社会主义把握现实、创造未来的"出发阵地"，没有前30年积累的思想成果、物质成果、制度成果，中国特色社会主义也难以顺利推进。中国特色社会主义尚未尽善尽美，还需要不断改革、不断发展，但所有这一切是为了更加完善，是要强化中国特色社会主义，而不是改旗易帜。2014年2月17日，习近平总书记在中央党校省部级主要领导干部学习贯彻十八届三中全会精神专题研讨班开班式上指出："我国国家治理体系需要改进和完善，但怎么改、怎么完善，我们要有主张、有定力。"③今日中国正在进行的全面深化改革，其方向和目标是更好地坚持和发展新时代中国特色社会主义，而不是否定和放弃中国特色社会主义。没有中国特色社会主义的完善和发展，也不可能有国家治理体系和治理能力的现代化。在这一点上，中国共产党人绝不会犯颠覆性错误。

---

① 《习近平谈治国理政》，外文出版社，2014，第9页。
② 《习近平谈治国理政》第2卷，外文出版社，2017，第37页。
③ 《习近平谈治国理政》，外文出版社，2014，第105页。

二　理论定力

理论定力是战略定力的基础。所谓理论定力就是指在理论创造上对现象的分析、对规律的认知、对实践的总结有自己的逻辑框架，有自己的思维范式，有自己的话语体系，能用自己的逻辑框架、思维范式、话语体系来回答时代之问、实践之问，来揭示人类社会发展的大逻辑、大趋势，来指导改造世界的宏大实践，不人云亦云，不鹦鹉学舌，实现精神上的完全主动。2015 年 1 月 23 日，习近平总书记在十八届中央政治局第二十次集体学习时指出："必须高度重视理论的作用，增强理论自信和战略定力，对经过反复实践和比较得出的正确理论，要坚定不移坚持。"①

中国共产党的理论定力来自两个方面。一是对科学理论的高度自信。不管世界如何风云变幻，马克思主义始终占据真理和道义的制高点，人类社会依然处于马克思主义所指明的历史时代。"从《共产党宣言》发表到今天，170 年过去了，人类社会发生了翻天覆地的变化，但马克思主义所阐述的一般原理整个来说仍然是完全正确的。"②马克思主义的立场、观点、方法，马克思主义关于世界的物质性及其发展规律，关于人类社会发展的自然性、历史性及其相关规律，关于人的解放和自由全面发展的规律，关于认识的本质及其发展规律等原理，仍然是中国共产党人的锐利思想武器和看家本领。二是对当代中国伟大实践的高度自觉。伟大的时代呼唤伟大的思想，伟大的实践孕育伟大的理论。当代中国正经历着我国历史上最为广泛而深刻的社会变革——走向现代化，也正在进行着人类历史上最为宏大而独特的实践创新——发展中国特色社会主义。这种前无古

---

① 《坚持运用辩证唯物主义世界观方法论提高解决我国改革发展基本问题本领》，《人民日报》2015 年 1 月 25 日。

② 习近平：《在纪念马克思诞辰 200 周年大会上的讲话》，人民出版社，2018，第 25 页。

人的伟大实践，必将给中国社会思想理论创造提供强大动力和广阔空间。习近平新时代中国特色社会主义思想就是在这样一种伟大时代、伟大实践中孕育产生的中国共产党人自己的、中国人民自己的伟大思想。正是基于这样的理论自信，党的十八大以来，中国共产党在一系列理论问题上充分彰显出强大的理论定力。

1. 对政党制度的理论定力：提出"新型政党制度"

西方社会一向标榜自己是现代政党制度的发源地，西方政党是现代政党的样板。但是，现代西方政治发展越来越表明西方政党政治已经沦为一种"政治游戏"，多党竞争演变为相互争斗和彼此倾轧，政党之间缺乏共识，也不愿意寻求共识。在意识形态的"洞穴假象"和逐利性的"分权制衡"驱使下，西方政党陷入恶性竞争的困境，导致政治效率极其低下，国家政策的制定和实行朝令夕改、朝三暮四。西方政党或为反对而反对，或为了选票盲目承诺"空头支票"，靠喊口号、煽动民粹主义情绪来获得支持，完全置国家民众利益于不顾，不去也不能解决实际问题。结果"黑天鹅"事件频频出现，"西方之乱"渐成常态。

而反观中国共产党之所以能"六合同风，九州共贯"，实现"中国之治"，就在于理直气壮地讲"中国特色社会主义最本质的特征是中国共产党领导，中国特色社会主义制度的最大优势是中国共产党领导，党是最高政治领导力量"①；理直气壮地讲"'众星捧月'，这个'月'就是中国共产党。在国家治理体系的大棋局中，党中央是坐镇中军帐的'帅'，车马炮各展其长，一盘棋大局分明"②，"在当今中国，没有大于中国共产党的政治力量或其他什么力量。党政军民学，东西南北中，党是领导一切的，是最高的政治领导力量"③；理直气壮地讲"党中央是大脑和中枢，党中央必须有

---

① 习近平：《决胜全面建成小康社会　夺取新时代中国特色社会主义伟大胜利——在中国共产党第十九次全国代表大会上的报告》，人民出版社，2017，第 19 ~ 20 页。

② 《习近平关于社会主义政治建设论述摘编》，中央文献出版社，2017，第 31 页。

③ 《习近平关于社会主义政治建设论述摘编》，中央文献出版社，2017，第 30 页．

定于一尊、一锤定音的权威"①。

这一切来自中国共产党以高度的理论自信提出的"新型政党制度"。这一理论创新充分彰显出与西方政党相比中国共产党在国家发展、社会治理、人民民主方面的巨大制度优势。中国共产党明确提出中国共产党领导的多党合作和政治协商制度是中国共产党、中国人民和各民主党派、无党派人士的伟大政治创造，是从中国土壤中生长出来的新型政党制度。这一政党制度，"新就新在它是马克思主义政党理论同中国实际相结合的产物，能够真实、广泛、持久代表和实现最广大人民根本利益、全国各族各界根本利益，有效避免了旧式政党制度代表少数人、少数利益集团的弊端；新就新在它把各个政党和无党派人士紧密团结起来、为着共同目标而奋斗，有效避免了一党缺乏监督或者多党轮流坐庄、恶性竞争的弊端；新就新在它通过制度化、程序化、规范化的安排集中各种意见和建议、推动决策科学化民主化，有效避免了旧式政党制度囿于党派利益、阶级利益、区域和集团利益决策施政导致社会撕裂的弊端"②。

2. 对社会主义市场经济的理论定力：不忘"社会主义"这个定语

社会主义市场经济理论，不仅是社会主义发展史上的重大理论创新，也是马克思主义发展史上的伟大创举。中国共产党从根本上讲清楚了市场经济的理论逻辑：与西方市场经济不一样并不意味着不是市场经济，西方市场经济只是人类社会早期市场经济的一种形式，而社会主义市场经济则是市场经济在当今时代的升级版。

第一，中国的市场经济是社会主义性质的市场经济，是为社会主义制度服务的。2015 年 11 月 23 日，习近平总书记在十八届中央政治局第二十八次集体学习时指出："我们是在中国共产党领导和社会主义制度的大前提下发展市场经济，什么时候都不能忘了'社会主义'这个定语。之所以说是社会主义市场经济，就是要坚持我们

①　习近平：《在全国组织工作会议上的讲话》，人民出版社，2018，第 12 页。
②　《坚持多党合作发展社会主义民主政治　为决胜全面建成小康社会而团结奋斗》，《人民日报》2018 年 3 月 5 日。

的制度优越性，有效防范资本主义市场经济的弊端。"① 2013 年 11 月 9 日，习近平总书记在做《中共中央关于全面深化改革若干重大问题的决定》的说明时进一步指出："我国实行的是社会主义市场经济体制，我们仍然要坚持发挥我国社会主义制度的优越性、发挥党和政府的积极作用。市场在资源配置中起决定性作用，并不是起全部作用。"②

第二，社会主义市场经济既要"有效的市场"，也要"有为的政府"，要用"看得见的手"引导"看不见的手"。使市场在资源配置中起决定性作用和更好发挥政府作用是有机统一的，不是相互否定的，不能把二者割裂开来、对立起来，既不能用市场在资源配置中的决定性作用取代甚至否定政府作用，也不能用更好发挥政府作用取代甚至否定使市场在资源配置中起决定性作用。2014 年 3 月 14 日，习近平总书记在中央财经领导小组第五次会议上指出："市场起决定性作用，是从总体上讲的，不能盲目绝对讲市场起决定性作用，而是既要使市场在配置资源中起决定性作用，又要更好发挥政府作用。有的领域如国防建设，就是政府起决定性作用。一些带有战略性的能源资源，政府要牢牢掌控，但可以通过市场机制去做。"③ "更好发挥政府作用，不是要更多发挥政府作用，而是要在保证市场发挥决定性作用的前提下，管好那些市场管不了或管不好的事情。"④ 其中"政府的职责和作用主要是保持宏观经济稳定，加强和优化公共服务，保障公平竞争，加强市场监管，维护市场秩序，推动可持续发展，促进共同富裕，弥补市场失灵"⑤。中国共产党这些重要的理论认识真正做到了"在实践中破解这道经济学上的世界性

① 《习近平关于社会主义经济建设论述摘编》，中央文献出版社，2017，第 64 页。
② 《十八大以来重要文献选编》（上卷），中央文献出版社，2014，第 500 页。
③ 《习近平关于社会主义经济建设论述摘编》，中央文献出版社，2017，第 57 ~ 58 页。
④ 《习近平关于社会主义经济建设论述摘编》，中央文献出版社，2017，第 66 页。
⑤ 《十八大以来重要文献选编》（上卷），中央文献出版社，2014，第 514 页。

难题"①。

3. 对民主制度的理论定力："中国特色社会主义民主是个新事物，也是个好事物"

"物之不齐，物之情也。"世界各国的国情不同，其国家政治制度必然不可能是相同的，在国家历史传承、文化传统、经济社会发展的基础上长期发展、渐进改进、内生性演化出来的国家政治制度必然表现出独特性。正是基于这样的理论逻辑，针对西方一向自以为是的民主制度，中国共产党提出民主制度的中国创造，用人民代表大会制度和社会主义协商民主制度确保实质民主与全过程民主。

与新型政党制度一样，人民代表大会制度与社会主义协商民主制度，同样是中国在人类政治制度史上的伟大创造。习近平总书记讲"中国特色社会主义民主是个新事物，也是个好事物"②，好就好在符合中国国情，保证了人民当家作主。政治制度是用来调节政治关系、建立政治秩序、推动国家发展、维护国家稳定的，不可能脱离特定社会政治条件来抽象评判。"鞋子合不合脚，穿鞋的人最清楚"，中国民主制度好不好，中国人民心中最有数。绝对不能看到别的国家有而我们没有就武断地认为我们的制度有欠缺，要照抄照搬；也不能看到我们有而别的国家没有就心虚地认为是多余的，就不敢坚持。这两种倾向在党的十八大后得到了根本性的扭转。

习近平总书记在庆祝中国人民政治协商会议成立 65 周年大会的讲话中指出："民主不是装饰品，不是用来做摆设的，而是要用来解决人民要解决的问题的。"③ 人民通过选举、投票行使权利和人民内部各方面在重大决策之前进行充分协商，尽可能就共同性问题取得一致意见，是中国社会主义民主的两种重要形式。这两种民主形式相互补充、相得益彰，如车之两轮、鸟之两翼，让社会主义民主政治的道路越走越宽广。中国社会主义协商民主制度，既坚持了中国

① 《习近平关于社会主义经济建设论述摘编》，中央文献出版社，2017，第 64 页。
② 《习近平谈治国理政》第 2 卷，外文出版社，2017，第 289 页。
③ 《习近平谈治国理政》第 2 卷，外文出版社，2017，第 296 页。

共产党的领导，又发挥了各方面的积极作用；既坚持了人民主体地位，又贯彻了民主集中制的领导制度和组织原则；既坚持了人民民主的原则，又贯彻了团结和谐的要求。所以说，中国社会主义协商民主丰富了民主的形式、拓展了民主的渠道、加深了民主的内涵。

"橘生淮南则为橘，生于淮北则为枳。"中国当然要借鉴国外政治文明有益成果，但不能囫囵吞枣，不能邯郸学步，不要想象突然就搬来一座政治制度上的"飞来峰"。盲目幼稚地照抄照搬他国的政治制度不仅行不通，而且会水土不服，会画虎不成反类犬，甚至会把国家前途命运葬送掉。以我为主，为我所用，在独立自主的立场上把他人的好东西加以消化吸收，化成我们自己的好东西，方是现代中国政治发展的不二法门。中国共产党对生长在中国社会历史文化和革命实践土壤之中的中国特色社会主义政治制度充满自信，也有高度战略定力。

三　政策定力

政策定力是战略定力在治国理政实践中最具象的体现，守住了政策定力就守住了战略定力。治国理政的宏大战略最终要落实到政策制定与政策执行，社会和民众对政党战略定力最直接的感知来自政策定力传递的信号。政策定力不仅体现在制定政策时冷静观察、谨慎从事、谋定后动，更体现在贯彻实施政策时坚决、坚定、自信、从容。古人云："治大国，若烹小鲜。"大国治理贵在政策的稳定性、延续性，切不可朝三暮四、朝令夕改。然而，任何政策都是有代价的，必然会有所得、有所失，如何选择考验的就是政策定力；任何政策从制定实施到发挥效果都有一个过程，在这一过程中会遇到很多阵痛，这个时候考验的也是政策定力。随着中国社会结构、利益、组织、经济成分、生活方式等各个方面的多样化，思想文化相互激荡，各种矛盾相互交织，利益诉求相互碰撞，各种力量竞相发声，治国理政的敏感程度、复杂程度前所未有。但越是如此，越需要无比强大的政策定力，需要始终保持清醒头脑，不能为各种错误观点所左右，不能为各种干扰所迷惑。党的十八大以来，中国共产党以坚强的政策定力，在政策意图方面该倡导的坚决倡导，不该纵容的绝不姑息，始终把治国理政的领导权和主动权牢牢掌握在手中。

（一）引领新常态的政策定力

党的十八大以来，中国经济发展呈现出速度变化、结构优化、动力转换三大特点，经济发展进入新常态。"认识新常态，适应新常态，引领新常态，是当前和今后一个时期我国经济发展的大逻辑。"① 把握大逻辑体现在政策安排上就是推进供给侧结构性改革，这是我国经济发展进入新常态必须坚持的基本政策。处于"三期叠加"背景下的新常态，面临问题的主要矛盾不是周期性的，而是结构性的，是供给结构严重错配，不再可能仅通过需求管理来解决，刺激内需也解决不了产能严重过剩的结构性矛盾，必须以壮士断腕的决心去产能、去库存、去杠杆、降成本、补短板，实现由低水平供需平衡向高水平供需平衡跃升。

为了更好地把供给侧结构性改革的各项政策真正贯彻下去、坚持下来，习近平总书记在 2014 年的经济工作会议上指出，"不能简单以生产总值论英雄，不是经济发展速度高一点，形势就'好得很'，也不是经济发展速度下来一点，形势就'糟得很'"，"经济发展速度有升有降是正常的，经济不波动不符合经济发展规律。只要波动在合理范围内，就要持平常心，不要大惊小怪，更何况我们具有宏观调控的主动性。我们要增强忧患意识，但也不能过了头，不要杞人忧天"②，并且特别指出"面对传统经济发展方式积累的矛盾和问题，如果一直迟疑和等待，不仅会丧失窗口期的宝贵机遇，而且还会耗尽改革开放以来积累下来的宝贵资源"③。

供给侧结构性改革进入深度调整阶段必然会出现"四降一升"现

---

① 《十八大以来重要文献选编》（中卷），中央文献出版社，2016，第 245 页。
② 《十八大以来重要文献选编》（中卷），中央文献出版社，2016，第 246 页。
③ 《十八大以来重要文献选编》（中卷），中央文献出版社，2016，第 828 页。

象（即经济增速下降、工业品价格下降、实体企业盈利下降、财政收入下降，经济风险发生概率上升），会让一些社会群众不理解（比如房地产调控带来的限购与去杠杆会影响房价的快速上涨，刺破资本泡沫带来的股市异动与金融平台的失信，等等），会带来阵痛，甚至伤筋动骨。但正所谓"破茧成蝶总有痛"，这是必须承受的阵痛。习近平总书记坚定地讲"不能因为有阵痛就止步不前"①。中国共产党之所以能面对阵痛不退缩，是因为其坚持底线思维基础上的定力。对中国共产党来讲，只要做到对最坏的情况心中有数，同时通过工作确保不出现最坏的情况，坚决守住金融风险、社会民生、生态环境等底线，就能迎难而上、化危为机。更何况新常态下，中国经济增速虽然放缓，实际增量依然可观，而且中国经济增长更趋平稳，增长动力更为多元。以党的十八大以来确定的战略和所拥有的政策储备，中国共产党应对各种可能出现的风险是有足够信心的，也是有足够能力的。

（二）勇于改革攻坚的政策定力

党的十八大以来，中央全面深化改革领导小组共召开 39 次会议，2018 年 3 月才成立的中央全面深化改革委员会也已经召开 3 次会议。据不完全统计，在这些会议上出台的改革方案、改革政策达上千项，其涉及范围之广、触及利益之深、推进力度之大前所未有。这与十八大以来中国的改革特点密切相关，更与十八大以来以习近平同志为核心的党中央将改革进行到底的坚定意志密切相关。如果之前的改革是"逢山开路，遇水架桥"，那么党的十八大以来全面深化改革遇到的山无疑更陡，水无疑更深。2014 年 2 月 7 日，习近平总书记在俄罗斯索契接受俄罗斯电视台专访时指出："中国改革经过三十多年，已进入深水区，可以说，容易的、皆大欢喜的改革已经完成了，好吃的肉都吃掉了，剩下的都是难啃的硬骨头。"② 啃硬骨头多、打攻坚战多、动奶酪多，是新一轮改革的特点。

---

① 《习近平关于社会主义经济建设论述摘编》，中央文献出版社，2017，第 120 页。
② 《习近平关于全面深化改革论述摘编》，中央文献出版社，2014，第 51 页。

这些"硬骨头"，有的牵涉复杂的部门利益，有的在思想认识上难以统一，有的要触动一些人的"奶酪"。比如，党的十八届三中全会提出要"形成合理有序的收入分配格局"，调节过高收入，清理规范隐性收入，取缔非法收入。对部分利益群体而言，这意味着昔日心安理得享用的"奶酪"将不复存在，已经装进腰包的钱可能还要掏出来。又比如，在一定程度上存在的权力部门化、部门利益化、利益个人化等，深为人民群众所诟病，是全面深化改革必须"革"去的，但也已经固化为"藩篱"而日益坚硬。什么叫改革攻坚的政策定力？就是明知山有虎，偏向虎山行，一分部署，九分落实，抓铁有痕，踏石留印，确保所有改革一经提出必定相继落地、渐次开花。

这一定力来自中国共产党勇于承受改革压力和改革代价的历史自觉。中国共产党人认识到，全面深化改革，首先要刀刃向内、敢于自我革命，重点要破字当头、迎难而上。2016 年 6 月 27 日，习近平总书记在中央全面深化改革领导小组第二十五次会议上指出："改革是一场革命，改的是体制机制，动的是既得利益，不真刀真枪干是不行的。"[①] 矛盾越大，问题越多，越要攻坚克难、勇往直前，敢于啃硬骨头，敢于涉险滩，敢于向积存多年的顽瘴痼疾开刀。如果一个政党能做到自己对自己动刀子，自己"革"自己的"命"，还有什么硬骨头啃不下来，有什么雷区不敢蹚呢？

（三）全面从严治党的政策定力

对党的十八大以来全面从严治党取得的成果，人民群众给予了很高评价，但是中国共产党并没有沾沾自喜、盲目乐观，而是发出了全面从严治党永远在路上的继续进军令。

八项规定执行起来会不会是一阵风，或者流于形式？面对人民群众的担心，2013 年 1 月 22 日，习近平总书记在第十八届中央纪律检查委员会第二次全体会议上明确指出："发布八项规定只是开端、只是破

---

① 《聚集改革资源激发创新活力　更加富有成效抓好改革工作》，《人民日报》2016年 6 月 28 日。

题，还需要下很大功夫。我们要以踏石留印、抓铁有痕的劲头抓下去，善始善终、善作善成，防止虎头蛇尾，让全党全体人民来监督，让人民群众不断看到实实在在的成效和变化。"① 党的群众路线教育实践活动结束后会不会曲终人散？"四风"问题会不会又"涛声依旧"？习近平总书记讲，我们的态度是作风建设永远在路上，永远没有休止符，必须抓常、抓细、抓长，持续努力、久久为功，绝不允许出现"烂尾"工程，决不能让"四风"问题反弹回潮。这斩钉截铁的宣示让那些盼着紧绷的弦松一松，好让自己舒服舒服，那些等着看中央还要出什么招，看左邻右舍有什么动静的人彻底打消侥幸念头。

"蠹众而木折，隙大而墙坏。"中国共产党是把党风廉政建设和反腐败斗争提到关系党和国家生死存亡的高度来认识的，是深刻总结了古今中外的历史教训的。2015 年 1 月 13 日，习近平总书记在第十八届中央纪律检查委员会第五次全体会议上指出："不得罪腐败分子，就必然会辜负党、得罪人民。是怕得罪成百上千的腐败分子，还是怕得罪十三亿人民？不得罪成百上千的腐败分子，就要得罪十三亿人民。这是一笔再明白不过的政治账、人心向背的账！"② 在反腐败斗争推进到胶着状态时，习近平总书记强调，反腐败不是刮一阵风，不会搞一段时间就过去，枪口永远指向腐败，露头就打。不要把当前经济下行压力增大与反腐败力度加大扯在一起，不要把一些干部不作为当作反腐败的负效应。"深入推进反腐败斗争，持续保持高压态势，做到零容忍的态度不变、猛药去疴的决心不减、刮骨疗毒的勇气不泄、严厉惩处的尺度不松，发现一起查处一起，发现多少查处多少，不定指标、上不封顶，凡腐必反，除恶务尽。"③ 中国共产党的反腐败不是看人下菜的"势利店"，不是争权夺利的"纸牌屋"，也不是有头无尾的"烂尾楼"，没有免罪的"丹书铁券"，也没有"铁帽子

---

① 《习近平关于全面从严治党论述摘编》，中央文献出版社，2016，第 149 页。
② 《习近平关于全面从严治党论述摘编》，中央文献出版社，2016，第 186 页。
③ 《习近平关于党风廉政建设和反腐败斗争论述摘编》，中国方正出版社，2015，第 102~103 页。

王"。"不管级别有多高，谁触犯法律都要问责，都要处理，我看天塌不下来。"① "哪有动不了的人？"② 习近平总书记斩钉截铁的话语就是中国共产党全面从严治党政策定力的主心骨。

开弓没有回头箭，反腐没有休止符，全面从严治党永远在路上。习近平总书记在十九大报告中强调："巩固压倒性态势、夺取压倒性胜利的决心必须坚如磐石。"③ 十九届一中全会闭幕后，习近平在率新一届中央政治局常委同中外记者见面时又强调："全面从严治党永远在路上，不能有任何喘口气、歇歇脚的念头。"④ 要以强烈的历史责任感、深沉的使命忧思感、顽强的意志品质，以抓铁有痕、踏石留印的劲头持续抓下去。这就是中国共产党全面从严治党政策定力的最好宣示。

四　处变定力

处变定力是战略定力的试金石。大国的复兴从来不可能独善其身，良好的外部环境来自正确的国际关系处理、应对与创造。当今世界，机遇和挑战并存。风云变幻，最需要的是处变定力。在复杂多变的国际局势中平心静气、静观其变，用正确的方法做我们认定正确的事情，不被乱花迷眼，不被浮云遮眼，"任凭风浪起，稳坐钓鱼船"，讲的就是处变定力。

（一）不急不躁参与全球治理体系变革与建设的定力

当今世界是一个矛盾的世界。"一方面，物质财富不断积累，科技进步日新月异，人类文明发展到历史最高水平。另一方面，地区冲突频繁发生，恐怖主义、难民潮等全球性挑战此起彼伏，贫困、

---

① 《习近平关于全面从严治党论述摘编》，中央文献出版社，2016，第179页。
② 《习近平关于全面从严治党论述摘编》，中央文献出版社，2016，第190页。
③ 习近平：《决胜全面建成小康社会　夺取新时代中国特色社会主义伟大胜利——在中国共产党第十九次全国代表大会上的报告》，人民出版社，2017，第67页。
④ 《新时代要有新气象更要有新作为　中国人民生活一定会一年更比一年好 》，《人民日报》2017年10月26日。

失业、收入差距拉大，世界面临的不确定性上升。"① 矛盾呼唤调整，构建新型国际关系；矛盾造就变革，推动全球治理体系变革。这一切为中国参与全球治理体系建设提供了广阔的空间。党的十八大以来，中国共产党领导中国人民坚定不移地走和平发展道路，积极构建以合作共赢为核心的新型国际关系，推动形成人类命运共同体和利益共同体。从金砖伙伴关系到新型大国关系，从全面战略伙伴关系到与邻为善的周边国家关系，中国共产党以足够的战略定力和战略自信稳步前进。从历史上看，新兴大国出现必然带来国际格局调整，必然遭到守成大国遏制。这也是我国在今后较长时期内将面临的重大挑战。我们要充分认识这种战略变化的客观必然性，把握好大国关系演变的特点，保持战略清醒和战略定力。世界上本无"修昔底德陷阱"，但大国之间如果一再发生战略误判，就可能自己给自己造成"修昔底德陷阱"。处变定力就是面对错综复杂的国际关系，既不三人成虎，也不疑邻盗斧，更不戴着有色眼镜观察对方；在形势研判与决策中不因一时一事或某些人、某些国家的言论而受到影响，更时刻警惕不掉入别人故意设置的各种陷阱。

中国共产党一再强调，虽然世界上很多国家特别是广大发展中国家都希望国际体系朝着更加公正合理的方向发展，但这并不是推倒重来，也不是另起炉灶，而是与时俱进、改革完善，这符合世界各国和全人类的共同利益。中国是现行国际体系的参与者、建设者、贡献者，中国坚决维护以联合国宪章宗旨和原则为核心的国际秩序和国际体系。2015 年 9 月 28 日，习近平总书记在第七十届联合国大会上再次重申："中国将始终做世界和平的建设者，坚定走和平发展道路，无论国际形势如何变化，无论自身如何发展，中国永不称霸、永不扩张、永不谋求势力范围。"②

（二）脚踏实地举起 21 世纪全球化的旗帜的定力

近些年来，一些国家特别是西方发达国家政策内顾倾向加重，

---

① 《习近平谈治国理政》第 2 卷，外文出版社，2017，第 476 页。
② 《习近平谈治国理政》第 2 卷，外文出版社，2017，第 525 页。

保护主义抬头，"逆全球化"思潮暗流涌动。经济全球化既不是"阿里巴巴的山洞"，也不是"潘多拉的盒子"，把世界乱象简单归咎于经济全球化，这既不符合事实，也无助于问题解决。经济全球化是社会生产力发展的客观要求和科技进步的必然结果，也是世界走向发展的必由之路。当然，21 世纪经济全球化也要有新的形态、新的模式。新一轮科技和产业革命正孕育兴起，国际分工体系加速演变，全球价值链深度重塑，这些都为经济全球化赋予新的内涵。习近平总书记在世界经济论坛 2017 年年会开幕式上的主旨演讲中指出："我们要主动作为、适度管理，让经济全球化的正面效应更多释放出来，实现经济全球化进程再平衡；我们要顺应大势、结合国情，正确选择融入经济全球化的路径和节奏；我们要讲求效率、注重公平，让不同国家、不同阶层、不同人群共享经济全球化的好处。"①中国的"一带一路"建设就是从东方走向西方、从发展中国家走向发达国家、从中国走向世界的一种新的全球化。这种模式相当于对西方全球化发展的对冲，这种对冲可以让世界经济更加有活力。

"一带一路"倡议是习近平总书记在 2013 年提出的（2013 年 9 月 7 日，在哈萨克斯坦纳扎尔巴耶夫大学演讲中提出共同建设"丝绸之路经济带"；2013 年 10 月 3 日，在印度尼西亚国会演讲中提出共同建设 21 世纪"海上丝绸之路"）。五年来，在中国共产党以真诚换善意，用行动赢认同的努力下，得到全球 100 多个国家和国际组织的支持和参与，"一带一路"建设逐渐从理念转化为行动，从愿景转变为现实。2016 年第 71 届联合国大会通过的决议中写入"一带一路"倡议，得到 193 个会员国一致赞同。2017 年 5 月 14 日，"一带一路"国际合作高峰论坛在北京举办，29 位外国元首和政府首脑以及 130 多个国家和 70 多个国际组织约 1500 名代表出席高峰论坛。2017 年，中国与"一带一路"相关国家的进出口总额达到 14403.2 亿美元，同比增长 13.4%，高于我国整体外贸增速 5.9 个百分点，

① 习近平：《习近平主席在出席世界经济论坛 2017 年年会和访问联合国日内瓦总部时的演讲》，人民出版社，2017，第 5 页。

占中国进出口贸易总额的 36.2%，极大地带动了沿路沿边国家的经济发展。中国共产党倡议并推进的跳出地缘博弈老套路、超越拉帮结派小集团，开创合作共赢新模式、和谐共存大家庭的全球化正在渐次展开，开始走上世界经济政治舞台。

（三）行稳致远推动构建人类命运共同体的定力

党的十八大以后，以习近平同志为主要代表的中国共产党人就开始酝酿人类命运共同体的构想。2013 年 3 月 23 日，习近平首访俄罗斯，在莫斯科国际关系学院演讲时提出："这个世界，各国相互联系、相互依存的程度空前加深……越来越成为你中有我、我中有你的命运共同体。"① 随后通过"中国—东盟命运共同体"（2013 年 10 月 3 日在印尼国会演讲《携手建设中国—东盟命运共同体》）、"周边命运共同体"（2014 年中央外事工作会议）、"亚洲命运共同体"（2015 年 3 月 28 日博鳌亚洲论坛主旨演讲《迈向命运共同体　开创亚洲新未来》）等一系列相关概念与论述不断对其进行丰富深化，到 2015 年 9 月 28 日出席第七十届联合国大会时正式提出人类命运共同体的构想。如何让和平的薪火代代相传，让发展的动力源源不断，让文明的光芒熠熠生辉？中国共产党旗帜鲜明地讲，中国方案是构建人类命运共同体，实现共赢共享，共同建设一个持久和平、普遍安全、共同繁荣、开放包容、清洁美丽的世界。

五年多来，这一构想越来越得到世界的认同，成为世界共识。联合国安理会、联合国人权理事会、联合国负责裁军和国际安全事务委员会等组织，多次将人类命运共同体纳入其决议。② 当然，构建人类命运共同体是一个历史过程，不可能一蹴而就，也不可能一帆风顺，

----

① 《习近平谈治国理政》，外文出版社，2014，第 272 页。
② 联合国社会发展委员会第 55 届会议 2017 年 2 月 10 日协商一致通过"非洲发展新伙伴关系的社会层面"决议，"构建人类命运共同体"理念载入联合国决议；联合国人权理事会第 34 次会议 2017 年 3 月 23 日通过关于"经济、社会、文化权利"和"粮食权"两个决议，"构建人类命运共同体"理念载入联合国人权理事会决议；第 72 届联大负责裁军和国际安全事务第一委员会（联大一委）会议 2017 年 11 月 1 日通过"防止外空军备竞赛进一步切实措施"和"不首先在外空放置武器"两份安全决议，"构建人类命运共同体"理念载入联合国安全决议。

需要付出长期艰苦的努力。中国共产党人也认识到决定世界政治经济格局的，归根到底是大国力量对比，最终靠的还是实力，这是历史铁律。中国要为人类不断做出新的更大的贡献，首先要集中精力做好自己的事。审时度势、内外兼顾、趋利避害，善于从国际形势和国际条件的发展变化中把握方向、用好机遇、创造条件发展自己、做强自己，这是战略定力题中应有之义。在这一基础上通过推动中国发展给世界创造更多机遇，通过深化自身实践探索人类社会发展规律并同世界各国分享。"我们不'输入'外国模式，也不'输出'中国模式，不会要求别国'复制'中国的做法。"①

面对百年未有之大变局的世界，中国共产党在世界舞台上进退有度、游刃有余，其处变定力来自习近平总书记在中央外事工作会议上提出的正确的历史观、大局观、角色观。

正确历史观，就是不仅要看现在国际形势什么样，而且要端起历史望远镜回顾过去，总结历史规律，展望未来，把握历史前进大势。"世界潮流，浩浩荡荡，顺之则昌，逆之则亡。"② 一个国家、一个民族要振兴，必须在历史前进的逻辑中前进，在时代发展的潮流中发展，世界同样如此。正确大局观，就是不仅要看到现象和细节怎么样，而且要把握本质和全局，抓住主要矛盾和矛盾的主要方面。既要把握世界多极化加速推进的大势，又要重视大国关系深入调整的态势；既要把握经济全球化持续发展的大势，又要重视世界经济格局深刻演变的动向；既要把握国际环境总体稳定的大势，又要重视国际安全挑战错综复杂的局面；既要把握各种文明交流互鉴的大势，又要重视不同思想文化相互激荡的现实。不在林林总总、纷纭多变的国际乱象中迷失方向、舍本逐末。正确角色观，就是不仅要冷静分析各种国际现象，而且要把自己摆进去，在我国同世界的关系中看问题，弄清楚在世界格局演变中我国的地位和作用，科

---

① 习近平：《携手建设更加美好的世界——在中国共产党与世界政党高层对话会上的主旨讲话》，人民出版社，2017，第8页。

② 《习近平谈治国理政》，外文出版社，2014，第266页。

学制定我国对外方针政策。"青山遮不住，毕竟东流去。"求新求变已经成为当今世界心声，公平正义和人类命运共同体越来越成为世界共识，发达国家与发达国家、发达国家与发展中国家以及不同文明、不同宗教之间多样化的利益诉求、多样化的价值诉求、多样化的行为模式客观形成巨大的战略回旋空间。当前，我国处于近代以来最好的发展时期，中国从来没有如此走近世界舞台中央，从来没有如此的底气与资格。国际国内战略机遇、历史际遇风云际会，中国共产党一定能在建设一个更加美好世界的宏伟实践中为人类做出更大贡献。

五　战略定力辩证法

战略定力核心要义是"定"，正所谓"泰山崩于前而色不变"。1980 年 1 月 16 日，邓小平在中共中央召集的干部会议上讲了一番话："现在要横下心来，除了爆发大规模战争外，就要始终如一地、贯彻始终地搞这件事，一切围绕着这件事，不受任何干扰。就是爆发大规模战争，打仗以后也要继续干，或者重新干。我们全党全民要把这个雄心壮志牢固地树立起来，扭着不放，'顽固'一点，毫不动摇。"① 这番话中虽然没有出现"战略定力"一词，但它是对战略定力最形象、最深刻的阐述。今天的中国就要对我们认准的方向、定好的方略"顽固一点"。党的十八大以来形成的良好态势、党的十九大以来制定的路线方针政策都要坚定不移地贯彻下来、落实下去，这就是当代中国共产党战略定力最鲜明的标志。

战略定力的"定"在于不要急于求成。从站起来、富起来走向强起来，从大国迈向强国，全面建成社会主义现代化强国乃至实现中华民族伟大复兴，从来不会立竿见影，不可能一蹴而就。党的十八大后习近平总书记强调："社会主义初级阶段是当代中国的最大国

---

① 《改革开放三十年重要文献选编》（上卷），人民出版社，2008，第 106 页。

情、最大实际。"① 党的十九大又重申："我国仍处于并将长期处于社会主义初级阶段的基本国情没有变，我国是世界最大发展中国家的国际地位没有变。"② 这就要求"不仅在经济建设中要始终立足初级阶段，而且在政治建设、文化建设、社会建设、生态文明建设中也要始终牢记初级阶段；不仅在经济总量低时要立足初级阶段，而且在经济总量提高后仍然要牢记初级阶段；不仅在谋划长远发展时要立足初级阶段，而且在日常工作中也要牢记初级阶段"③。"在相当长时期内，初级阶段的社会主义还必须同生产力更发达的资本主义长期合作和斗争，还必须认真学习和借鉴资本主义创造的有益文明成果，甚至必须面对被人们用西方发达国家的长处来比较我国社会主义发展中的不足并加以指责的现实。"④ 对此，我们必须有很强大的战略定力，坚决抵制抛弃社会主义的各种错误主张，自觉纠正超越阶段的错误观念。

战略定力的"定"还在于不要惊慌失措。从来良药苦口，针砭刺骨，一个世界上最大的发展中经济体经历转型，吐故纳新，怎么可能没有阵痛，怎么可能没有代价？刺破"艳若红花"的脓肿当然会有阵痛，但这是走向健康的开始。战略定力的"定"更在于不要幻想一团和气。被民粹、保守、傲慢蒙蔽了心智的霸权大国怎能习惯被分走本不只属于他们但自以为是他们专有的那杯羹。所以，所谓的贸易战背后不是什么对规则的遵守与不遵守，而是心胸狭隘的遏制与顺应时代发展之间的博弈。在这一过程中我们当然会付出代价，甚至还会付出我们尚未预见到的代价。但一个志在复兴的民族怎么可能永远做别人的低端打工者，一个走向富强的大国怎能没有国之重器，没有技术撒手锏？否则等国际分工彻底定型后，将会连贸易战的可能都没有了。对于美国挑起的贸易战，中国不想打，但

① 《习近平谈治国理政》，外文出版社，2014，第10页。
② 习近平：《决胜全面建成小康社会　夺取新时代中国特色社会主义伟大胜利——在中国共产党第十九次全国代表大会上的报告》，人民出版社，2017，第12页。
③ 《十八大以来重要文献选编》（上卷），中央文献出版社，2014，第76页。
④ 《十八大以来重要文献选编》（上卷），中央文献出版社，2014，第117页。

我们不得不打，我们也不怕打。

在全面深化改革上，战略定力之"定"益发吃劲。改革不仅意味着改变，还意味着坚守，不仅意味着"必须变"，还意味着"不能变"，否则就会犯颠覆性错误。从一定意义上说，改革中的不变比改变更重要，这是改革辩证法，同样是战略定力辩证法。

但是，战略定力并不意味着一成不变，而是要把握好变和不变的关系，在应该变的时候一定要尽快变、深刻变、彻底变。稳中求进作为治国理政的根本原则，稳是前提、大局，进是方向、目的。至于何时稳、何时进，关键要把握住"度"，在发展的速度、改革的力度、社会的稳定程度、环境资源的可承受度等之间找平衡点，当进则进，宜稳则稳。党的十八大以来，中国共产党在关于社会主要矛盾的判断、关于新发展理念、关于新的战略安排等方面，都充分体现了战略定力辩证法中"变"的一面。

从1981年十一届六中全会到2017年十九大，经过30多年的奋斗，中国已经告别贫困、跨越温饱，即将实现全面小康，中国已经成为世界上第二大经济体并且依然继续前行。我国社会生产力水平总体上显著提高，社会生产能力在很多方面进入世界前列，我国社会主要矛盾从"人民日益增长的物质文化需要同落后的社会生产之间的矛盾"转化为"人民日益增长的美好生活需要和不平衡不充分的发展之间的矛盾"①，这一变化是关系全局的历史性变化。与"日益增长的物质文化需要"相比，"美好生活需要"内容更广泛，不仅包括既有的"日益增长的物质文化需要"这些客观的"硬需要"的全部内容，还包括在此基础上衍生出来的获得感、幸福感、安全感以及尊严、权利、当家作主等更具主观色彩的"软需要"。满足"软需要"，解决发展起来以后的矛盾，当然要有新理念、新方略、新办法，在这些方面中国共产党要勇于大变、深刻变。

在世界经济大调整大变革的背景下，我国发展的环境、条件、

---

① 习近平：《决胜全面建成小康社会　夺取新时代中国特色社会主义伟大胜利——在中国共产党第十九次全国代表大会上的报告》，人民出版社，2017，第11页。

任务、要求等也都发生了新的变化。我国发展仍处于重要战略机遇期，但战略机遇期的内涵已经发生深刻变化，经济发展进入新常态，转方式、调结构的要求日益迫切。面对这种新变化新情况，再坚持粗放发展模式，简单地追求增长速度，显然行不通，必须确立新发展理念来引领和推动我国经济发展，不断开创经济发展新局面。2015 年 10 月 26 日，习近平总书记在做关于《中共中央关于制定国民经济和社会发展第十三个五年规划的建议》的说明时指出："面对经济社会发展新趋势新机遇和新矛盾新挑战，谋划'十三五'时期经济社会发展，必须确立新的发展理念，用新的发展理念引领发展行动。"[1] 中国以创新发展解决动力问题，以协调发展解决不平衡问题，以绿色发展解决人与自然和谐问题，以开放发展解决内外联动问题，以共享发展让人民感受更多"获得感"，正是以新发展理念引领新发展模式的具体体现。

发展理念变化了，发展战略也会随之变化。党的十九大提出的"两步走"战略是对中国特色社会主义进入新时代做出的重大战略安排，也是对我国 20 世纪 80 年代提出的"三步走"战略目标的重大调整。当年"三步走"战略目标是到新中国成立一百年时，基本实现现代化，把我国建成社会主义现代化国家。现在"两步走"的实现时间没有变，现代化目标的标准却在提高。首先是把实现基本现代化作为第一步走的目标提前到了 2035 年，到 2050 年的第二步走的目标则提升为"全面现代化"，从"现代化国家"提升为"现代化强国"，而且全面现代化的内容也更加全面，在"富强民主文明和谐"之后又加上了"美丽"这一要求。走向现代化的目标坚定不移，走向现代化的标准在提高。这充分体现了以习近平同志为代表的新一代中国共产党人不忘初心、牢记使命，勇于担当、自我加压的崇高实践品格。

其实，"稳"也好，"改"也好，是辩证统一、互为条件的。一

---

① 《十八大以来重要文献选编》（中卷），中央文献出版社，2016，第 774 页。

静一动，静有担当，动有秩序，中国共产党的战略定力就在其中。

六　结语

习近平同志在担任中央党校校长时，给中央党校学员提了一个要求，希望大家静下心来"踱方步"。所谓"踱方步"，就是进行战略思考，培养战略思维能力，涵养战略定力。每隔一段时间，从工作"热运行"中抽身出来踱踱方步，进行一些"冷思考"，是领导干部提高战略思维能力、增强战略定力的重要手段。随着中国特色社会主义进入新时代，世界格局进入深度变革调整期，中国共产党统揽"四个伟大"的实践将会更加波澜壮阔，所面临的"四大考验"和"四种危险"会更加复杂和紧迫、更加尖锐和严峻，涵养战略定力只有进行时没有完成时。当然，改革开放的伟大成果、中国特色社会主义的伟大成就也夯实了中国共产党人战略定力的坚实实践基础与强大物质基础。"站立在960万平方公里的广袤土地上，吸吮着中华民族漫长奋斗积累的文化养分，拥有13亿中国人民聚合的磅礴之力，我们走自己的路，具有无比广阔的舞台，具有无比深厚的历史底蕴，具有无比强大的前进定力。"① 中国共产党人有这个信心，也有这个底气。

（原载《中国特色社会主义研究》2018 年第 4 期，收入本书时略有改动）

---

① 《习近平谈治国理政》第 2 卷，外文出版社，2017，第 339 页。

主要参考文献

《马克思恩格斯选集》，人民出版社，2012。

《马克思恩格斯文集》（10卷本），人民出版社，2009。

《列宁全集》第37卷，人民出版社，2017。

《毛泽东文集》第1~8卷，人民出版社，1993、1996、1999。

《建国以来毛泽东文稿》（全13册），中央文献出版社，1987~1998。

《毛泽东哲学批注集》，中央文献出版社，1988。

《邓小平文选》第1~2卷，人民出版社，1994。

《邓小平文选》第3卷，人民出版社，1993。

《习近平谈治国理政》，外文出版社，2014。

《习近平谈治国理政》，外文出版社，2017。

习近平：《摆脱贫困》，福建人民出版社，1992。

习近平：《干在实处走在前列：推进浙江新发展的思考与实践》，中
共中央党校出版社，2006。

习近平：《之江新语》，浙江人民出版社，2007。

习近平：《在哲学社会科学工作座谈会上的讲话》，人民出版社，2016。

习近平：《在网络安全和信息化工作座谈会上的讲话》，人民出版
社，2016。

习近平：《在第十三届全国人民代表大会第一次会议上的讲话》，人
民出版社，2018。

习近平：《决胜全面建成小康社会 夺取新时代中国特色社会主义伟

大胜利——在中国共产党第十九次全国代表大会上的报告》，人民出版社，2017。

习近平：《在庆祝改革开放40周年大会上的讲话》，人民出版社，2018。

习近平：《在纪念马克思诞辰200周年大会上的讲话》，人民出版社，2018。

习近平：《在知识分子、劳动模范、青年代表座谈会上的讲话》，人民出版社，2016。

习近平：《开放共创繁荣 创新引领未来：在博鳌亚洲论坛2018年年会开幕式上的主旨演讲》，人民出版社，2018。

习近平：《携手建设更加美好的世界——在中国共产党与世界政党高层对话会上的主旨讲话》，人民出版社，2017。

《习近平主席在出席世界经济论坛2017年年会和访问联合国日内瓦总部时的演讲》，人民出版社，2017。

《习近平党校十九讲》（内部使用），中共中央党校出版社，2014。

《习近平关于读经典学哲学用哲学论述摘编》，中共中央党校出版社，2015。

《习近平关于全面从严治党论述摘编》，中央文献出版社，2016。

《习近平关于协调推进"四个全面"战略布局论述摘编》，中央文献出版社，2015。

《习近平关于党风廉政建设和反腐败斗争论述摘编》，中国方正出版社，2015。

《习近平关于全面建成小康社会论述摘编》，中央文献出版社，2016。

《习近平关于全面深化改革论述摘编》，中央文献出版社，2014。

《习近平关于科技创新论述摘编》，中央文献出版社，2016。

《习近平关于严明党的纪律和规矩论述摘编》，中央文献出版社，2016。

《习近平关于社会主义政治建设论述摘编》，中央文献出版社，2017。

《十八大以来重要文献选编》（上），中央文献出版社，2014。

《十八大以来重要文献选编》（中），中央文献出版社，2016。

《十八大以来重要文献选编》（下），中央文献出版社，2018。

陈来：《现代中国哲学的追寻》，生活·读书·新知三联书店，2010。

陈先达：《问题中的哲学》，北京师范大学出版社，2014。

丰子义：《走向现实的社会历史哲学》，武汉大学出版社，2010。

顾海良：《马克思经济思想的当代视界》，经济科学出版社，2005。

林尚立：《当代中国政治：基础与发展》，中国大百科全书出版社，2017。

林毅夫：《本体与常无：经济学方法论对话》，北京大学出版社，2012。

罗荣渠主编《各国现代化比较研究》，陕西人民出版社，1993。

鲁品越：《资本逻辑与当代现实——经济发展观的哲学沉思》，上海
　　财经大学出版社，2006。

辛鸣：《道理：中国道路中国说》，中共中央党校出版社，2011。

王伟光主编《新大众哲学》，中国社会科学出版社，2015。

温济泽主编《马克思　恩格斯　列宁　斯大林论思想方法和工作方
　　法》，人民出版社，1984。

杨春贵主编《中国共产党人的战略思维》，中国社会科学出版
　　社，2018。

张维为：《文明型国家》，上海人民出版社，2017。

赵汀阳：《天下的当代性：世界秩序的实践与想象》，中信出版社，2016。

郑永年：《中国模式：经验与挑战》，中信出版社，2015。

〔德〕黑格尔：《历史哲学》，王造时译，上海书店出版社，2006。

〔美〕罗伯特·阿克塞尔罗德：《合作的进化》，吴坚忠译，上海人
　　民出版社，2007。

〔美〕罗伯特·杰维斯：《系统效应：政治与社会生活中的复杂性》，
　　李少军等译，上海人民出版社，2008。

〔美〕塞缪尔·P. 亨廷顿：《变化社会中的政治秩序》，王冠华等译，
　　上海人民出版社，2008。

〔德〕马克斯·韦伯：《经济与社会》，林荣远译，商务印书馆，2004。

〔美〕熊玠：《习近平时代》，美国时代出版公司，2015。

〔英〕亚当·斯密：《国富论》，郭大力、王亚南译，商务印书馆，2015。

〔美〕兹比格涅夫·布热津斯基：《战略远见：美国与全球权力危机》，

新华出版社，2012。

〔英〕马丁·雅克：《当中国统治世界：中国的崛起和西方世界的衰落》，中信出版社，2010。

〔美〕约瑟夫·熊彼特：《经济发展理论》，何畏等译，商务印书馆，2000。

索 引

后　记

这是我到中共中央党校（国家行政学院）马克思主义学院工作后选编的第一本文集。按照丛书的编写要求和本书的选题方向，主要编选了党的十八大以来所写的侧重于学术理论方面的文章。这些文章皆已在《人民日报》《光明日报》《学习时报》《求是》《哲学研究》《中国特色社会主义研究》等报刊发表。所选文章篇幅长短不一，写作风格也不尽相同，但总的来说都是围绕中国道路及其相关主题展开的，都是运用哲学的视角与方法进行研究与阐释的，所以取名为《中国道路的哲学自觉》。

"文必切于时用"是我做研究、写文章的基本取向，应时而发声，即时而有言。但因之也会出现一种情况，"时"总是不断演进变化的，"当时"的文章总会成为"历史的当时"。借用恩格斯为《共产党宣言》所作序言中的话讲，这些文章中的有些文字表述已经"过时了"，如果今天再写，"在许多方面都会有不同的写法了"。不过凝结时代、记录时代、记忆时代本来就是学术理论的使命担当，任何文章都是"历史既成品"，不能也不应该再改变了。更何况这些文章所体现的立场、价值、情感是一以贯之的，没有变也不会变。所以本书对所选编的文章一仍写作时的原貌，不做文字上的增删。

从理论阐释学的观点看，一部作品的"生成"或许是个体的创作，一部作品的"出场"却一定是集体的结晶。本书得以出版，要感谢初发这些文章的报刊编辑朋友们的热情邀约，要感谢中共中央

党校（国家行政学院）马克思主义学院院长张占斌教授和学院全体
同事们的大力支持，要感谢社会科学文献出版社社会政法分社总编
辑曹义恒的精心组织和吕霞云、王京美、程丽霞编辑的辛勤劳动。
只要共同努力，中国哲学社会科学一定会更加繁荣兴盛，中国思想
理论创造一定会更加璀璨壮丽。

　　是为记。

辛　鸣

2019 年 5 月 10 日

图书在版编目（CIP）数据

中国道路的哲学自觉／辛鸣著. -- 北京：社会科
学文献出版社，2019.9（2021.3 重印）
（中共中央党校（国家行政学院）马克思主义理论研
究丛书）
ISBN 978 - 7 - 5201 - 5390 - 4

Ⅰ.①中… Ⅱ.①辛… Ⅲ.①中国特色社会主义 - 社
会主义建设模式 - 研究②马克思主义哲学 - 发展 - 研究 -
中国 Ⅳ.①D616②B27

中国版本图书馆 CIP 数据核字（2019）第 181783 号

中共中央党校（国家行政学院）马克思主义理论研究丛书

中国道路的哲学自觉

著　　者／辛　鸣

出 版 人／王利民
责任编辑／吕霞云　王京美
文稿编辑／程丽霞

出　　版／社会科学文献出版社·政法传媒分社（010）59367156
　　　　　　地址：北京市北三环中路甲 29 号院华龙大厦　邮编：100029
　　　　　　网址：www. ssap. com. cn
发　　行／市场营销中心（010）59367081　59367083
印　　装／北京建宏印刷有限公司

规　　格／开 本：787mm×1092mm　1/16
　　　　　　印 张：21　字 数：285 千字
版　　次／2019 年 9 月第 1 版　2021 年 3 月第 2 次印刷
书　　号／ISBN 978 - 7 - 5201 - 5390 - 4
定　　价／128.00 元

本书如有印装质量问题，请与读者服务中心（010 - 59367028）联系